K LINE GRAPH

实战K线图
从新手到高手

邱超群◎编著

中国铁道出版社有限公司
CHINA RAILWAY PUBLISHING HOUSE CO., LTD.

内 容 简 介

这是一本专门为读者讲解股市中K线技术及其实战应用的工具书。全书共12章,内容包括四个部分,其中,第一部分为K线的基础入门知识,第二部分介绍K线、K线组合与K线形态的实战应用,第三部分介绍K线与成交量、均线、技术指标的应用以及用K线识别主力及其布局的陷阱等,第四部分通过综合案例解析在整个操作过程中如何利用K线技术来指导持股及其买卖策略的问题。通过本书的学习,可以让投资者了解K线技术在中国股市中的具体应用,提升投资者利用K线分析个股走势的能力,帮助投资者投资获利。

由于本书内容翔实,实例丰富,讲解通俗易懂,特别适合踏入股市有一段时间或懂一些炒股常识的股民、股票投资爱好者学习K线技术,也可以作为大中专院校或者企业培训K线技术的教材使用,此外,对有经验的股民提升K线实战分析能力也具有较高的实战参考价值。

图书在版编目(CIP)数据

实战K线图从新手到高手/邱超群编著.—北京:
中国铁道出版社,2018.9(2022.1重印)
ISBN 978-7-113-24748-5

Ⅰ.①实... Ⅱ.①邱... Ⅲ.①股票交易-基本知识
Ⅳ.①F830.91

中国版本图书馆CIP数据核字(2018)第157810号

书　　名:**实战K线图从新手到高手**
作　　者:邱超群

责任编辑:张亚慧　　编辑部电话:(010)51873035　　邮箱:lampard@vip.163.com
封面设计:MXK DESIGN STUDIO
责任印制:赵星辰

出版发行:中国铁道出版社有限公司(100054,北京市西城区右安门西街8号)
印　　刷:佳兴达印刷(天津)有限公司
版　　次:2018年9月第1版　2022年1月第2次印刷
开　　本:700mm×1000mm 1/16　印张:17.5　字数:329千
书　　号:ISBN 978-7-113-24748-5
定　　价:55.00元

据统计分析，2017 年大盘震荡上行，白马、蓝筹股大行其道，全年上海综合指数和深圳成分指数分别上涨了 6.56% 和 8.58%，相较于 2016 年两市股票指数分别下跌 12.3% 和 19.64% 而言，2017 年国内股市远胜于 2016 年。2017 年国内股市指数"稳中有升"，其原因有以下几点：

一是中国的经济仍然快速发展，这是股市行情看好的宏观基础。

二是明晟指数在 2017 年 6 月宣布从 2018 年 6 月开始将中国 A 股纳入 MSCI 新兴市场指数和 MSCI ACWI 全球指数。随着 A 股市场的进一步开放和外资对中国股市兴趣的提升，长期资金流入可能会显著提高。

三是股指期货预计会重新开放，一定会有大资金谋求对指数在一定程度的控制，这些资金会继续买入大盘权重股。

四是国家对钢铁、地产、化工、煤炭等行业实施去产能政策，生存下来的企业，其业绩会继续增长，从而带动其股价上涨。

在整体行情看好的情况下，股民也将再次活跃起来。但是股市在百年的发展历程中，虽然有许多投资者从中获得了收益，但是更多的投资者还是亏损的，甚至破产。尽管如此，股市至今仍不断地散发着它的魅力，吸引着无数投资者投身"股海"。那么，如何稳定地从股市中获利？如何才能成为一名理性的投资者？如何才能把损失降到最低？这是在进入股市前，每个投资者所必须思考的问题。

要解决这些问题，相对可靠的手段就是运用技术分析来理性分析股市行情，如果没有技术分析的支撑，一切理性皆为空谈。而技术分析中最基础的一个技术就是 K 线技术。

我们也经常听到有关 K 线的各种股市谚语，如"K 线形态打天下，股海遨游我老大"、"K 线语言信号明，进出速度就它行"等。

之所以有这么多关于 K 线的谚语，就是因为 K 线的重要性和准确性。K 线作为一种重要的技术分析工具，直接反映股价的走势。为了让更多的投资者快速了解并精通 K 线技术，我们编著了本书。

全书共 11 章，可分为 4 部分，各部分的具体内容如下。

第一部分为本书的第 1 章，这部分主要是对 K 线的基础知识进行介绍，主要包括 K 线的构成、分类、用途、K 线应用以及进行 K 线分析学习前的理论准备等，通过这部分内容的学习，可以让新股民快速入门。

第二部分为本书的第 2~5 章，这部分是针对 K 线本身而言的，具体从单根 K 线、双 K 线组合、多根 K 线组合、K 线形态等方面来介绍，掌握如何通过 K 线找到买卖机会。

第三部分为本书的第 6~10 章，这部分是介绍 K 线与其他技术的综合应用，具体包括 K 线与成交量、均线、各种技术指标的综合分析，以及从主力的角度让投资者通过 K 线读懂主力的操盘方法以及识破主力布局的陷阱，这部分内容是为了提高投资者对股市发展研判的准确性而安排的。

第四部分为本书的第 11 章，这部分是通过具体的综合实战案例，讲解在不同行情和不同阶段的情况下，投资者如何通过 K 线来进行实战分析和操作股票。

为了方便读者学习，我们在创作本书的过程中，做到了以下 3 点。

①全书将 K 线技术归纳为 115 项，每项作为一个独立的知识点，特别适合有碎片化时间的读者阅读和学习。

②每个 K 线技术从形态特征、操作策略和分析实例这 3 个角度来进行讲解，力求让读者从多角度认识、学会并掌握对应的技术。

③在语言描述方面，尽力做到语言朴实简练，浅显易懂，给阅读者营造一个轻松愉悦的学习体验。

编者相信，无论是新进入股的股民，还是已经有经验的投资者，都可以从本书中学习到 K 线的实战分析技术，并将其应用到投资实战中。

编　者

2018 年 6 月

目 录

第1章

K 线知识快速入门

当我们一提到股票时，就会很自然地说到"K 线"，它是一组非常复杂的数据。想要看懂股票市场的变化情况、分析行情、判断买卖时机，就必须要对 K 线知识充分了解。

◇ 什么是 K 线
◇ K 线的构成部分
◇ K 线的种类
◇ K 线的基本作用
◇ K 线分析应该注意的问题

◇ 利用股票代码调出走势图
◇ 利用股票名称首字母缩写调出 K 线
◇ 通过标签和快捷菜单切换周期
◇ 通过快捷键切换K线周期
◇ K线的盘面解读

一、认识 K 线

在开始股票的分析操作之前，首先要对股票行情的表现工具有一个明确的认识，才能够看懂它代表的数据，进而对其走势进行分析。

第1项　什么是 K 线

股票是金融市场中的一种商品，而商品要在市场中流通，就需要有一个价格，为了让投资者能够了解该商品过往的价格走势，就需要将价格的变化情况用数据记录下来，很显然这是一份非常庞大的数据，必须得找到一种合适的方式来记录。

在日本的德川幕府时代，当时日本的米市行情非常好，米商们为了记录米价的变化情况，采用了一种名为"罫线"的图形方式来记录。

在股票发展最早的西方国家，它们发现日本米市的"罫线"图将米价刻画得非常细腻独到，可以很好地用来记录股票的行情数据，因此将其引用入股票市场中。

"罫"在日语中读（kei），西方国家就直接以其英文首字母译为"K"，这就有了记录股票价格变化行情的 K 线图，如图 1-1 所示。这种方法绘制出来的图形很像一根根蜡烛，因此 K 线图也被称为蜡烛图。

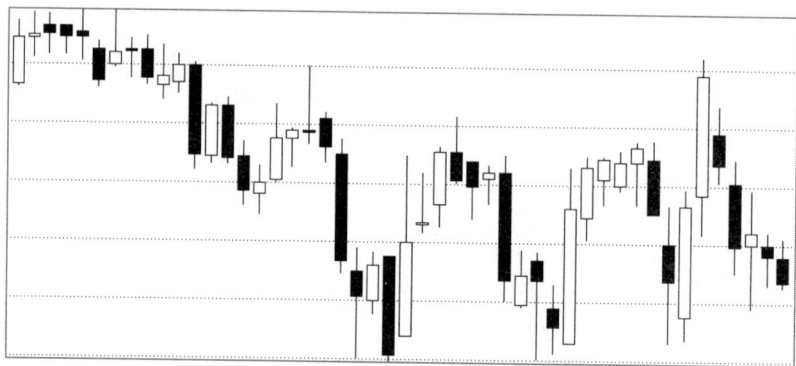

图 1-1　K 线的形态

第2项　K 线的构成部分

K线用于记录股票的历史发展情况。单根 K 线可以记录一个周期内股指或股票的开盘价、收盘价、最高价和最低价这4种信息，这也是单根K线的四大组成部分。

单从 K 线的外观上来看，K 线可以由实体和影线两部分组成，如图 1-2 所示。

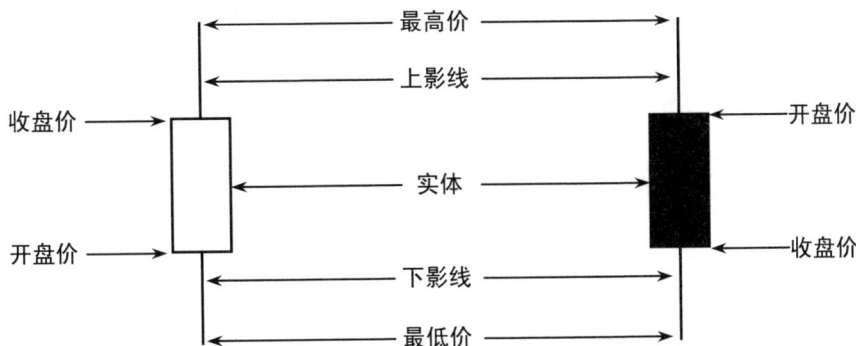

图 1-2　K 线的各组成部分

以两条平行的短横线分别代表某个周期的开盘价和收盘价，并用两条垂直线段将两条短横线连接为一个矩形，这就形成了 K 线的实体部分。

在 K 线实体的正上方取一个点代表某个周期的最高价，在实体正下方取一个点代表该周期的最低价，用线段连接这两个点，形成一根垂直穿过实体的线段，该线段不与实体部分重合的部分，就是 K 线的影线。

第3项　K 线的种类

单根 K 线中包含了开盘价、收盘价、最高价和最低价这 4 种数据，从图 1-2 中我们可以看到，开盘价可以在实体部分顶部，也可以在底部，收盘价亦然。

根据开盘价与收盘价的位置关系，可以将 K 线分为阳线和阴线两种，如图 1-3 所示。

◆ **阳线**：当前周期的收盘价高于开盘价，表示本周期内价格上涨了。在一般的炒股软件中，阳线实体表现为红框空心矩形。

◆ **阴线**：当前周期的开盘价高于收盘价，表示本周期内价格下跌了。在一般的炒股软件中，阴线实体表现为绿框实心矩形。

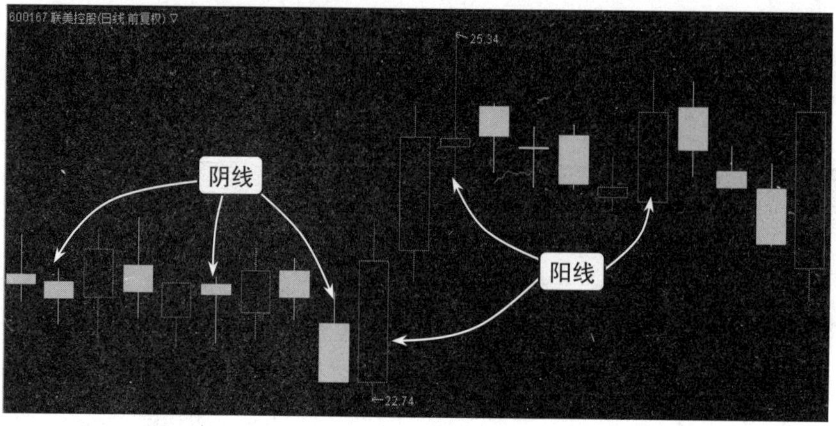

图1-3　行情软件中的阳线与阴线

重点提示：不是所有的K线都有影线

　　影线分为上影线和下影线两部分，但从图1-3中我们可以看到，不是所有的K线都有影线。当阳线的收盘价或阴线的开盘价就是最高价的时候，K线就没有上影线；当阳线的开盘价或阴线的收盘价就是最低价的时候，K线就没有下影线。

二、为什么要学K线分析

　　在初步认识了K线以后，相信大家对K线也有了一定的了解。我们为什么一定要学K线分析呢？这就得从K线的基本用途开始讲起了。

第4项　　K线的基本作用

　　K线图是为了记录股票行情变化而进入股市中的，因此其最基本的作用就是记录股票的价格变化走势。

　　从K线的绘制方法中我们可以知道，一根K线至少可以包含一个周期内的开盘价、收盘价、最高价和最低价这4组数据。按周期记录的单根K线按时间顺序排列起来形成K线图。

　　K线有阳线和阴线两种，它们分别代表了价格的上涨与下跌。而单根K线的实体和影线所包含的信息量就更大了。通过对K线实体的阴阳、实体的长短以及影线的长短进行分析，可以对后市行情进行简单预测。

　　利用单根K线对行情进行预测，可以从K线实体的大小以及影线长短两个方面入手，每个方面分析时都要注意阳线与阴线的区别。

对于实体的大小方面，实体越长，表示多空力量的分歧越大。

◆ **阳线实体**：当日收出阳线，说明在一天的较量中，多方力量占据优势，最终打败空方。阳线实体越长，说明多方力量胜过空方力量越多，后市看涨概率越大。

◆ **阴线实体**：当日收出阴线，说明在一天的较量中，空方力量占据优势，最终打败多方。阴线实体越长，说明空方力量胜过多方力量越多，后市看跌概率越大。

K线中的影线通常代表的是转折信号，向一个方向的影线越长，越不利于股价向这个方向发展。

◆ **阳线上影线**：阳线带上影线，代表多方的胜利来之不易，虽然短暂获胜，但要继续上涨有一定难度，阳线上影线越长，表示此难度越大。

◆ **阳线下影线**：阳线带下影线，表示空方虽然想要努力打压，但最终以多方获胜，股价上涨的可能性很大。

◆ **阴线上影线**：阴线带上影线，代表多方虽然想要向上拉高，但以失败告终，显示出空方力量强于多方力量。

◆ **阴线下影线**：阴线带下影线，表示空方在努力下压，但多方仍然有一战之力，虽然最终失败，但也成功消耗了很多空方力量。

第5项　　K线分析应该注意的问题

K线中记录了股票历史的行情数据，通过对此数据的分析，可以预测股票未来一段时间内的发展方向。但现在的技术分析方法都是根据以往的一些数据总结而来的，并没有严格的科学逻辑，因此它也不是绝对准确的。

市场行情瞬息万变，股票价格的走势会受多方面因素的影响，K线分析只是为投资者的买卖操作提供一个参考，任何分析方法都不是绝对的，也不是万能的。我们在实战K线分析中，需要注意以下一些问题。

◆ K线仅记录了股票的价格数据，而在实际使用中应配合成交量数据，才能更加准确地观察买卖双方的强势状况。

◆ 单日的价格变化易受主力操作，可以改变K线周期，以较长周期的数据来绘制K线，以求得更加准确的数据信息。

◆ K线的形态反映的是股票的价格波动情况，而价格的波动是多空双方较量的结果，它在一定程度上反映了多空双方的心理变化过程，因此进行 K 线分析也要学会分析参与者的心理变化。

◆ 在 K 线分析中会出现很多组合形态，而很多形态在特征上都有一些相似之处，为了避免误识形态而造成判断错误，必须要掌握一些常见的经典形态的操盘精髓。

◆ K 线中的一些组合形态都是前人经验总结得出的，如果在分析中一成不变地去寻找经典形态，很可能会一无所获。在实战分析中，需要根据实际情况，灵活应用组合形态。

三、行情软件中的 K 线实操

现在的普通投资者想要炒股，不用再去交易大厅或固定的行情发布场所，只要有电脑、手机、平板等可上网的设备，就可以利用各种行情软件实时连网查看行情信息并进行交易。下面就来看看在一般的行情软件中如何操作 K 线。这里以通达信行情软件为例进行介绍，其他行情软件的基本操作大多都是相同的。

第6项　　利用股票代码调出走势图

每只股票要上市交易，都会获得一个唯一的股票代码。在我国内地的证券市场中，股票代码是一组 6 位阿拉伯数字的组合，如 "600060" 代表的是 "海信电器"。

如果我们知道某只股票的代码，想要查看其 K 线图走势，只需要在软件主界面中直接利用数字键盘输入其代码后按【Enter】键即可，如图 1-4 所示。

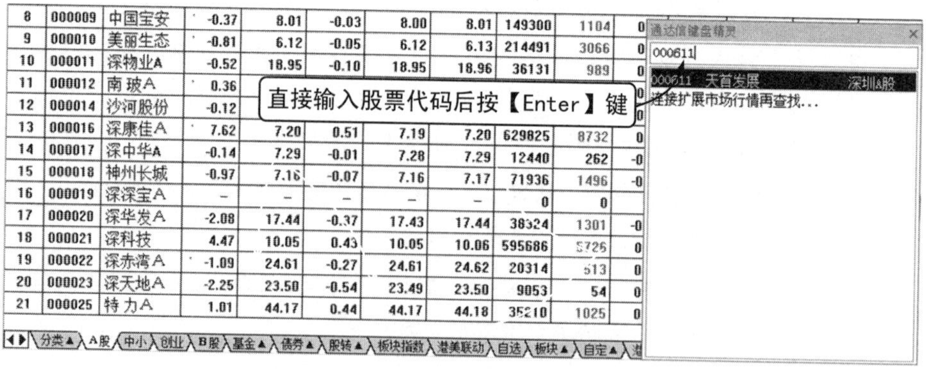

8	000009	中国宝安	-0.37	8.01	-0.03	8.00	8.01	149300	1104
9	000010	美丽生态	-0.81	6.12	-0.05	6.12	6.13	214491	3066
10	000011	深物业A	-0.52	18.95	-0.10	18.95	18.96	36131	989
11	000012	南玻A	0.36						
12	000014	沙河股份	-0.12						
13	000016	深康佳A	7.62	7.20	0.51	7.19	7.20	629825	8732
14	000017	深中华A	-0.14	7.29	-0.01	7.28	7.29	12440	262
15	000018	神州长城	-0.97	7.16	-0.07	7.16	7.17	71936	1496
16	000019	深深宝A	—	—	—	—	—	0	0
17	000020	深华发A	-2.08	17.44	-0.37	17.43	17.44	38324	1301
18	000021	深科技	4.47	10.05	0.43	10.05	10.06	595686	5726
19	000022	深赤湾A	-1.09	24.61	-0.27	24.61	24.62	20314	513
20	000023	深天地A	-2.25	23.50	-0.54	23.49	23.50	9053	54
21	000025	特力A	1.01	44.17	0.44	44.17	44.18	35210	1025

直接输入股票代码后按【Enter】键

图 1-4　利用股票代码调出走势图

第7项　　利用股票名称首字母缩写调出 K 线

用一组单调的 6 位数字来记股票是件非常困难的事，特别是在有很多操作对象的时候，记住每个操作对象的代码是件非常令人头疼的事。

在大多数行情软件中，都支持利用股票名称的缩写来查看其信息。例如要看"泰山石油"的信息，可直接在软件主界面输入"TSSY"，然后按【Enter】键即可，如图 1-5 所示。

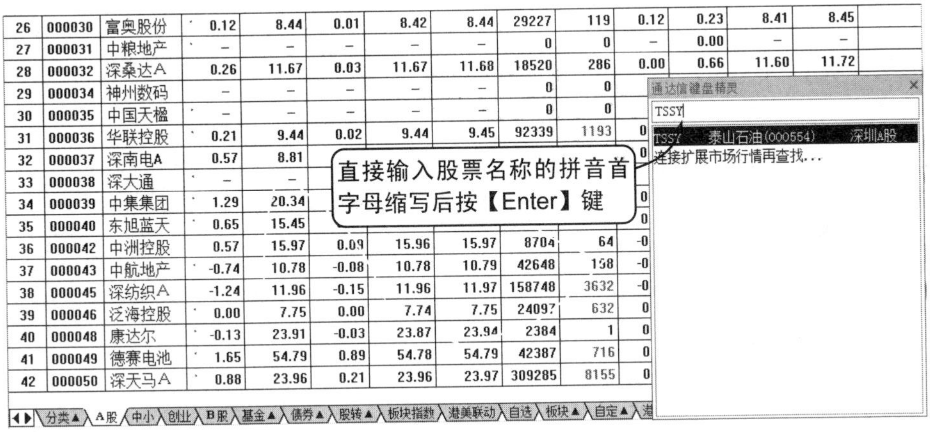

26	000030	富奥股份	0.12	8.44	0.01	8.42	8.44	29227	119	0.12	0.23	8.41	8.45
27	000031	中粮地产	–	–	–	–	–	0	0		0.00	–	–
28	000032	深桑达A	0.26	11.67	0.03	11.67	11.68	18520	286	0.00	0.66	11.60	11.72
29	000034	神州数码	–	–	–	–	–	0	0				
30	000035	中国天楹	–	–	–	–	–	0	0				
31	000036	华联控股	0.21	9.44	0.02	9.44	9.45	92339	1193				
32	000037	深南电A	0.57	8.81									
33	000038	深大通	–										
34	000039	中集集团	1.29	20.34									
35	000040	东旭蓝天	0.65	15.45									
36	000042	中洲控股	0.57	15.97	0.09	15.96	15.97	8704	64	-0			
37	000043	中航地产	-0.74	10.78	-0.08	10.78	10.79	42648	158	-0			
38	000045	深纺织A	-1.24	11.96	-0.15	11.96	11.97	158748	3632	-0			
39	000046	泛海控股	0.00	7.75	0.00	7.74	7.75	24097	632	0			
40	000048	康达尔	-0.13	23.91	-0.03	23.87	23.94	2384	1	0			
41	000049	德赛电池	1.65	54.79	0.89	54.78	54.79	42387	716	0			
42	000050	深天马A	0.88	23.96	0.21	23.96	23.97	309285	8155				

图 1-5　利用股票名称首字母缩写调出走势图

当然，对于使用缩写查看行情的方法，每个缩写就不一定是对应唯一的股票了，如果出现缩写相同的情况，在输入缩写后，可按【↑】或【↓】键选择要查看的股票，再按【Enter】键查看，如图 1-6 所示。

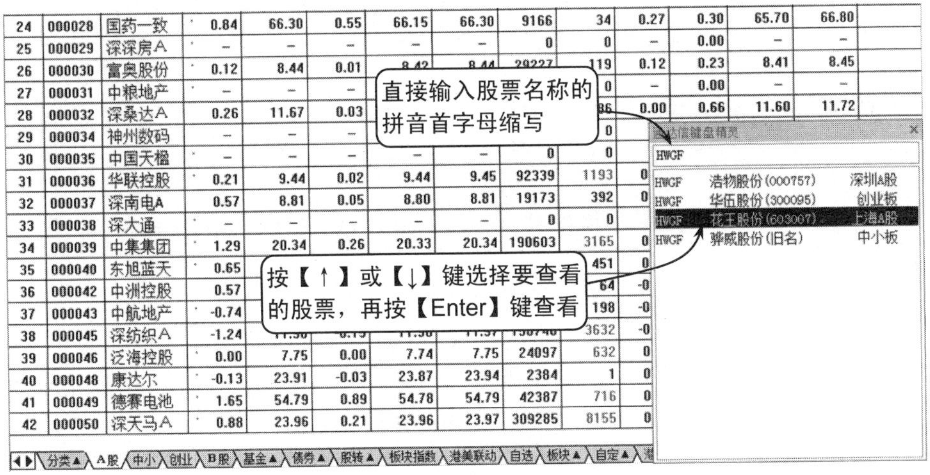

图 1-6　缩写有重复时的选择

重点提示：缩写的不完全输入

在利用股票名称的缩写查看股票行情时，可以不用完全输入缩写字母，按顺序输入缩写字母时，软件会自动匹配符合当前缩写的股票，并将其列举出来，如果输入两个字母时，目标股票就已经出现在列表中，也可以直接选择股票查看。此方法也适用股票名称不足 4 字的情况。

第8项　　通过标签和快捷菜单切换周期

在证券交易所的电脑主机中，会记录每只股票每笔交易的数据，行情软件会根据这个数据来绘制 K 线图，K 线图的周期可以根据投资者分析的需要自行选择。

同一只股票在相同的时间段里，采用不同的周期绘制出来的 K 线图可能是完全不一样的，比如日 K 线中的一根单 K 线图，如果换为 10 分钟 K 线，那么就会有 24 根单 K 线。

在新版本的通达信软件中，可以在 K 线图的左上角单击相应的标签来切换周期，如图 1-7 所示。

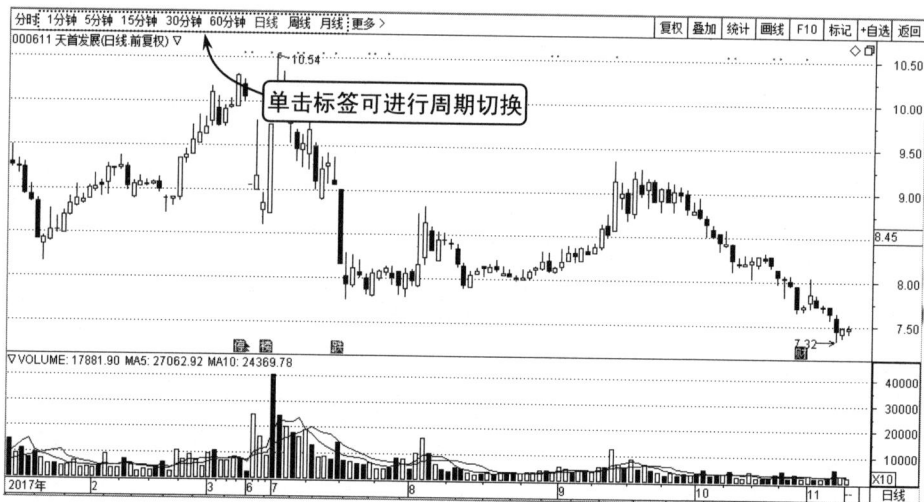

图 1-7　通过标签切换周期

除此之外，在任意 K 线图的空白区域中右击，在弹出的快捷菜单中选择"分析周期"命令，在其子菜单中列举出了当前软件支持的所有周期，选择相应的选项即可切换到对应周期的 K 线图，如图 1-8 所示。

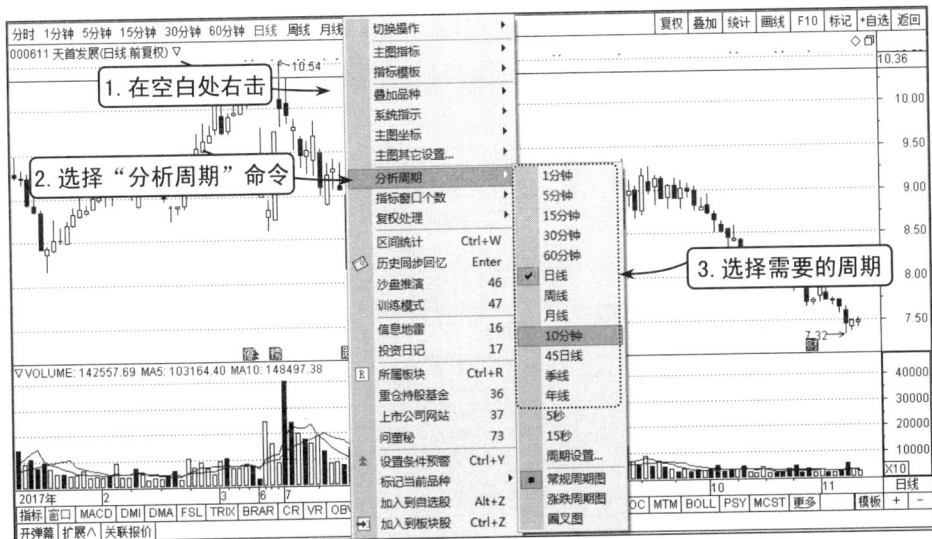

图1-8　通过快捷菜单切换周期

第9项　通过快捷键切换K线周期

对于K线图周期的切换，通达信行情软件提供了很多方法，如果不想运用鼠标操作，可以直接使用快捷键来进行周期切换，如输入数字"93"后按【Enter】键可切换为15分钟K线，如图1-9所示。

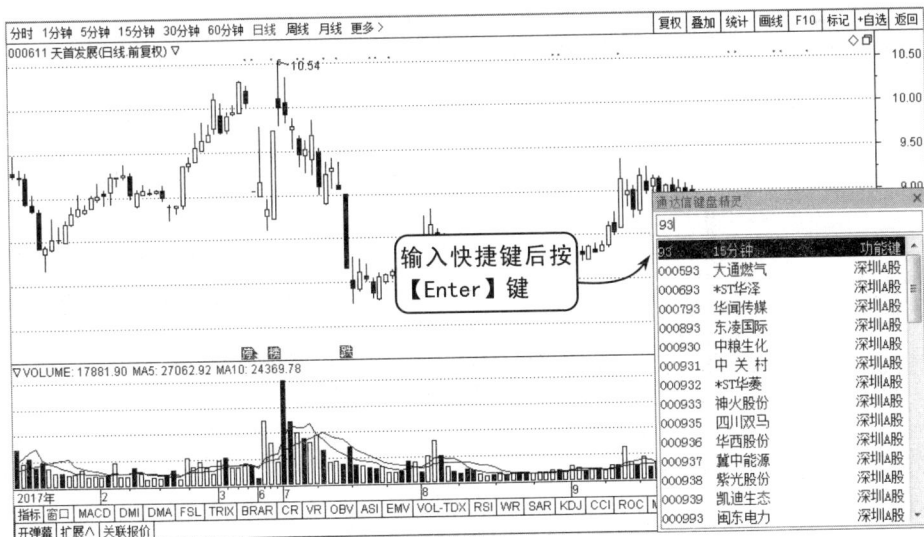

图1-9　通过快捷键切换周期

除此之外，还可以在 K 线图界面中通过按【F8】键，在软件支持的所有 K 线周期内循环切换。切换顺序和每个周期对应的快捷键，可以在"系统设置"（在"更多"的快捷菜单中）对话框的"周期"选项卡中找到，如图 1-10 所示。

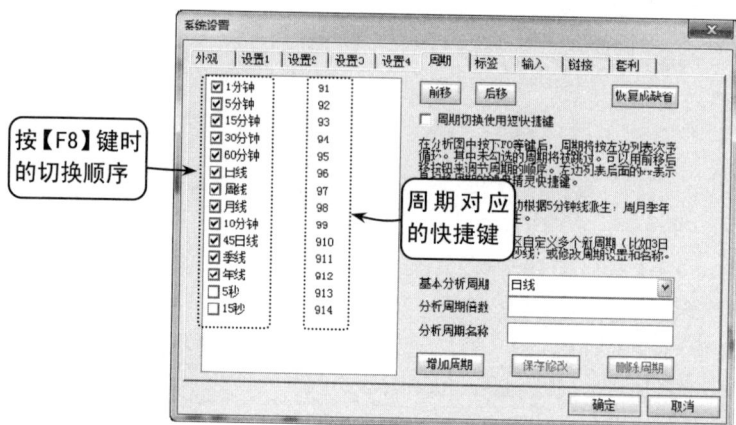

图 1-10　周期切换列表的顺序及对应的快捷键

第10项　　K 线的盘面解读

前面已经讲解了这么多关于 K 线的内容，但在行情分析软件中的 K 线图到底是个什么样子却是只字未提，这里就来看看通达信软件中的 K 线盘面，简单了解其各部分的功能，如图 1-11 所示。

图 1-11　通达信软件中的 K 线图界面

1．快捷标签

快捷标签是新版通达信软件中新添加的功能，其位于整个 K 线图的上方，覆盖整个主图区，如图 1-12 所示。

分时　1分钟　5分钟　15分钟　30分钟　60分钟　日线　周线　月线　更多＞	指标　叠加　统计　画线　F10　标记　+自选　返回

图 1-12　新版通达信软件中的快捷标签

快捷标签主要分为两大部分，前半部分为周期快捷键，其中第一个"分时"标签用于切换到当前品种的分时走势图。

"1分钟""5分钟""日线""周线"等标签代表了 K 线图的不同周期，单击对应标签可显示以该周期绘制的 K 线图。

单击最后的"更多"标签可弹出一个菜单，其中包含了前面标签未列出但在当前软件中支持的一些周期选项。

快捷标签的后半部分是几个功能标签，其功能如下。

◆ **指标**：单击该标签可打开"请选择指标"对话框，其中列举了软件当前拥有的全部指标，可在其中选择要显示的指标以显示到当前界面中。

◆ **叠加**：用于在当前品种上叠加显示其他品种的数据，功能叠加显示五彩 K 线或专家系统指标。

◆ **统计**：打开"区间统计"对话框，设置起始日期和结束日期后，对选定的日期间接数据进行简单统计。

◆ **画线**：打开画线工具，用于在 K 线图中绘制各种辅助线。

◆ **【F10】**：切换到当前品种的"基本信息"界面，功能与键盘上的【F10】键相同。

◆ **标记**：用于在当前品种中添加和管理标记。

◆ **自选**：将当前品种添加到自选股或从自选股中删除（显示为"+自选"时，单击后添加到自选股，并且显示为"-自选"；显示为"-自选"时，单击后从自选股中删除当前品种，并显示为"+自选"）。

◆ **返回**：退出 K 线图界面，返回大盘报价页面。

2．主图区

主图区是 K 线图中最主要的展示区域，也是整个分析界面中占据面积最大的区域，用于显示当前品种的 K 线走势图。里面也可以显示一些技术指标，用于辅助分析，如图 1-13 所示。

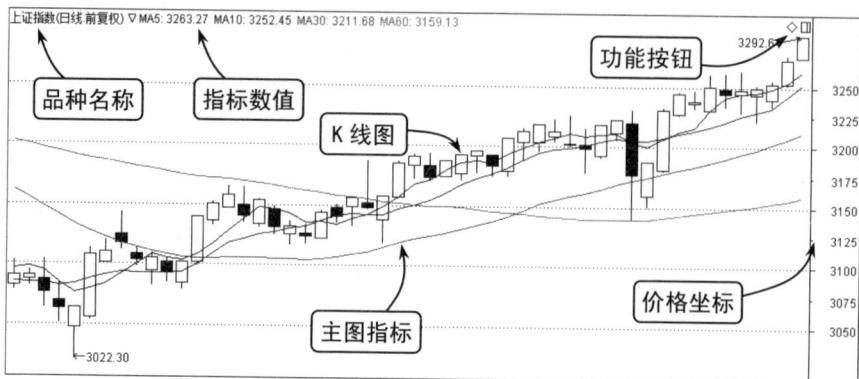

图 1-13　K 线分析界面中的主图区

◆　**品种名称**：显示当前查看品种的名称、周期及复权类型。

◆　**指标数值**：显示当前指示位置的指标数值（双击主图区或按左右方向键时会出现一个移动的坐标原点，移动鼠标时该指标数值会随着原点位置的变化而变化，实时显示所指位置的指标数值）。

◆　**功能按钮**：K 线图主图区最右上角有两个功能按钮，单击"◇"按钮可打开"图形标识设置"对话框，对主图中要显示的图形标识进行设置；单击"▯▯"按钮可隐藏右侧的盘口信息栏，同时按钮变为"▱"形态，此时再单击此按钮，可重新显示盘口信息栏。

◆　**价格坐标**：位于主图区最右侧，显示当前页面中的价格，随着 K 线图中的移动会不断变化。

◆　**主图指标**：叠加显示在 K 线图上的技术指标，默认为 4 个不同周期的移动平均线。

3. 副图区

副图区位于主图区下方，用于展示当前品种的其他技术指标，如成交量、MACD、KDJ 等，如图 1-14 所示。

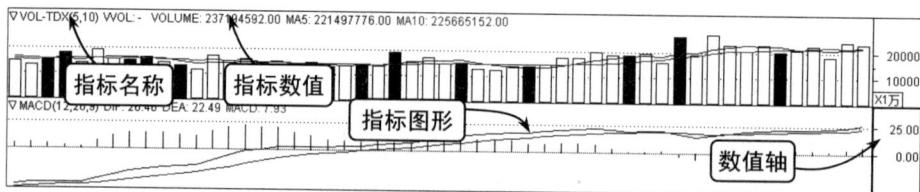

图 1-14　K 线分析界面中的副图区

在同一个 K 线分析界面中，可以包含多个副图区，也可以一个副图区也不要，用户可通过菜单或快捷键来设置副图区的个数，其显示的内容随主图区中时间轴位置的移动而变化，其主要组成部分如下。

◆ **指标名称**：显示当前查看的品种的名称，其左侧有一个"▽"标记，单击此标记可切换其他指标。

◆ **指标数值**：显示当前指示位置的指标数值（指示位置在主图区中指定）。

单击副图区中的某个窗口，直接在键盘上输入指标名称或其英文代码后按【Enter】键，可用新的指标替换当前窗口中的指标。

4．指标和模板区

指标和模板区位于副图的下方，可分为"指标"、"窗口"和"模板"3 个部分，如图 1-15 所示。

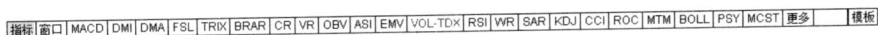

| 指标 | 窗口 | MACD | DMI | DMA | FSL | TRIX | BRAR | CR | VR | OBV | ASI | EMV | VOL-TDX | RSI | WR | SAR | KDJ | CCI | ROC | MTM | BOLL | PSY | MCST | 更多 | | 模板 |

图 1-15　指标和模板区

◆ **指标**：默认显示的内容，单击该标签，可展开副图指标列表，单击列表中任意指标，可切换到该指标中。

◆ **窗口**：单击该标签，可打开窗口列表，从中选择要显示的窗口数量（选择"1 个窗口"选项时，仅展示主图区，选择"2 个窗口"选项时，显示主图区和一个副图区，以此类推）。

◆ **模板**：单击该标签，展开与模板相关的选项，在其中可以选择使用已保存的分析模板，也可对模板进行管理。

5．盘口数据区

实时展示当前品种的实时盘口数据，包含的内容非常广泛，指数和股票的盘口数据区不完全相同，如图 1-16 所示。

指数是收集构成指数的所有证券的交易信息汇聚而成，盘口数据相对而言要简单很多，这里主要以个股的盘口数据为例进行介绍。

◆ **委比与委差**：衡量买卖盘在某周期内相对强弱的指标。委买数与委卖数之差除以委买数与委卖数之和后得出的比值，再乘以 100% 即为委比。委比为正，表示买盘较为强烈；委比为负，表示卖盘较为强烈。而委差即是委买与委卖的差值。

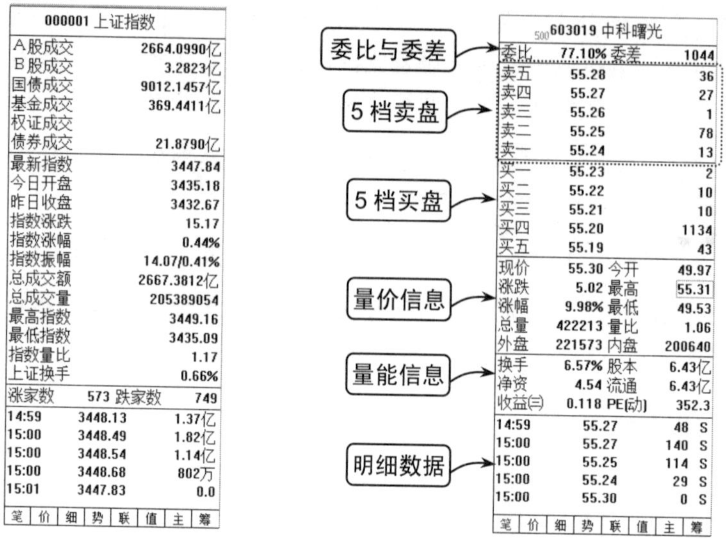

000001 上证指数	
A股成交	2664.0990亿
B股成交	3.2823亿
国债成交	9012.1457亿
基金成交	369.4411亿
权证成交	
债券成交	21.8790亿
最新指数	3447.84
今日开盘	3435.18
昨日收盘	3432.67
指数涨跌	15.17
指数涨幅	0.44%
指数振幅	14.07/0.41%
总成交额	2667.3812亿
总成交量	205389054
最高指数	3449.16
最低指数	3435.09
指数量比	1.17
上证换手	0.66%
涨家数 573 跌家数	749
14:59 3448.13	1.37亿
15:00 3448.49	1.82亿
15:00 3448.54	1.14亿
15:00 3448.68	802万
15:01 3447.83	0.0
笔 价 细 势 联 值 主 筹	

603019 中科曙光		
委比 77.10% 委差		1044
卖五	55.28	36
卖四	55.27	27
卖三	55.26	1
卖二	55.25	78
卖一	55.24	13
买一	55.23	2
买二	55.22	10
买三	55.21	10
买四	55.20	1134
买五	55.19	43
现价 55.30	今开	49.97
涨跌 5.02	最高	55.31
涨幅 9.98%	最低	49.53
总量 422213	量比	1.06
外盘 221573	内盘	200640
换手 6.57%	股本	6.43亿
净资 4.54	流通	6.43亿
收益(三) 0.118	PE(动)	352.3
14:59 55.27		48 S
15:00 55.27		140 S
15:00 55.25		114 S
15:00 55.24		29 S
15:00 55.30		0 S
笔 价 细 势 联 值 主 筹		

委比与委差 → 委比
5档卖盘 → 5档卖盘
5档买盘 → 5档买盘
量价信息 → 量价信息
量能信息 → 量能信息
明细数据 → 明细数据

图1-16 指数盘口（左）与个股盘口（右）

◆ **5档卖盘**：当前最低的5个卖出价以及以该价格想要卖出的手数。

◆ **5档买盘**：当前最高的5个买入价以及以该价格想要买入的手数。

◆ **量价信息**：显示该股当前成交量的价格与数据量的相关系统，包括现价（最新一笔成交价）、今开（当日开盘价）、涨跌（当日涨跌金额）等。

◆ **量能信息**：展示该股一些基本能量信息，包括换手（交易量与总量的比值）、股本（公司发行股票的现有价值）、净资（公司报表中拥有的净资产）以及流通（当前股票在市面流通的股本）等。

◆ **明细数据**：显示当前股票指定类型的明细数据，可通过单击下方的"笔""价""细"等标签进行切换。

重点提示：明细数据可包含多种内容

要在盘口中查看明细数据，单击其下方的标签可以切换。其中，"笔"代表了当前交易日已完成的每笔成交信息，包含了时间、价格和成交量3项数据；"价"列举出当前交易日的所有成交价，同时列举对应价格的成交量，以及成交量占全天交易的比例和该价格时的竞买率；"细"可列举当前交易日中每笔交易的明细数据，但需要付费用户才可查看；"势"可显示一个缩小版的分时走势图；"联"以缩小版的分时走势图显示与该股相关联的其他品种的分时走势；"主"显示主力监控精灵，发现主力的动向；"筹"可显示当前品种的筹码分布图。

第2章

单根 K 线的实战意义

从上一章中我们知道了单根 K 线是由指定周期内的开盘价、收盘价、最高价和最低价绘制而成的，而这些价格在构成各种各样的 K 线形态时，也包含了市场中大部分操作者的心理，因此单根 K 线的形态在技术分析中也是有具体实际意义的。

◇ 小实体阴线
◇ 小实体阳线
◇ 中等实体阴线和阳线
◇ 大实体阴线和阳线
◇ 光头光脚阳线
◇ 光脚阳线
◇ 光头阳线

◇ 光头光脚阴线
◇ 光脚阴线
◇ 光头阴线
◇ 锤子线
◇ 墓碑线
◇ 十字星
◇ T字线与倒T线

一、实体大小不同的 K 线

K 线的实体大小是由开盘价和收盘价决定的，两者差值的绝对值越大，K 线的实体就越大；两者差值的绝对值越小，K 线的实体就越小。

如果某日开盘价与收盘价相同，可能出现 K 线实体仅为一条短线段的情况，甚至某个周期内的开盘价、收盘价、最高价和最低价都相同，那么形成的 K 线就是一条短横线，称为"一"字形。

我们知道，单根 K 线又分为阴线和阳线两种，下面就来看看实战操作中单根 K 线实体大小的意义。

第11项　小实体阴线

『形态特征』

小实体阴线也称小阴星，是指某周期内开盘价与收盘价非常接近，且开盘价略高于收盘价的图形，如图 2-1 所示为小阴星示意图。

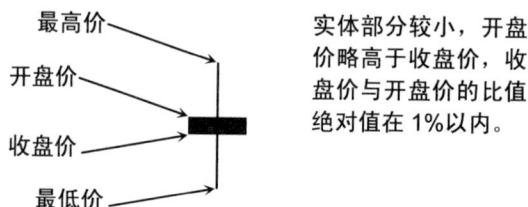

最高价
开盘价
收盘价
最低价

实体部分较小，开盘价略高于收盘价，收盘价与开盘价的比值绝对值在 1% 以内。

图 2-1　小阴星示意图

在个股行情并不是非常明了的情况下，整个交易日内股价波动幅度都不是很大，但最终以空方力量少许占优结束一天的争斗，以略低于开盘价的价格收盘，即会形成小阴星形态。

从分时走势图来看，整个交易日股价的波动幅度都不是很大，开盘价与收盘价所处位置几乎处在同一水平，如图 2-2 所示。

重点提示：振幅很大也可能收出小实体阴线

分时图中的波动包含了当日的所有成交价格，如果波动幅度很大，但收盘价略低于开盘价，也可以收出小实体阴线，只是此阴线的上下影线可能会很长。

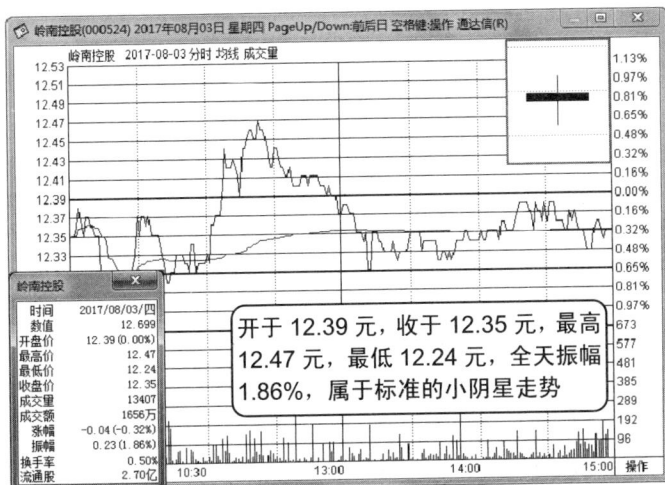

图 2-2　形成小阴星的分时图

『操作策略』

　　小阴星是多空双方力量不相上下的较量结果。多方既不能力压空方，空方也同样不具有完全碾压多方的实力，虽然最终空方略胜一筹，但也是险胜，并不能明确地反映出后市的走势，需要结合该股近期的走势进行判断。

　　一般来讲，小阴星对后市不会有太大的影响，如果小阴星出现在上涨的过程中，通常都会使股价的上涨脚步略作停顿，但上涨的总体趋势通常不会改变。

　　小阴星出现在整理区间时，后市继续横向维持整理行情的可能性非常大，没有操作的必要。小阴星出现股价下跌的途中，往往也只是下跌时的一个缓冲，并不会扭转局面。

　　由于形成小阴星的时候，股价上下波动不会很大，因此一般成交量也不会很大，基本都有缩量的趋势，但如果成交量过度地缩量或者相反放量，此时的小阴星就有可能是变盘信号。

『分析实例』

　　金浦钛业（000545）——小阴星在 K 线中的分析

▼实战图谱

　　如图 2-3 所示为金浦钛业在 2017 年 9 月至 10 月的 K 线图。

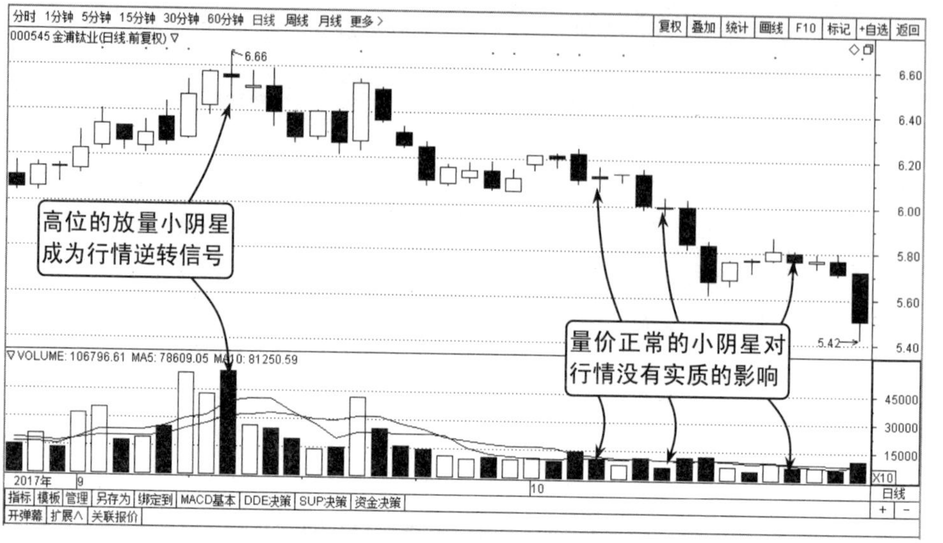

图 2-3　金浦钛业中的小阴星

▼**盘面解析**

在金浦钛业 2017 年 9 月至 10 月的日 K 线图中，我们可以看到出现了多个小阴星，它们出现的位置和其对应的成交量对行情的影响也不同。

一般来说，小阴星出现时成交量应该是相对萎缩的，但 9 月 12 日的小阴星却伴随有较大的成交量，甚至比前两日的大阳线成交量还大，这就是一种极为反常的情况，而事实也证明了，这个小阴星成为了一次变盘的信号。

10 月 10 日的小阴星，其成交量有一定的萎缩，算是一个正常的小阴星形态，而其作用也仅仅是在股价的下跌过程中起到一定的缓冲，让下跌的速度稍微减缓，其后仍然是继续下跌的走势。

其后，在 10 月 12、17、23、25 日也都出现了小阴星形态，但与其对应的都是少许缩量。而其走势也说明了少许缩量的小阴星对股价的走势不会造成任何影响，也不能为我们提供正确的买卖参考。

第12项　小实体阳线

『**形态特征**』

小实体阳线也称小阳星，指某周期内开盘价与收盘价非常接近，且开盘价略低于收盘价的图形，如图 2-4 所示为小阳星示意图。

实体部分较小，开盘价略低于收盘价，收盘价与开盘价的比值绝对值在1%以内。

最高价

收盘价

开盘价

最低价

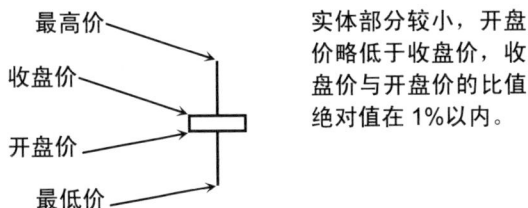

图2-4　小阳星示意图

多空双方实力相差不大，在经历一天的争斗后，多方略占上风。从分时走势图来看，整个交易日股价的波动幅度都不是很大，开盘价与收盘价所处位置几乎在同一水平，如图2-5所示。

开于22.38元，收于22.35元，最高22.66元，最低22.25元，全天振幅1.83%，属于标准的小阳星走势

图2-5　形成小阳星的分时图

『操作策略』

小阳星是多空双方力量不相上下的较量结果。空方既不能力压多方，多方也同样不具有完全碾压空方的实力，虽然最终多方略胜一筹，但也是险胜，同样不能明确后市的走向，属于一个中立形态。

一般来讲，小阳星对后市不会有太大的影响，它的出现，既可能是上涨行情中的一个缓涨，也可能是下跌行情中的一个缓跌。

由于形成小阳星的时候，股价上下波动不会很大，因此一般成交量也不会很大，基本都有缩量的趋势，但如果成交量过度地缩量或者相反放量，此时的小阳星也可能是变盘信号。

『分析实例』

中国交建（601800）——小阳星在 K 线中的分析

▼实战图谱

如图 2-6 所示为中国交建在 2017 年 6 月至 8 月的 K 线图。

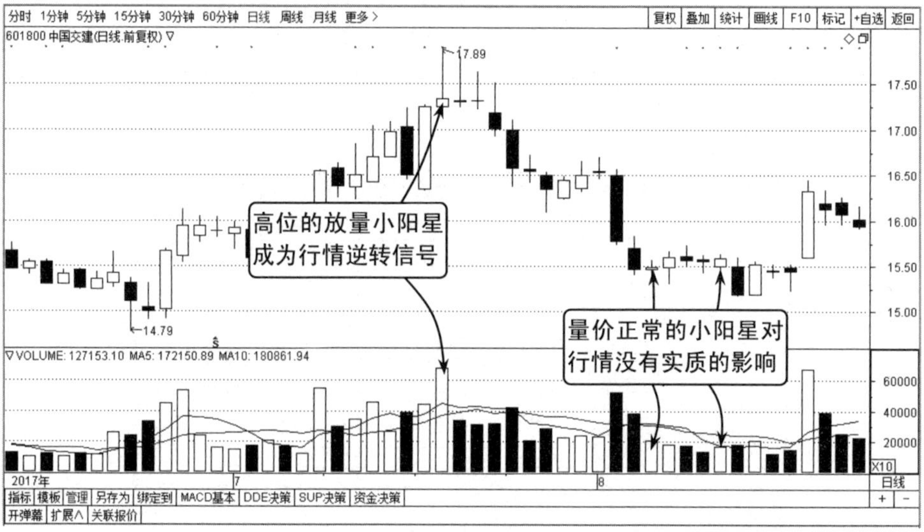

图 2-6　中国交建中的小阴星

▼盘面解析

在中国交建 2017 年 6 月至 8 月的日 K 线图中，我们可以看到出现了多个小阳星，它们出现的位置和其对应的成交量对行情的影响也不同。

一般来说，小阳星出现时成交量应该是相对萎缩的，但 7 月 19 日的小阳星却伴随有较大的成交量，甚至是最近两个月来的最大单日成交量，这就是一种极为反常的情况，而事实也证明了这个小阳星成为一次变盘的信号。

7 月 19 日的放量小阳星，带有长长的上影线，说明主力有心上攻，但上攻无力，最终被空方打压，虽然小胜，但也显示出上攻的乏力。其后连续多个类似十字星的小阴星后，迎来了股价的下跌行情。

其后，有 8 月 4 日、7 日、10 日等也都出现了小阳星形态，但与其对应的都是少许缩量。而其走势也说明了少许缩量的小阳星对股价的走势不会造成任何影响，也不能为我们提供正确的买卖参考。

第13项　中等实体阴线和阳线

『形态特征』

单根 K 线实体的大小分开来看是没有绝对大小的，而我们所说的实体大小也只是一个相对概念。大多数时候，我们可以用周期内的收盘价减去开盘价的绝对值来表示实体的大小。

对于不同价格的股票，可以用收盘价除以开盘价的结果减去 1 后的绝对值取百分比来表示，如果在通达信软件中，可以用公式"实体：=ABS(Close/Open-1)*100%"来表示。

一般情况下，我们将实体值在 1%以下的实体称为小实体（小阳线或小阴线）；实体值在 1%～3.6%的实体称为中等实体（中阳线或中阴线）；实体值大于 3.6%的实体称为大实体（大阳线或大阴线）。如图 2-7 所示为中阳线和中阴线示意图。

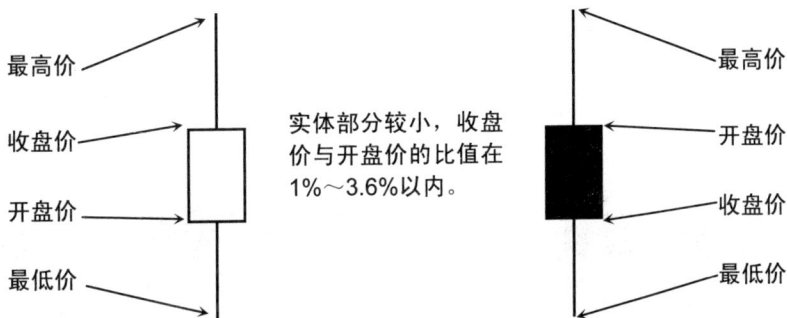

图 2-7　中阳线（左）与中阴线（右）示意图

由于实体的大小是一个相对概念,但股价每日的涨跌幅度却是限定了的(普通股票涨跌幅度在 10%以内，特殊股票涨跌幅度在 5%以内)，假设周期内的最高价和最低价都达到极限，那么中等实体的 K 线实体部分不会超过整个影线长度的一半。

『操作策略』

中等实体的 K 线相对于小实体的 K 线,可较为明显地显示出多空双方力量的差距。如果是中等 K 线的阳线，表示多方力量明显强于空方力量，后市看涨；反之，如果是中等 K 线的阴线，表示多方力量明显弱于空方力量，后市看跌。

股票市场的发展不仅仅只是一个形态就能判断后市的，中等实体的 K 线只能表示驱动能力稍强，并不能作为评判买卖的标准，也不能准确地看出后市发展的趋势，还需要结合其他因素进行判断。

『分析实例』

海航科技（600751）——中等实体 K 线分析

▼ 实战图谱

如图 2-8 所示为天海投资在 2017 年 7 月至 8 月的 K 线图。

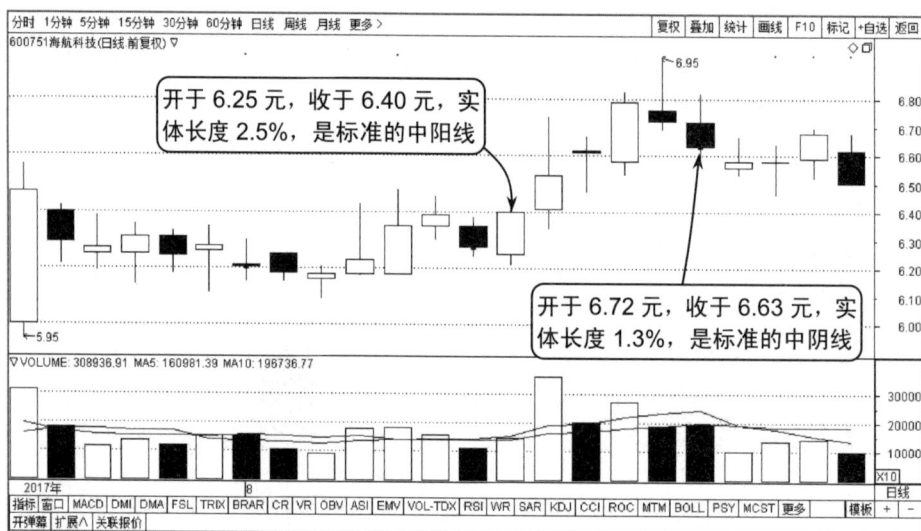

图 2-8 天海投资日 K 线图

▼ 盘面解析

从图中可以看出，在这段时间内，K 线大多数时候都收出小阳线或小阴线，也有很多中等实体的阳线和阴线，但它们都对股价的发展没有太大的影响。

该股在两个月时间内波动不是很大，基本都在 6 元到 7 元之间波动。8 月 10 日，股票以 6.25 元开盘，经过一天的争斗，最终多方以较为明显的优势打压了空方，收于 6.40 元，实体长度达到 2.5%，是标准的中阳线。

在 8 月 16 日股价收出一个小阴线，开始了略向下的行情。8 月 17 日，股价以 6.72 元开盘，收于 6.63 元，小幅下跌 0.09 元，当日实体大小为 1.3%，是一个较为典型的中阴线。

第14项　大实体阴线和阳线

『形态特征』

　　根据实体大小的计算公式，实体值大于 3.6% 的实体称为大实体（大阳线或大阴线）K 线，如图 2-9 所示为大阳线和大阴线示意图。

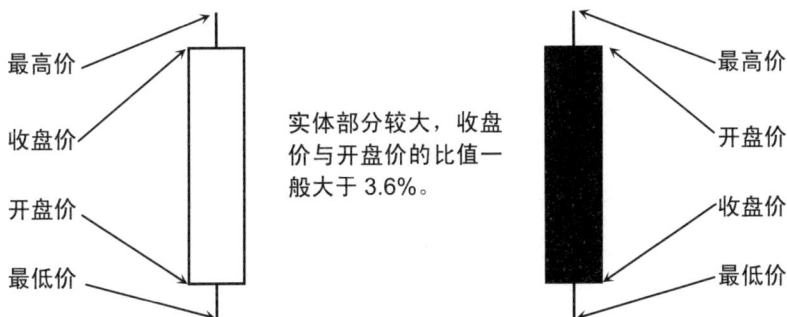

图 2-9　大阳线（左）与大阴线（右）示意图

　　大阳线是多方力量强势的表现，其形成的分时图中经常会有大幅度的波动，且开盘价明显要低于收盘价，如图 2-10 所示为大阳线形成的分时图示例。

图 2-10　形成大阳线的分时图

　　与之相反，大阴线是空方力量强势的表现，其形成的分时图中同样会有大幅度的波动，且开盘价明显要高于收盘价，如图 2-11 所示。

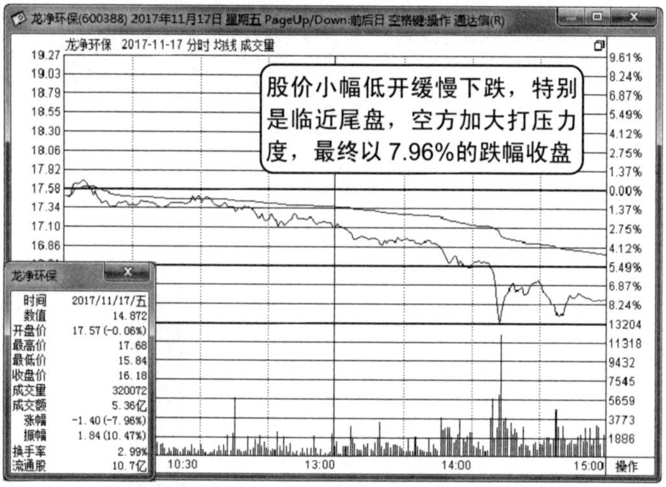

图 2-11　形成大阴线的分时图

『操作策略』

　　大阳线的出现，表示市场中多方力量非常强势，属于行情看好的一种信号，但单纯的大阳线也不是确定买入信号的依据，还得根据成交量和大阳线出现的位置来确定。

　　通常来说，放量大阳线看涨信号较为强烈，特别是该放量大阳线出现在股价的相对低位区时，买入信号较为可靠。

　　而如果是在股价相对的高位区出现放量大阳线，则很有可能是行情见顶信号，宜采取卖出操作。

　　大阴线的出现则是市场空方力量明显占优的表现，在一天的博弈中，空方强烈打压多方，使多方毫无还手之力，在这样的情况下，股价看跌的可能性更大，但同样也要根据成交量和其相对位置来确定。

　　通常情况下，大阴线出现在股价下跌中途的可能性较多，但此时的大阴线一般不会有很大的成交量，呈现缩量状态，这种大阴线是股价继续看跌的信号。

　　如果大阴线出现在股价的高位，且有较大的成交量，那么一般都是主力在高位出货的表现，是一个非常明确的见顶信号，投资者宜果断卖出。

　　如果大阴线出现在股价的相对低位，且呈现缩量状态，那么也是一个行情反转的信号，但这是行情转好的信号，可结合其他一些技术指标进行综合判断，再决定何时买入。

『分析实例』

新黄浦（600638）——大阳线和大阴线对行情的影响

▼ **实战图谱**

如图 2-12 所示为新黄浦 2017 年 5 月至 8 月的 K 线图。

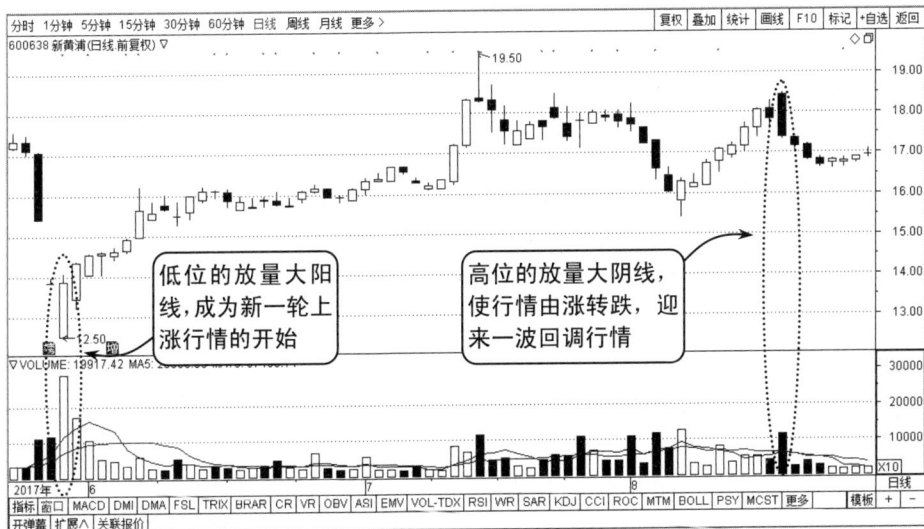

图 2-12 新黄浦日 K 线走势图

▼ **盘面解析**

从图中可以看出，股价在 5 月底的时候经历一轮快速的深幅下跌，24 日和 25 日这两日的连续跌停使股价从 17 元以上直接下跌到 14 元以下。26 日股价低开高走，以 12.5 元跌停价开盘，但最终却一路走高，最后收于 13.88 元，实体长度达到 11%，属于典型的大阳线。

而在股价收出大阳线的时候，对应的成交量也出现了这段时间以来的天量。再根据此前股价大跌，可以断定此时的天量大阳线为一个低位反转信号，可以适当买入。

随后股价持续上涨，最高达到 19 元以上。而到 8 月 17 日的时候，股价经历了一轮回调后再次连续收阳，却在这一天收出放量大阴线。当日以 18.43 元开盘，却收于 17.37 元，实体大小为 5.7%，属于标准的大阴线。

此时的成交量也相对于前段时间有所放大，属于高位放量大阴线，是一种见顶回落信号，后市有一定幅度的下跌。

二、光秃型 K 线实战意义

标准的单根 K 线由实体和影线两部分组成，但在实际的交易数据中，某些 K 线可能没有上影线，或没有下影线，甚至上下影线都没有，我们将这种 K 线称为光秃型 K 线，其实战意义比有影线的 K 线更大。

第15项　　光头光脚阳线

『形态特征』

如果某周期内的开盘价等于最低价，收盘价等于最高价，那么绘制出来的 K 线就是光头光脚阳线，其示意图如图 2-13 所示。

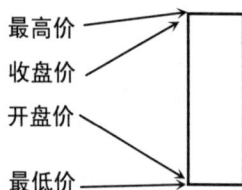

图 2-13　光头光脚阳线示意图

光头光脚阳线的形成，是由于买方力量强大，不断把股价一步步推高的结果，在分时图中即使有较大的波动，波动的最高点也必然是收盘价的位置，最低点也不会低于开盘价的位置，如图 2-14 所示。

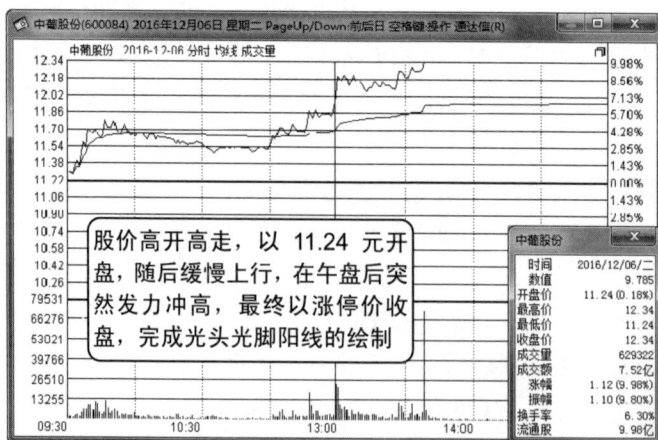

图 2-14　形成光头光脚阳线的分时图

『操作策略』

光头光脚阳线的出现，显示出买方意愿的异常强烈，常常是以涨停姿势收盘，预示着后市有继续上涨的可能，但也需要根据其出现的位置以及其他一些技术指标的配合来确定买卖操作。

◆ 如果光头光脚阳线出现在股价下跌的低位，则可能是由跌转涨的反转信号，宜适时跟进。

◆ 光头光脚阳线出现在刚开始上涨后不久，显示出买方力量在不断加强，后市有继续上涨的趋势，可以适当跟进。

◆ 光头光脚阳线出现在股价的相对高位，特别是前期高点附近时，如果伴随有成交量的放量，很可能是主力出货的先兆，宜择机卖出。

通常情况下，高位出现放量光头光脚阳线后，股价一般不会立即下跌，而会惯性小幅上涨几天，投资者可以抓住这个缓冲的机会出货，一旦开始出现下跌，前期跌势可能很猛。

『分析实例』

中原高速（600020）——光头光脚阳线的见顶逃离

▼实战图谱

如图2-15所示为中原高速在2017年5月至9月的K线图。

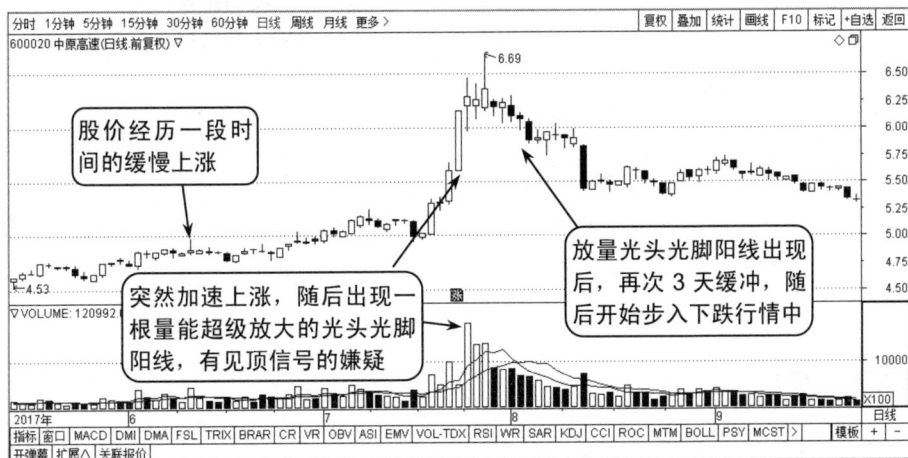

图2-15　中原高速日K线图

▼**盘面解析**

从图中可以出，股价在 2017 年 5 月初到 7 月中旬，一直处于缓慢但相对较为稳定的上升趋势中，股价从 4.5 元附近经历两个多月时间才缓慢攀升到 5 元以上。7 月中旬以后，股价开始发力上冲，从 7 月 19 日开始连续上涨，在 5 个交易日内就冲到了 6.5 元附近，相对于前期的上涨速度来说是非常快了。

在 7 月 24 日时，该股以 5.6 元开盘，在开盘后的 10 多分钟内，股价就直接达到涨停板并维持到最终收盘，收于 6.16 元。此时的股价已经上涨到了一个相对较高的位置，在此位置出现光头光脚大阳线，很有可能是即将转市的信号。

随后，该股继续小幅上涨，但最高仅达到 6.69 元，在高位光头光脚大阳线出现后的 3 个交易日后，开始步入下跌行情中。

第16项　光脚阳线

『**形态特征**』

如果某周期内的开盘价等于最低价，而最高价大于收盘价，那么绘制出来的 K 线就是一根有上影线而无下影线的阳线，其示意图如图 2-16 所示。

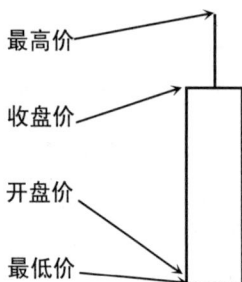

图 2-16　光脚阳线示意图

光脚阳线的形成，显示是多方在信心十足的情况下开始上冲，但最终能量不足而上冲失败的体现。光脚阳线的实体可大可小，并不一定是一根大阳线，也可能是中阳线或小阳线。

『**操作策略**』

总体来说，光脚阳线显示的是多方力量的优势，而其上影线的长短比实体的大小还要更有意义，上影线越短，说明上方阻力越小，后市上涨的可能性越大，而上影线越长，说明上方阻力越大，上涨难度也较大。

光脚阳线出现的位置不同，其代表的意义和相应的操作手法也是不同的。此K线出现在下跌的低位，其研究意义不是很大。如果出现在股价上涨的途中，且伴随有较大的成交量，其后市整理的可能性较大。

如果光脚阳线出现在股价上涨到一个相对较高水平时，且成交量明显放大，则是一个很明确的见顶信号，投资者宜择机卖出。

需要注意的是，无论该形式出现在什么位置，如果其上影线的长度超过了实体的2倍以上，表示此价位的压力异常强大，股价上涨的机会非常小，投资者宜果断退场。

『分析实例』

📈 华微电子（600360）——光脚阳线的无力突破

▼实战图谱

如图2-17所示为华微电子在2016年12月至2017年6月的K线图。

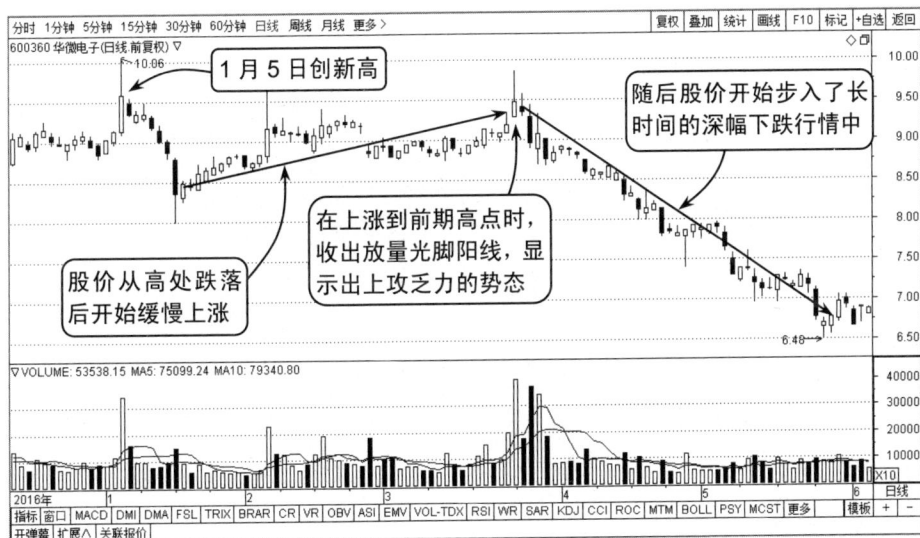

图2-17　华微电子日K线图

▼盘面解析

从上图中可以看出，华微电子在2017年1月5日时放量收出一根带长上影线的中阳线，创下短期的一个高点，位于10元附近，随后股价开始快速回落，连续的几根阴线使得股价回落到 8.5 元以下。

之后股价开始缓慢回升，在经历了长达两个多月的波动上行后，最终来到了 9.5 元附近。在 3 月 24 日时，该股以 9.28 元开盘，开盘后快速上冲，达到 9.87 元，运行到了前期的高点，受到来自上次高点的套牢盘打压，该股开始不断走低，最终收于 9.47 元，收出一根带有长上影线的大阳线。

由于前期在这个位置积累了很多筹码，而当日的成交量也无限放大，是前段时间的数倍之多。强大的抛压使得股价最终未能突破前期高点，而这个放量光脚大阳线就成为了一个典型的高位转折点，随后股价步入了一波快速的深幅下跌行情中。

第17项　光头阳线

『形态特征』

如果某周期内的收盘价等于最高价，而最低价低于开盘价，那么绘制出来的 K 线就是一根有下影线而无上影线的阳线，其示意图如图 2-18 所示。

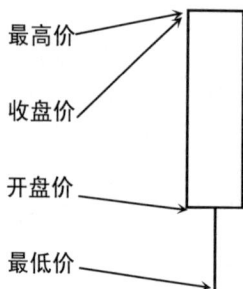

股票开盘后受到来自空方的打压，股价不断下挫，随后多方开始反击，强力击溃空方势力，最终以最高价收盘。

图 2-18　光头阳线示意图

与光脚阳线的特征相仿，光头阳线的实体也是可大可小，并不一定是一根大阳线，也可能是中阳线或小阳线。

『操作策略』

光头阳线一般出现在上涨行情中，该形态显示出多方占据着主导地位，并最终掌握了股价发展的主动权，往往是股价继续上涨的信号。但当其出现在不同的位置时，代表的意义也不一样。

◆　光头阳线出现在股价下跌后的低位，说明盘中多方力量在加强，该股可能出现反弹行情，其下影线越长，说明下方的支撑力量越强，反弹也就越有力。

◆ 光头阳线出现在股价上涨的过程中，特别是刚开始上涨不久，如果光头阳线是一根大阳线（实体在5%以上），且第二天继续上涨，那么就是股价加速上涨的信号。

◆ 光头阳线出现在股价上涨后的高位阶段，投资者需要特别注意，这时很有可能是主力出货的陷阱，宜退场观望。

『分析实例』

东晶电子（002199）——光头阳线的强势反转

▼实战图谱

如图2-19所示为东晶电子在2017年5月至6月的K线图。

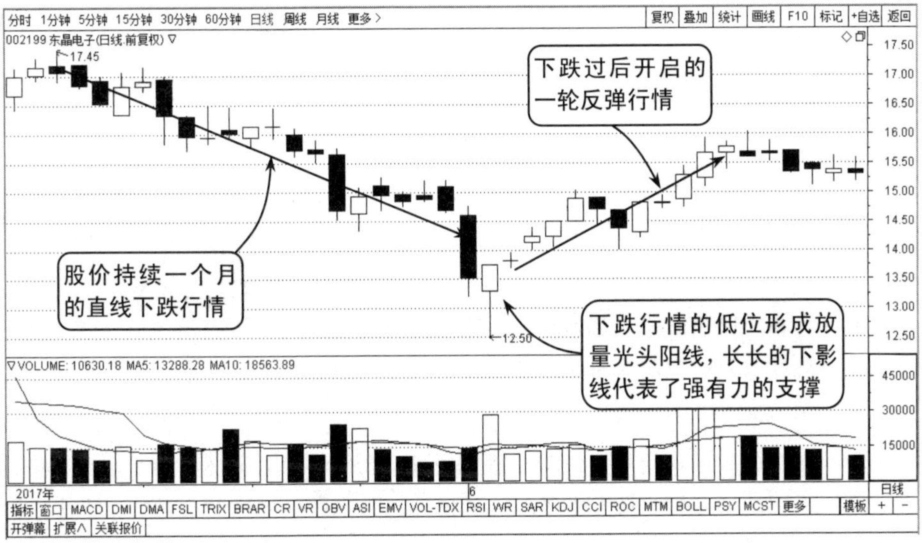

图2-19　东晶电子日K线图

▼盘面解析

从上图中可以看出，东晶电子从2017年5月初开始步入了一轮直线下跌行情中，经历了整整一个月的下跌，股价从17元附近下跌到13元附近。

6月2日，股价低开低走，在达到最低12.5元时受到强烈支撑，多方力量开始加强反击，最终以13.75元收盘，收出一根带有长下影线的中阳线，而当天的成交量放大不少，这说明长下影线的支撑是有量能配合的。

6月5日，股价再次收出一根小幅上涨的十字星，奠定了新一波反弹行情开始的基础，随后股价迎来了一波不错的反弹行情。

第18项　光头光脚阴线

『形态特征』

如果某周期内的开盘价等于最高价，收盘价等于最低价，那么绘制出来的K线就是光头光脚阴线，其示意图如图2-20所示。

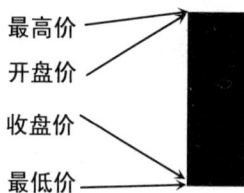

最高价
开盘价
收盘价
最低价

股票以最高价开盘，随后一路下挫，最终以最高低收盘，即会形成光头光脚阴线。

图2-20　光头光脚阴线示意图

『操作策略』

光头光脚阴线的出现，显示出卖方意愿的异常强烈，很多时候以跌停板收盘，预示着后市有继续下跌的可能，但也需要根据其出现的位置以及其他一些技术指标的配合来确定买卖操作。

◆ 光头光脚阴线出现在股价上涨到一个相对高度时，投资者需要异常谨慎，这往往是一波较大幅度下跌行情开始的征兆，谨慎型投资者应尽快离场观望为宜。

◆ 光头光脚阴线出现在股价下跌的中途，表示卖方力量还在加强，股价有加速下跌的可能。投资者遇到这种情况，即使有小幅度的反弹，也尽量不要冒险跟进。

『分析实例』

凌云股份（600480）——光头光脚阴线的见顶逃离

▼实战图谱

如图2-21所示为凌云股份在2017年3月至6月的K线图。

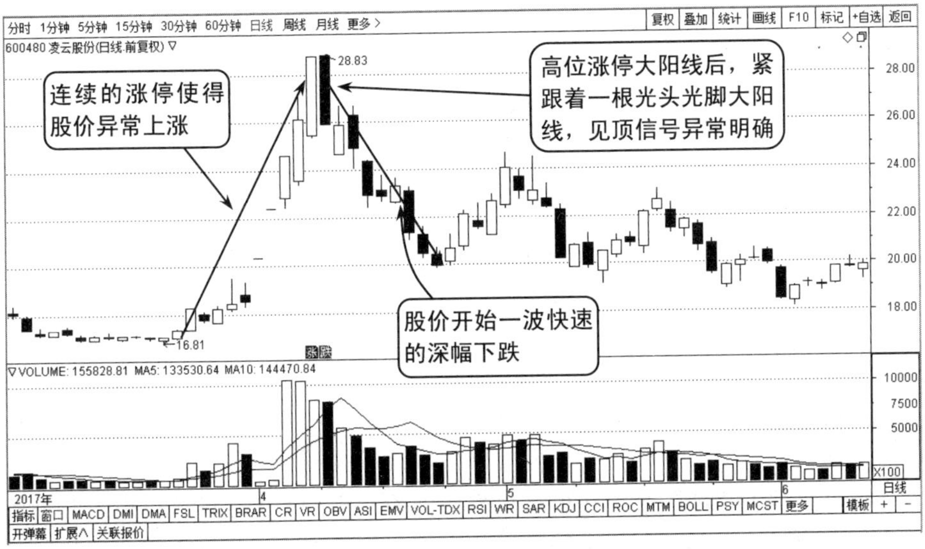

图 2-21 凌云股份日 K 线图

▼**盘面解析**

从图 2-21 中可以看出，股价在 16.8 元附近横向运行了近半个月时间，随后开始发力上冲，在 4 月初时连续收出多个涨停板，短短的时间内，股价已上涨到 28.83 元，上涨速度和幅度异常惊人。

4 月 11 日收出一根略微缩量的且带短下影线的大阳线，预示着多方上涨的力度已稍有不足，应随时注意见顶回落。而在 4 月 12 日，股价高开低走，在疯狂上涨后以一个跌停板的光头光脚大阴线收盘，见顶信号非常明确。

之后，股价开始了快速回落的走势，在短短 8 个交易日后，股价就从最高 28.83 元，下跌到了 20 元附近，下跌幅度超过 28%，真实展现了股票市场中来得太快的大起大落。

第19项 光脚阴线

『**形态特征**』

如果某周期内的收盘价等于最低价，而最高价大于开盘价，那么绘制出来的 K 线就是一根有上影线而无下影线的阴线，其示意图如图 2-22 所示。

这种 K 线的形成，通常是股票开盘后多方试图不断拉高，但由于拉高意愿不是非常强烈而被空方打压，最终失败的情况。

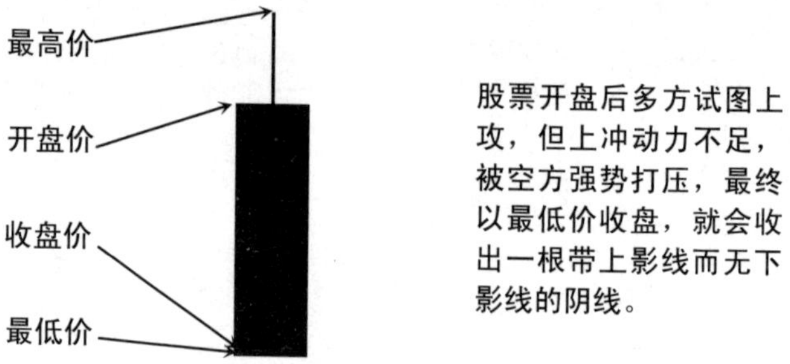

图 2-22　光脚阴线示意图

股票开盘后多方试图上攻，但上冲动力不足，被空方强势打压，最终以最低价收盘，就会收出一根带上影线而无下影线的阴线。

『操作策略』

光脚阴线上影线的长短代表了上方压力的大小，上影线越长，表示此价位上方的压力越大，股价想要上涨的机会也越小。光脚阴线出现在不同的位置，其代表的意义和适宜采用的操作也不相同，具体可分为如下几种情况。

◆ 光脚阴线出现在股价上涨的过程中时，如果此时股价正位于某些重要的压力位，上影线越长，突破压力的可能性就越小，股价很可能出现回落，特别是其他技术指标没有支撑股价上涨的情况下，必然会有一波回调行情。

◆ 光脚阴线出现在股价上涨的高位时，如果同时伴随有成交量的放大，就必须要谨慎对待了，最好是提早离场。

◆ 如果股价经历了很长一段时间的下跌后，再出现光脚阴线，表示有上攻力量的出现，但不强烈，如果第二日不能继续冲高并收出阳线的话，股价还会继续原来的下跌趋势。

在实际操作中，影线的长短与实体的大小关系也是非常重要的。实体大于上影线，说明空方打压力量强劲；实体等于上影线，说明多空力量相差不大，空方占主导；实体短于上影线，说明多方略占优势，但多方积蓄的力量也不容小视，随时有反客为主的可能。

『分析实例』

永艺股份（603600）——光脚阴线的延续下跌行情

▼实战图谱

如图 2-23 所示为永艺股份在 2017 年 3 月至 6 月的 K 线图。

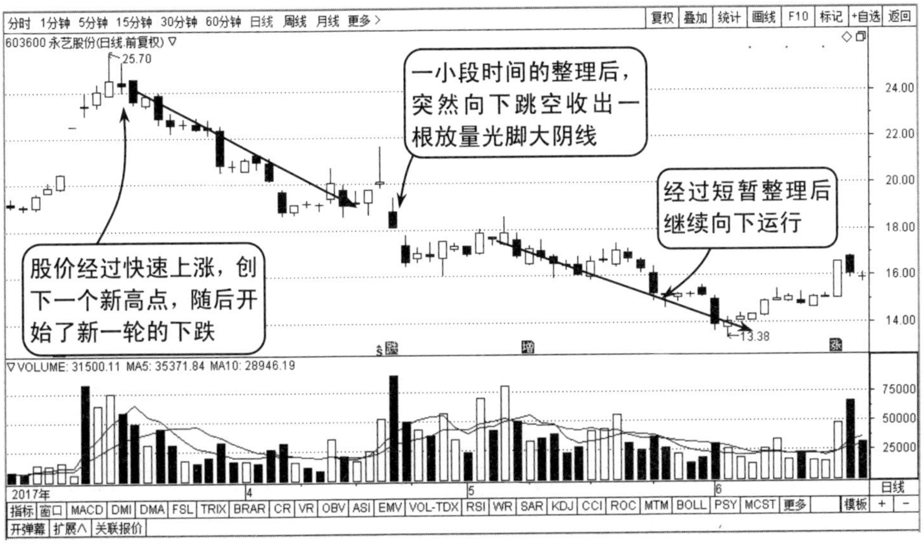

图 2-23　永艺股份日 K 线图

▼盘面解析

从上图中可以看出，永艺股份在 3 月 17 日时上涨到一个新的高点，创出一个近期高点，达到 25.7 元，随后开始了一波下跌行情。在 4 月 10 日到 20 日之间，股价下跌的情况有所缓解，还略微有一点上涨的势头。

4 月 20 日，股价跳空高开高走，但最终收出一根带有长上影线的小阳线，说明股价想要上冲但力有不足。在 4 月 21 日，股价再次向下跳空低开低走，最终收出一根光脚阴线，上冲动力不足的情况更加明了了，此时投资者就应该意识到股价继续下跌的可能性已经非常大了。

4 月 24 日时，股价再次向下跳空，收出一根中阴线，这就已经确定了股价继续维持下跌走势的发展方向。

即使在 4 月 25 日到 5 月 5 日之间，股价进行了一波小幅度的反弹，也还是未能扭转股价继续下跌的局势。

第20项　光头阴线

『形态特征』

如果某周期内的开盘价等于最高价，而最低价低于收盘价，那么绘制出来的 K 线就是一根有下影线而无上影线的阴线，其示意图如图 2-24 所示。

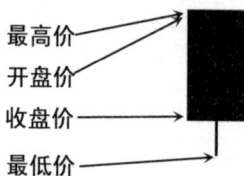

股票开盘价格不断下挫，随后多方开始反击，但反击力量有限，最终未能扭转下跌局面。

最高价
开盘价
收盘价
最低价

图 2-24　光头阴线示意图

『操作策略』

光头阴线的出现表示股价在下跌的过程中已有了支撑，下影线越长，表示下方的支撑力量越强，而该形态出现的位置不同也有不同的操作方法。

◆　光头阴线出现在下跌初期，如果次日不能收阳，则继续下跌的可能性很大。

◆　光头阴线出在股价下跌的低点，如果次日能够收阳，则很可能形成反弹行情。

◆　光头阴线出现在反弹行情的重要压力位，而接下来一两日无法突破此压力位，则股价回落的可能性非常大。

『分析实例』

华谊集团（600623）——低位光头阴线的有效反弹

▼实战图谱

如图 2-25 所示为华谊集团在 2017 年 2 月至 6 月的 K 线图。

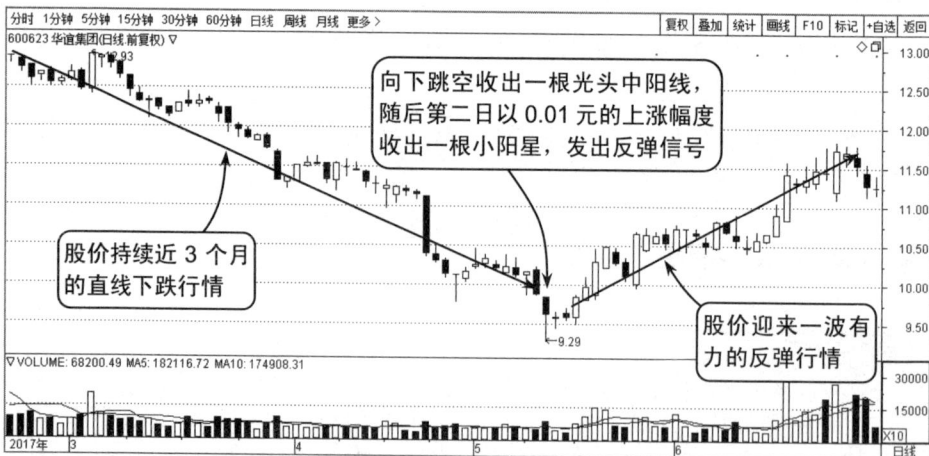

向下跳空收出一根光头中阳线，随后第二日以 0.01 元的上涨幅度收出一根小阳星，发出反弹信号

股价持续近 3 个月的直线下跌行情

股价迎来一波有力的反弹行情

图 2-25　华谊集团日 K 线图

▼盘面解析

从上图中可以看出，华谊集团从2017年2月下旬开始一直处于下跌行情中，股价从13元附近直接下跌到12.5元附近，下跌时间长下跌幅度深，这让很多投资者都感到绝望。

5月11日，股价更是跳空低开低走，收出一根带有长下影线的中阴线，其下影线的长度超过了实体的1.5倍，说明下方的支撑力量非常强，股价再次下跌的可能性不大。

5月12日，该股以9.58元开盘，经过一天的激烈争斗，最终以9.59元的价格收盘，收出一根小阳星，并且上影线的长度也明显要大于上影线，再次说明了下方具有有力的支撑。

当小阳星出现时，可以预测后市反弹的机会非常大。而该股后市的发展也的确如此，从5月15日开始，一转前期的下跌颓势，开始步入了上升通道中，经历一个多月的上涨，就运行到11.5元以上。

三、长影型K线实战分析

与光秃型K线相反，长影型K线是指除了实体外，还带有长上影线或长下影线，又或者两者兼具的K线，这里的长影线，通常是指影线的长度超过实体长度的一种K线，最具有代表性的就是锤子线和墓碑线两种。

第21项　锤子线

『形态特征』

锤子线也称为上吊线，是由一根小实体K线加一根长下影线构成的特征K线形态，其示意图如图2-26所示。

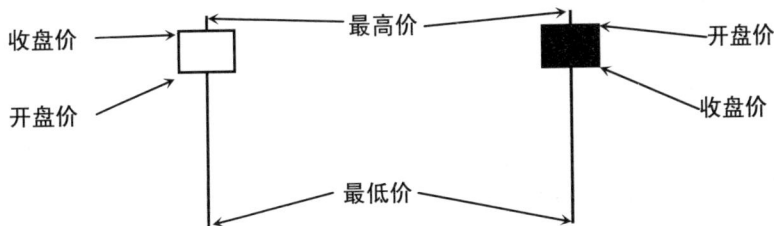

图2-26　锤子线示意图

锤子线必须出现在一段时间内的最高点或最低点位置，锤子线的实体可以是阳线也可以是阴线，但实体不能太大，一般不能达到中阳线的标准，即实体大小不超过1%。

锤子线必须有长长的下影线，下影线的长度至少大于实体的 2 倍（3 倍以上更好），最好没有上影线，也可以有上影线，但上影线不能过长。

『操作策略』

锤子线属于一种典型的反转形态，当其出现在股价下跌的低点时（一般称为锤子线）是底部反转形态，后市上涨的可能性高；当其出现在股价上涨的高点时（一般称为上吊线）是顶部反转形态，后市回调的可能性大。

锤子线的实体可阴可阳，但对于底部的锤子线，其实体是阳线，后市上涨的可能性更高；对于顶部的上吊线，其实体是阴线则看跌意义更加明确。无论实体的阴阳，下影线越长，上影线越短，实体越小的锤子线研究意义更大。

『分析实例』

东风汽车（600006）——锤子线的底部反转

▼实战图谱

如图 2-27 所示为东风汽车在 2017 年 2 月至 8 月的 K 线图。

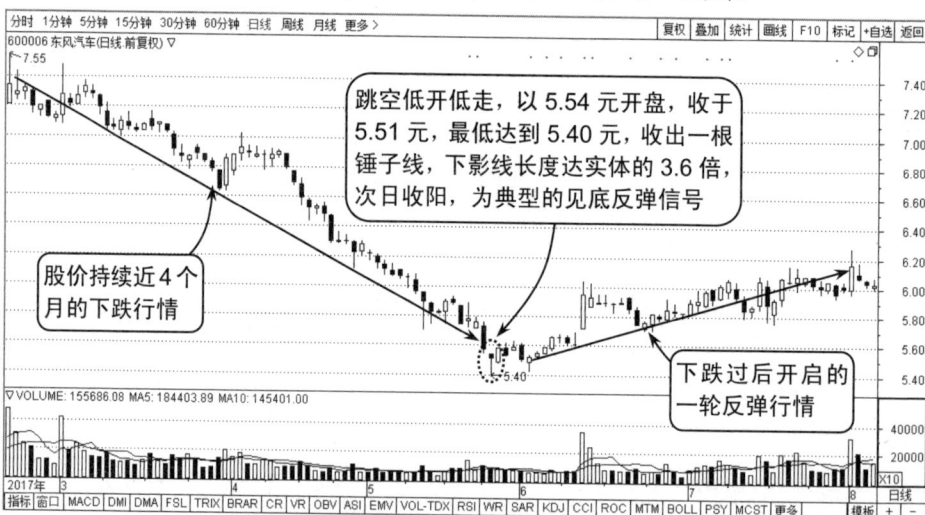

图 2-27　东风汽车日 K 线图

▼**盘面解析**

从上图中可以看出，东风汽车从 2017 年 2 月到 5 月底的这段时间，一直都处于下跌行情中，股价从 7.5 元附近下跌到了 5.5 元附近。

5 月 24 日，该股以 5.54 元跳空低开，随后股价一路下挫，最低达到 5.40 元。纵观该股之前的走势可以发现，5.5 元附近是一个重要的支撑位，2016 年的大跌行情也在此位置止跌反弹。

在股价下跌到 5.40 元后，受到了有力的支撑，随后开始反攻，最终以 5.51 元的价格收盘，收出一根典型的锤子线，下影线长度达实体的 3.6 倍，次日收阳，为典型的见底反弹信号。

在经历 4 天的低位整理后，于 6 月 2 日开始，连续收出 5 个小阳线，拉开了反弹行情的序幕。

第22项　墓碑线

『**形态特征**』

墓碑线与锤子线有很多相似的地方，它是由一个很小的实体加一根长长的上影线构成的，其示意图如图 2-28 所示。

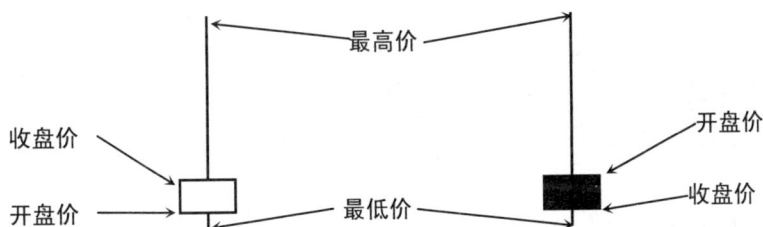

图 2-28　墓碑线示意图

墓碑线实体可以是阴线也可以是阳线，但实体的大小不能过大（开盘价与收盘价非常接近或者相等）。墓碑线必须有一根很长的上影线，其长度至少在实体长度的两倍以上，可以有下影线，也可以没有。

『**操作策略**』

墓碑线出现在股价上涨到一定高位时，是一种顶部反转形态，很多时候将这种形态称为"顶部流星"，有高价格一闪即逝的寓意；墓碑线出现在股价下跌到一定低点时，是一种底部反转形态，也称为"射击之星"，有价格一射冲天的寓意。

- ◆ 股价运行到高位形成"顶部流星"时，其长于实体两倍以上的长上影线，本身就代表了空方的巨大压力，是一种看跌信号，投资者宜及时退场。

- ◆ 股价运行到低位形成"射击之星"时，要特别注意其后交易日的价格，如果次日开盘高于射击之星的实体，则反弹概率很大，投资者宜跟进。

『分析实例』

洪都航空（600316）——墓碑线的顶部反转

▼实战图谱

如图2-29所示为洪都航空在2017年7月至11月的K线图。

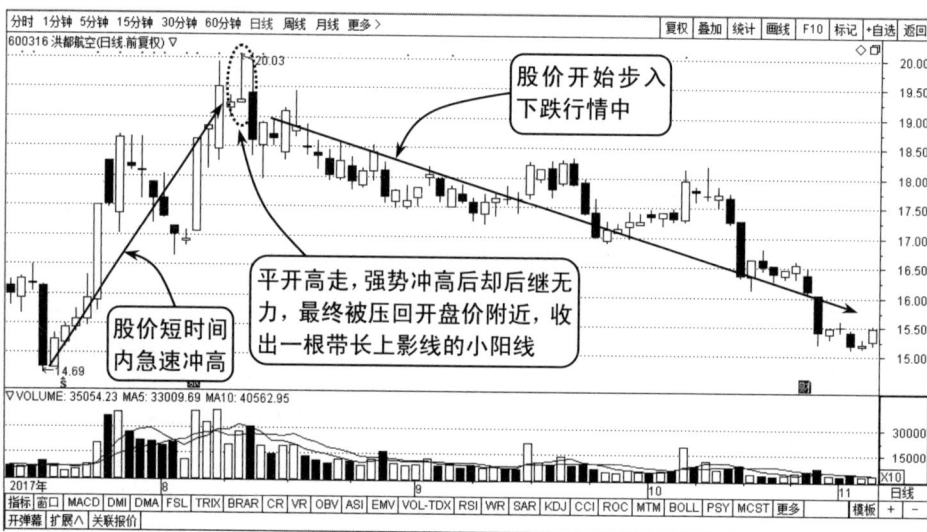

图2-29 洪都航空日K线图

▼盘面解析

从上图中可以看出，洪都航空从2017年7月下旬开始步入了一轮急速上涨的行情中，在短短不到一个月时间，股价从15元附近上涨到19元以上，上涨幅度超过30%。

8月10日，股价在连续几个大阳线后，收出一了根带有长上影线的墓碑线，发出见顶的信号，投资者在此时就应该提高警惕，随时做好离场准备。

次日，股价高开低走，以 3.58% 的跌幅收出一根大阴线，拉开了新一轮下跌行情的序幕，在随后的 3 个多月里，股价一直处于缓慢下跌的行情中，截至 11 月 20 日，股价已经跌破了前期的低点，达到 14.5 元附近。

四、星型 K 线实战讲解

星型 K 线是 K 线图中一种较为特殊的 K 线形态，标准的星型 K 线开盘价与收盘价相同，而变异的星型 K 线，可以允许开盘价与收盘价有少许的差异，它们在实战操作中也有比较特殊的意义。

第23项　十字星

『形态特征』

当开盘价与收盘价相同，并且小于最高价而大于最低价时，形成的 K 线就是一个十字星，其示意图如图 2-30 所示。

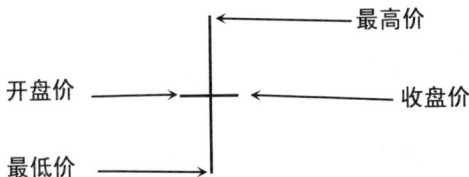

图 2-30　十字星示意图

标准的十字星是一种非常好识别的 K 线，它的开盘价与收盘价完全相同，而最高价大于开盘价，最低价小于开盘价。但在实际操作中，我们把开盘价与收盘把非常接近的小实体阳线或阴线，也称为十字星。

重点提示：更加特别的一字线

当开盘价、收盘价、最高价和最低价都相同的时候，绘制出来的 K 线就是一字线，此形态一般出现在急速上涨或急速下跌的行情中，以涨停板或跌停板开盘，并一直持续到收盘。

『操作策略』

十字星的出现，表示股价在开盘后，多空双方经过一天的争斗，最终打成了平手，双方力量相差不大。如果十字星的上影线长于下影线，表示卖方打压力度较大，后市出现回落的概率较大；如果十字星下影线长于上影线，则表示买方进取力量较强，后市上涨的可能性较大。

十字星出现不同的位置，其操作方法和意义也有所不同。

◆ 股价经历过一段时间的下跌，在一个相对低位出现十字星，表示卖方的力量已经减弱，买方进攻意图已出现，是一个行情较好信号，投资者宜跟进。

◆ 股价经历上涨达到一个相对高点时出现十字星，则与高位墓碑线的功能相似，多为见顶回落信号，投资者宜卖出。

『分析实例』

📈 凤凰光学（600071）——顶部十字星的见顶回落

▼实战图谱

如图 2-31 所示为凤凰光学在 2017 年 5 月至 7 月的 K 线图。

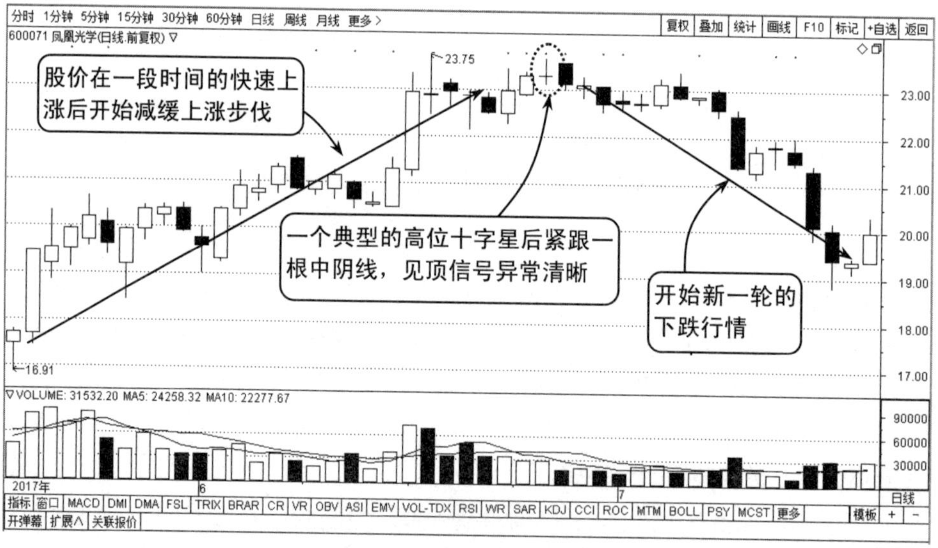

图 2-31　凤凰光学日 K 线图

▼盘面解析

从上图中可以看出，凤凰光学在 2017 年 5 月中旬到 6 月中旬的一个月时间里，一直处于稳定上涨的行情中，股价从 17 元附近上涨到 23 元以上，涨幅相当不错。

从 6 月 19 日开始，上涨速度变缓，到 27 日时，收出一根典型的十字星 K 线。此时股价已经上涨到了一个比较高的位置，此位置的十字星发出的是一种非常危险的信号。

6 月 20 日，股价高开低走，收出一根光头中阴线，确定了此处十字星的反转信号，同时也拉开了股价新一轮下跌的序幕。

第24项　T 字线与倒 T 线

『形态特征』

某周期内开盘价、收盘价与最高价都相等，绘制出来的 K 线就是 T 字线；某周期内开盘价、收盘价与最低价都相等，绘制出来的 K 线就是倒 T 线，其示意图如图 2-32 所示。

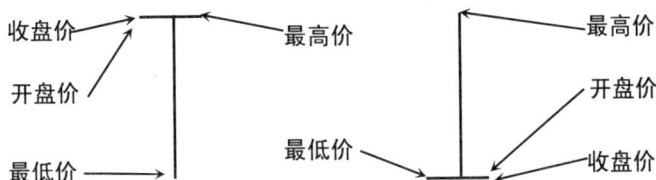

图 2-32　T 字线与倒 T 线示意图

T 字线和倒 T 线与之前介绍的锤子线有些相似的地方，但 T 字线（或倒 T 线）要求股价周期内的开盘价、收盘价与最高价（或最低价）必须相同，而锤子线的要求没有那么严格。

『操作策略』

T 字线说明股价开盘后卖方力量占主导，股价一路下跌，随后买方开始还击，双方最终打成平手，从整体上来卖方最后放弃打击，是买方略占优势；而倒 T 线与之相反，是卖方略占优势的体现。

- ◆ 当 T 字线出现在股价经过一大波下跌行情的较低位置时，表示空方力量在逐步减弱，多方力量在加强，很可能形成反转行情。

- ◆ 当 T 字线出现在股价刚开始上涨不久，表示空方打压意图不坚决，股价有加速上涨的趋势。

◆ 当倒 T 线出现在股价上涨的中途时，表示多方上攻力量有所减弱，股价可能迎来一段整理行情。

◆ 当倒 T 线出现在股价上涨后的相对高位时，表示多方已无力上拉，空方可能借机打击，股价下跌的可能性较大。

『分析实例』

📈 海立股份（600619）——T 字线的加速上涨效果

▼实战图谱

如图 2-33 所示为海立股份在 2017 年 6 月至 10 月的 K 线图。

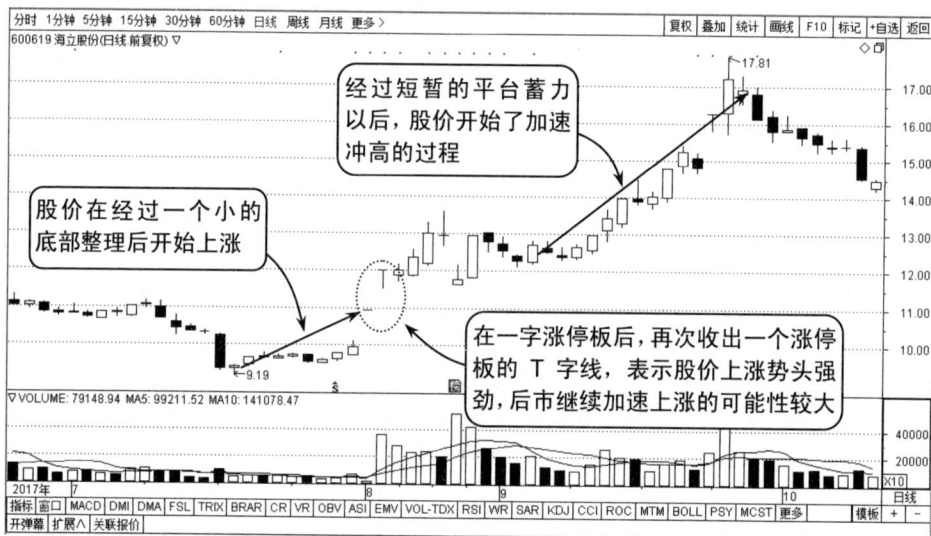

图 2-33　海立股份日 K 线图

▼盘面解析

从上图中可以看出，股价在 7 月下旬时创出 9.19 元的新低后企稳，进入窄幅横盘整理阶段。8 月 14 日复盘后股价直接以涨停价收出一根涨停一字线，次日再次以涨停价收出一根 T 字线，是强势上涨的有效信号。

随后股价在 8 月 29 日到 9 月 10 日之间有一个短暂的平台蓄势期，在蓄势完毕后开始了加速上冲的过程。

第3章

重点双 K 线组合实战解析

单根 K 线的形态对后市的发展方向有一定的预测功能，但并不一定准确，如果将连续两个交易日的 K 线组合在一起，它们就会组成一些具有特殊意义的双 K 线组合，而这些 K 线组合对每个投资者的交易都有非常大的帮助，它们的预判效果比单根 K 线好很多。

◇ 乌云盖顶	◇ 双针探底
◇ 双飞乌鸦	◇ 旭日东升
◇ 淡友反攻	◇ 跳空缺口
◇ 倾盆大雨	◇ 突破缺口
◇ 平顶组合	◇ 持续缺口
◇ 好友反攻	◇ 竭尽缺口
◇ 曙光初现	

一、典型见顶双 K 线组合

什么是双 K 线组合呢？简单来说就是由两根 K 线组合而成的 K 线走势形态。利用双 K 线组合，可以发现股票运行中趋势的转变信号，为提前布局股票提供帮助。这里我们先来学习在双 K 线组合中，那些预示着股价短期见顶的 K 线组合，学习和掌握这些见顶双 K 线组合，可以帮助投资者及时获利卖出，从而避免利润回吐，甚至由盈利变为亏损。

第25项　　乌云盖顶

『形态特征』

乌云盖顶通常由前阳后阴两根 K 线共同组成，其示意图如图 3-1 所示。

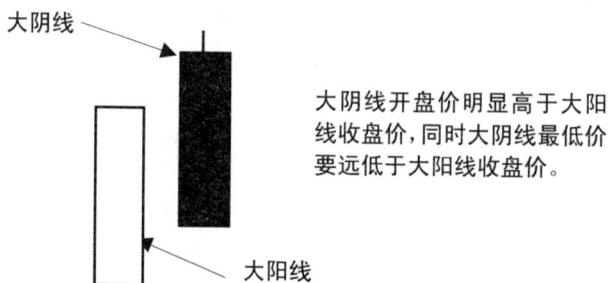

大阴线

大阴线开盘价明显高于大阳线收盘价，同时大阴线最低价要远低于大阳线收盘价。

大阳线

图 3-1　乌云盖顶示意图

从图 3-1 中可以看出，乌云盖顶的组合形式为两根 K 线，分别是前面一根大阳线和后面一根大阴线。其意义如下。

◆ 第一个交易日股价仍延续前期上涨趋势，且实体较大，让投资者认为做多力量强大，可以继续看多。

◆ 第二个交易日股价延续强势，出现大幅度的高开，同时出现强势上攻，跟风买入者众多，但冲高的时间不会持续太久，随后开始回调，最终收出高开低走的大阴线。

『操作策略』

乌云盖顶是常见的股价短期见顶的 K 线组合，主力资金通过大阳线和大阴线，情绪快速变化，特别是在第二个交易日股价冲高，出现很多跟风盘时，顺势完成出货。投资者在看到 K 线已经形成或快要形成乌云盖顶形态时，该如何操作呢？具体如下。

◆ 如果股价处于一个相对高位，在第二日股价冲高回落后，在跌破前一日大阳线收盘价时卖出。

◆ 如果在大阴线当天，冲高的过程中或回调中买入，应该在下一交易日视具体情况进行止损。如果下一个交易日开盘出现低开或开盘后迅速走弱，则考虑迅速止损，如果高开或开盘后走强，则可以在反弹中伺机卖出。

『分析实例』

安德利（603031）——乌云盖顶后股价大幅度下跌

▼实战图谱

如图 3-2 所示为安德利 2017 年 1 月至 6 月的 K 线图。

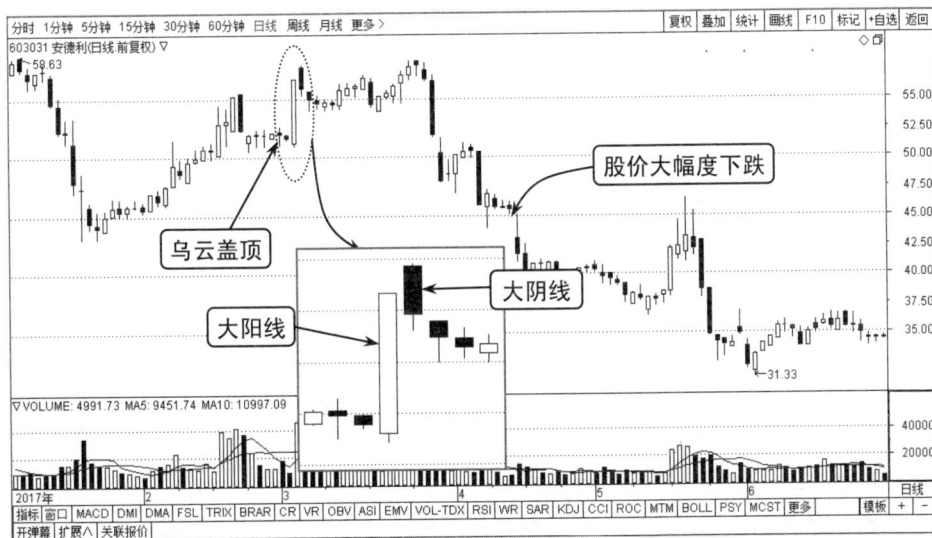

图 3-2　安德利乌云盖顶

▼盘面解析

从图 3-2 可以看出，安德利在 2017 年 1 月前后出现了较大幅度的下跌，从 K 线形态来看，是明显的大阴线下跌，跌势极为凶猛，调整趋势明显。在短短 7 个交易日收出 6 根阴线，股价短期调整幅度超过 30% 后，安德利在 2 月迎来一波反弹。

反弹初期以小阳线积蓄力量，最终在 2 月中旬后开始出现大阳线的上涨，反弹较为强势，且最终在 3 月 3 日当天收出涨停大阳线，且突破前期横盘整理的小平台，呈现出继续上攻的态势，吸引了不少投资者的关注和跟风买入。

结果在 3 月 6 日，即第二个交易日，股价在集合竞价保持高开，开盘后快速上攻，但持续时间仅仅 3 分钟，随后股价持续走弱，最终当天收出大阴线。

幸好 3 月 6 日当天上攻时间极短，全天弱势的情况下跟风买入的投资者不多，避免了更多人被套。

在 3 月 3 日和 3 月 6 日两个交易日的 K 线形成乌云盖顶的组合后，意味着股价短期见顶。虽然后市安德利仍有反复，且创出了新高，但从 3 月底开始的走势来看，乌云盖顶再次预示正确，安德利从 50 多元跌到了 31 元附近。

第26项　双飞乌鸦

『形态特征』

当连续两个交易日收出两根实体较小的阴线时，其组合形态就称为双飞乌鸦，如图 3-3 所示为双飞乌鸦的组合形态示意图。

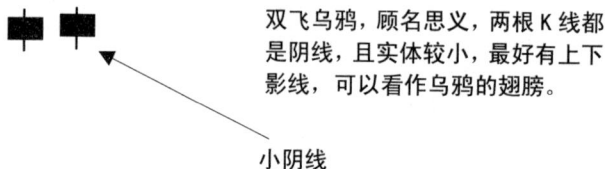

双飞乌鸦，顾名思义，两根 K 线都是阴线，且实体较小，最好有上下影线，可以看作乌鸦的翅膀。

小阴线

图 3-3　双飞乌鸦示意图

两根 K 线都是类似于阴十字星的形态，通常这样的 K 线组合出现在股价上涨后的高位，其形成条件较为严格。

◆　条件一：第二个交易日的阴线最低价不能高于第一天收盘价。

◆　条件二：两根阴线与前一个交易日股价仍在上涨中的阳线之间，不能存在缺口。

『操作策略』

双飞乌鸦背后的意思是股价在连续上涨之后出现两根阴线，在相对高位出现高开低走，股价虽连续两日高开，但并未激发市场做多热情，股价反而放量收阴，暗示股价上升力度逐渐衰减，高位滞涨，并且有筹码松动的嫌疑。在股市中，"再而衰，三而竭"同样适用，股价在连续两个交易日高开低走开始转弱后，很容易由涨到跌，开启一波调整行情。

在遇到双飞乌鸦时，投资者该如何操作呢？具体如下。

◆　如果在前期上涨过程中发现股价突然在两个交易日内高开低走形成双飞乌鸦，此时应该及时获利结束。

◆　如果在双飞乌鸦的第一个交易日高开时追入，可选择在跌破第一个交易日的收盘价时进行止损，将损失控制到最小。

◆　如果投资者在双飞乌鸦形成的两个交易日内买入，却未能及时发现并进行止损，那么也应该在下一个交易日寻找机会及时卖出，特别是在股价跌破第二个交易日的最低价时，是最后的卖出机会。

『分析实例』

皖维高新（600063）——上涨过程中双飞乌鸦组合

▼实战图谱

如图 3-4 所示为皖维高新 2016 年 9 月至 2017 年 3 月的 K 线图。这是较为典型的上涨过程中出现双飞乌鸦组合，股价由涨转跌，短期见顶。

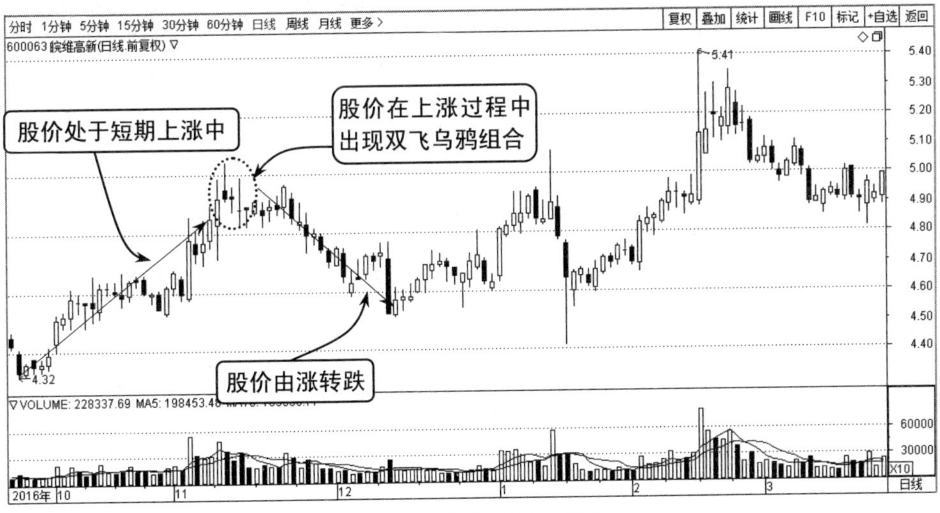

图 3-4　皖维高新日 K 线图

▼**盘面解析**

从图中可以看到，皖维高新在 2016 年 9 月后开始进入上涨趋势，虽然持续的时间不长，但股价也从最低 4.32 元上涨到 5 元附近，涨幅将近 20%。但在进入 11 月之后，连续收出实体较大的阴线之后，股价开始走弱。

11 月 10 日，股价延续上一个交易日中阳线上涨的强势，出现了一定幅度的高开，在高开之后股价快速上攻，吸引不少投资者跟风追入。但是好景不长，股价在没有更多的投资者跟风买入之后开始快速下跌，最终收出高开低走的小阴线，留下长长的上影线，预示着股价上方的强大压力。

11 月 11 日，股价继续小幅高开，当天表现明显走弱，形成双飞乌鸦的形态。在双飞乌鸦形成后，下一个交易日，即 14 日的股价就出现较大幅度的低开，全天收出阴十字星，股价彻底走弱，预示着一波调整的开始。

第27项　淡友反攻

『**形态特征**』

淡友反攻就是由一阳一阴两根实体巨大的 K 线形成的。其示意图如图 3-5 所示。

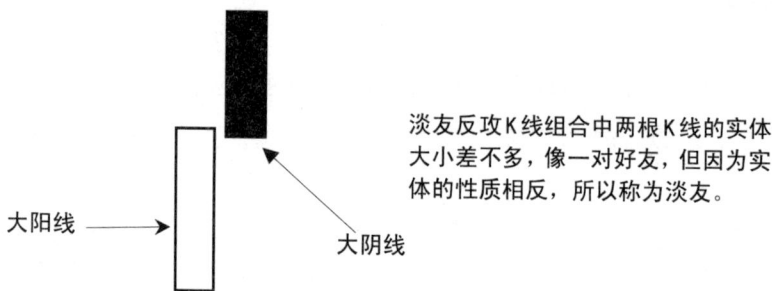

淡友反攻K线组合中两根K线的实体大小差不多，像一对好友，但因为实体的性质相反，所以称为淡友。

大阳线 ←

大阴线

图 3-5　淡友反攻示意图

从图 3-5 中可以看出，淡友反攻的组合形态是比较明确的，两根 K 线实体性质相反，但实体大小相近，这样才能组成"淡友"，而反攻则意味着此组合的出现，股价将由涨转跌，且转变的速度极快。

◆ 淡友反攻形态中的第二根阴线为高开低走的中阴线或大阴线。

◆ 两根 K 线的收盘价相同或接近，称为相遇。

『操作策略』

　　淡友反攻的第一个交易日，股价仍在大幅度上涨，市场中做多情绪饱满，但是在第二个交易日却遭遇了高开低走，往往开盘价就是当天的最高价。同时，需要注意的是，淡友反攻的两个交易日往往伴随着成交量的放大，特别是高开低走大阴线的当天，成交量可能会出现天量的情况。

　　如果在实战中遇到淡友反攻应该如何应对呢？具体如下。

◆　　如果淡友反攻出现在上涨幅度不大的上涨趋势中，考虑短期减持，剩余仓位继续持有，看后市发展。

◆　　如果是在大幅度上涨后的高位出现了淡友反攻，则应果断减持。如果在第二根大阴线当天被主力高深的"骗术"诱惑而买入被套，则必须在下一个交易日，股价跌破上一个交易日收盘价时卖出。

『分析实例』

华升股份（600156）——高位出现淡友反攻

▼实战图谱

　　如图 3-6 所示是华升股份 2016 年 10 月至 2017 年 5 月的 K 线图。

图 3-6　华升股份日 K 线图

▼**盘面解析**

从图中可以看出，华升股份在 2016 年 9 月出现明显的上涨，连续两个交易日收出大阳线，开启了一轮新的上涨趋势，之后该股却出现以小阳线和小阴线为主的缓慢上涨行情。但是在 11 月 10 日股价突然收出涨停，上涨趋势再度加速。

在 11 月 11 日，股价延续强势出现大幅度的高开后快速回落，开盘价成为当天的最高价，最终收盘价为 12.08 元，与 10 日收盘价 12.25 元非常接近，前阳后阴的两根 K 线组成了淡友反攻。

在华升股份股价有不错的上涨幅度之后，出现了淡友反攻，由 10 日涨停大阳线带来的加速上涨戛然而止，为何会这样呢？

投资者需要注意的是，如果一波上涨趋势是从大阳线开启的，那么很大概率将以大阳线的形式结束，这个也叫股市中的"因果循环"。

在华升股份 11 月 10 日和 11 日形成淡友反攻之后，股价进入了震荡下跌的趋势中，股价从 11 日最高的 13.1 元，跌至最低 6.92 元，跌幅超过 89%，如果未能及时卖出，试图死扛的投资者，将承受长期的大额亏损。

第28项　倾盆大雨

『**形态特征**』

倾盆大雨的 K 线组合是由一阳一阴两根 K 线组成，其 K 线组合形态示意图如图 3-7 所示。

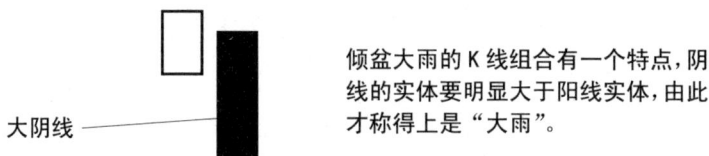

大阴线

倾盆大雨的 K 线组合有一个特点，阴线的实体要明显大于阳线实体，由此才称得上是"大雨"。

图 3-7　倾盆大雨示意图

从图 3-7 可以看出，倾盆大雨 K 线组合的第一根 K 线是阳线，在下一个交易日突然跳空低开，开盘价低于前一个交易日的收盘价。此后股价持续低走，收出阴线，收盘价远远低于前一根阳线的开盘价。

完完全全是一个跌势形态，而且顶部倾盆大雨的杀伤力还要大于乌云盖顶，特别是成交量如果同时急剧放大的话，那么跌势可能会更加猛烈。

同时，投资者需要注意的是，在倾盆大雨形态中，阴线实体收盘价低于阳线实体开盘价越多，表示见顶转势的信号越强，后市跌幅越大。

『**操作策略**』

　　倾盆大雨一般出现在股价波动较大时，前期上涨的过程中，以连续阳线或跳空高开的形式为主，一旦出现倾盆大雨的K线组合，股价将快速转入下跌，而且下跌的势头一点不比上涨时弱。

　　因此倾盆大雨是一个很关键的K线组合，特别是在行情波动较大时。在实战中遇到之后，投资者具体应该如何操作呢？具体如下。

◆　如果是在上涨的过程中买入股票，股价在连续上涨后突然在某个交易日出现低开低走，形式大阴线，并伴随成交量的放大时，选择在跌破前一个交易日阳线的开盘价时果断卖出。

◆　如果是在倾盆大雨大阴线当天抄底进去，则考虑在下一个交易日果断止损，甚至可以忽略卖出的价格。

『**分析实例**』

中国汽研（601965）——股价连续上涨后出现倾盆大雨

▼**实战图谱**

　　如图3-8所示为中国汽研2016年12月至2017年5月的K线图。

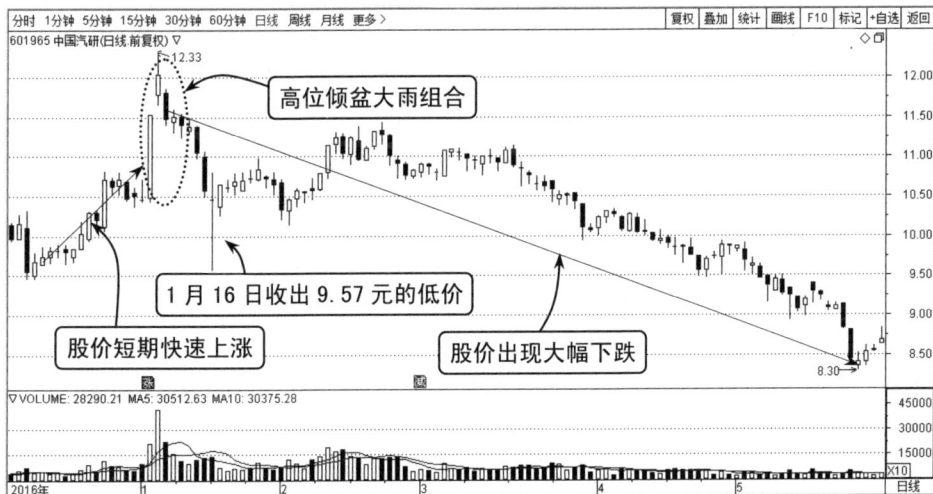

图3-8　中国汽研日K线图

▼盘面解析

从图中可以看出，中国汽研在进入 2016 年 12 月之后，股价出现了短期的大幅度上涨，多次出现大阳线，特别是在 2017 年 1 月 4 日，更是强势涨停。

1 月 5 日，股价延续上一个交易日的强势，出现了较大幅度的高开，最终收出跳空高开高走的中阳线。但次日形势急转直下，股价未能延续前期的强势，反而出现了较大幅度的低开，从 K 线图中可以看出，当天的开盘价接近 1 月 5 日的开盘价，意味着 1 月 6 日当天，中国汽研的低开幅度在 2% 左右。

在 1 月 6 日早盘低开之后，股价继续走低，最终收跌 4.73%，K 线形态上收出中阴线，与 1 月 5 日的高开中阳线在高位共同组成倾盆大雨的 K 线组合。从后市的走势来看，中国汽研在 1 月 6 日之后开始了迅速下跌，从 1 月 5 日最高价 12.33 元，到 1 月 16 日在盘中创出 9.57 元的低价，短期跌幅巨大，这也是显示出了倾盆大雨组合预示股价见顶的效果。

第29项　平顶组合

『形态特征』

平顶是由几乎相同水平最高点的两根 K 线组成的具有特殊意义的 K 线组合，其往往出现在股价上涨后的高位，预示着股价将由涨转跌，K 线形态如图 3-9 所示。

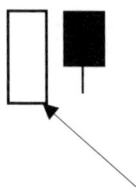

平顶组合最直接的观感是第一个交易日的收盘价和第二个交易日的开盘价一样或相近。

大阳线

图 3-9　平顶组合示意图

平顶组合除了 K 线实体的最高点相近之外，还有更多的衍生形态，当两个交易日都存在上影线且高点相近时，同样能成为平顶组合。这种情况意味着股价在上升过程中，在高位的抛售压力非常大，股价连续两次上冲都以失败告终，最终不得不回落。

『操作策略』

出现平顶组合往往意味着股价的短期见顶，持有股票的投资者要做好卖出的准备，具体的操作策略如下。

◆　如果是在平顶组合第一个交易日收阳线之前买入并持有的投资者，应该在第二个交易日收盘前，K线大概率收出阴线，两个交易日将形成平顶组合时选择卖出。

◆　如果投资者是在平顶组合第二个交易日买入的，应该在跌破第一个交易日阳线的开盘价时选择卖出。如果在第二个交易日之后，股价突破了平顶组合的"顶"，也就是最高价，那么说明上涨趋势将延续，可以选择继续持有股票。

『分析实例』

瑞和股份（002620）——股价在高位出现平顶组合

▼实战图谱

如图 3-10 所示为瑞和股份 2017 年 2 月至 7 月的 K 线图。

图 3-10　瑞和股份日 K 线图

▼盘面解析

从图中可以看出，瑞和股份在 2 月份之后股价开始进入快速上涨通道，前期主要以小阳线为主，股价稳健上涨，在拿到足够多的筹码之后，主力资金终于选择在 3 月 17 日拉出涨停，准备引爆瑞和股份的炒作。

但是在涨停后的一个交易日，即 3 月 20 日，股价并未延续上一个交易日的强势出现高开，反而以 22.38 元的价格小幅度的低开，并且在低开之后股价全天弱势震荡，盘中没有出现像样的反弹，表现极为弱势。

"股语"有云"该涨不涨就要跌"，在前一个交易日涨停的情况下，3 月 20 日当天居然异常弱势，说明股价在 22.38 元上方的压力巨大，主力资金无法继续上攻，因此只能选择撤退，最终股价也跟着下跌。

在 3 月 17 日与 20 日两个交易日的 K 线形成平顶组合之后，瑞和股份正式进入"慢慢"跌势，从 22 元最低跌至 12 元附近，跌幅巨大，可见平顶组合预示的股价调整幅度也很大。

二、典型见底双 K 线组合

见顶双 K 线组合可以帮助投资者及时获利卖出，从而避免利润回吐，而掌握了见底双 K 线组合则可以让投资者把握最好的买入时机，让获利的可能性达到最大。

第30项　好友反攻

『形态特征』

好友反攻组合由一阴一阳两根 K 线组成，第一根为中阴线或大阴线，第二根为低开高走的中阳线或大阳线，在收盘时，阳线的收盘价与第一根阴线的收盘价相同或相近，其示意图如图 3-11 所示。

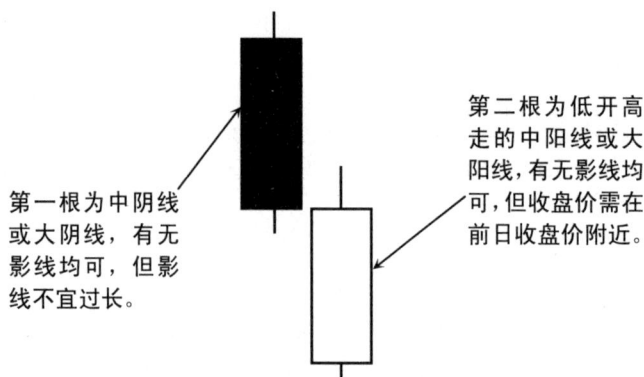

第一根为中阴线或大阴线，有无影线均可，但影线不宜过长。

第二根为低开高走的中阳线或大阳线，有无影线均可，但收盘价需在前日收盘价附近。

图 3-11　好友反攻示意图

好友反攻组合中两根K线均是中K线或大K线，即K线的实体要足够长，而对影线没有太大要求，有无影线均可，但影线不能过长。

好友反攻组合的最重要的一个特征是，第二日的中阳线或大阳线，其收盘价必须与前日中阴线或大阴线的收盘价相同，可以非常相近，并且该组合需要出现在股价经过一段时间的下跌之后。

『操作策略』

好友反攻组合是一个非常典型的见底信号，提示投资者不要盲目看空，已持股者不要盲目割肉，而未持股者可以适当买入。

需要注意的是，好友反攻只有出现在下跌趋势的末尾阶段才是见底信号，出现在上升趋势的末尾或下降趋势的初始阶段、中途阶段，则不能判断为有效的好友反攻，它可能只是股价运行于下降趋势过程中的一种较为少见的反弹。

『分析实例』

太平鸟（603877）——底部好友反攻后的温和反转

▼实战图谱

如图3-12所示为太平鸟在2017年3月至10月的K线图。

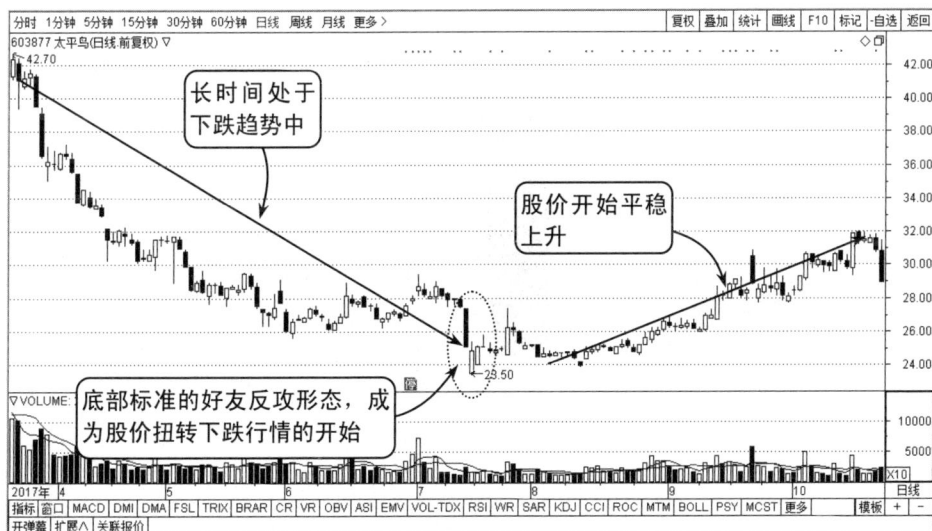

图3-12　太平鸟日K线图

▼盘面解析

从图中可以看出，太平鸟在 2017 年 3 月下旬开始步入了一波下跌行情中，股价从 42 元以上下跌到 26 元附近，此时有一个止跌企稳的态势，在 6 月到 7 月之间，股价形成一波小幅度的反弹行情，但反弹力度有限。

7 月 17 日，股价低开低走，以 8.72%的下跌幅度收出一根光头大阴线，次日，股价跳空低开高走，最终收出一根中阳线，收盘价位于前一日收盘附近（相差 0.16 元）。

此时的 K 线组合已形成了好友反攻的形态，再结合其前期走势，可以看到该形态出现的位置属于股价经过长期大幅度的下跌行情之后，是一个较为可信的反转形态，投资者可以伺机买入。

随后股价经历半个月的横向发展，于 8 月底开始逐步走高，结束了前期的大幅下跌趋势，步入了一波缓慢上涨行情中。

第31项　曙光初现

『形态特征』

曙光初现组合是由两根 K 线组成的组合形态，第一根 K 线为实体较大的阴线，第二根 K 线为低开高走的大阳线，且该阳线实体要深入第一根阴线实体 1/2 以上，其示意图如图 3-13 所示。

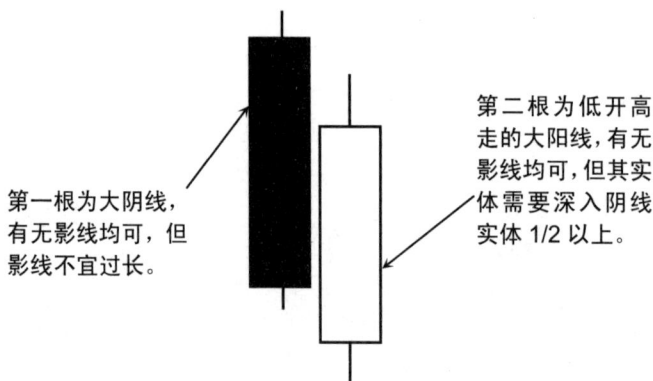

图 3-13　曙光初现示意图

曙光初现组合形态与好友反攻形态有很多相似的地方，如果把好友反攻组合的第二根阳线的收盘价再向上移，达到第一根阴线实体的 1/2 以上，就形成了曙光初现组合形态。

『操作策略』

曙光初现形态同样需要出现在股价长时间下跌达到一个相对低点后才有效，也是一种见底回升信号，其可信度比好友反攻还要高一些。

当在股价发展到一个相对低位时出现这个组合形态，投资者就不能再盲目看空了，而应适当加仓跟进。第二根阳线实体深入第一根阴线实体的部分越多，形态的可信度越高。

『分析实例』

*ST 罗顿发展（600209）——曙光初现的有效反弹行情

▼实战图谱

如图 3-14 所示为*ST 罗顿发展在 2017 年 4 月至 11 月的 K 线图。

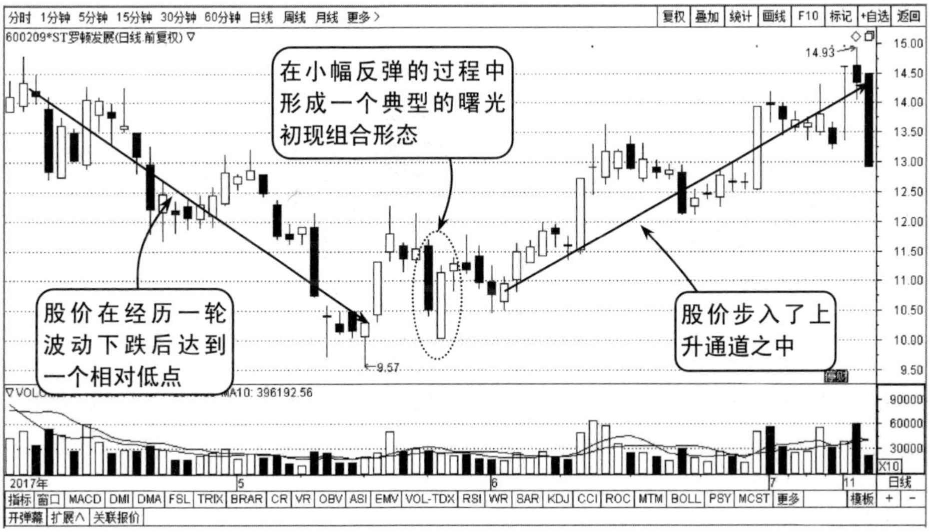

图 3-14 *ST 罗顿发展日 K 线图

▼盘面解析

从图中可以看出，*ST 罗顿发展从 4 月初到 5 月中旬处于一个波动下跌的行情中，5 月 16 日的一根带长影线的锤头线，创出了阶段性的低点，预示着股价有止跌转涨的可能。

随后股价确实出现反弹，但反弹仅持续了3天，且幅度也不是很大。5月23日的一根大阴线，似乎让本次反弹就此终结。紧接着24日低高开走收出一根大阳线，且深入前日大阴线实体一半以上，形成了典型的曙光初现组合形态，预示着股价已经真的见底了。

在曙光初现形态形成以后，股价经过两次蓄势，于6月12日低开高走，放量收出大阳线，并突出前期的反弹高点，扭转了前期的下跌局面，开始正式步入上升行情中。

第32项　双针探底

『形态特征』

双针探底由两根有一定时间间隔的重要K线组成，它们都带有长长的下影线，对K线的实体大小和阴阳没有特别要求，但要求两根K线的下影线要足够长，并且下影线代表的最低价要相同或非常相近，其示意图如图3-15所示。

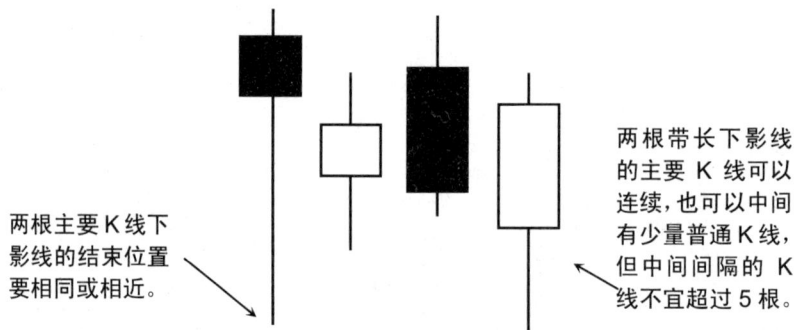

两根主要K线下影线的结束位置要相同或相近。

两根带长下影线的主要K线可以连续，也可以中间有少量普通K线，但中间间隔的K线不宜超过5根。

图3-15　双针探底示意图

双针探底形态作为主要依据的两根带长下影线的K线，如果两个低点的差距过大，则形态失败。

『操作策略』

双针探底是一个典型的底部反转形态，其要求出现的位置必须是在一个阶段性的低点，如果出现的位置偏高，则说明股价调整还不到位置，需要谨慎对待，不能盲目跟进。

双针探底的两个针尖位置，表示了下方的支撑位置。通常在双针探底完成后，股价就会开始上升，当第二个针尖形成后就是最好的买入时机。

有时候下跌的幅度过大，也可能双针探底后并不会马上上涨，还有一个横向蓄势的过程，但时间一般不会太长，当股价达到双针的针尖附近时，就是最佳的跟进时机。

但如果股价在蓄势过程中跌破了双针的针尖位置，那么本次探底动作也就失败了，形态就没有了实际意义。

『分析实例』

威创股份（002308）——双针探底的底部反转

▼**实战图谱**

如图 3-16 所示为威创股份在 2017 年 3 月至 9 月的 K 线图。

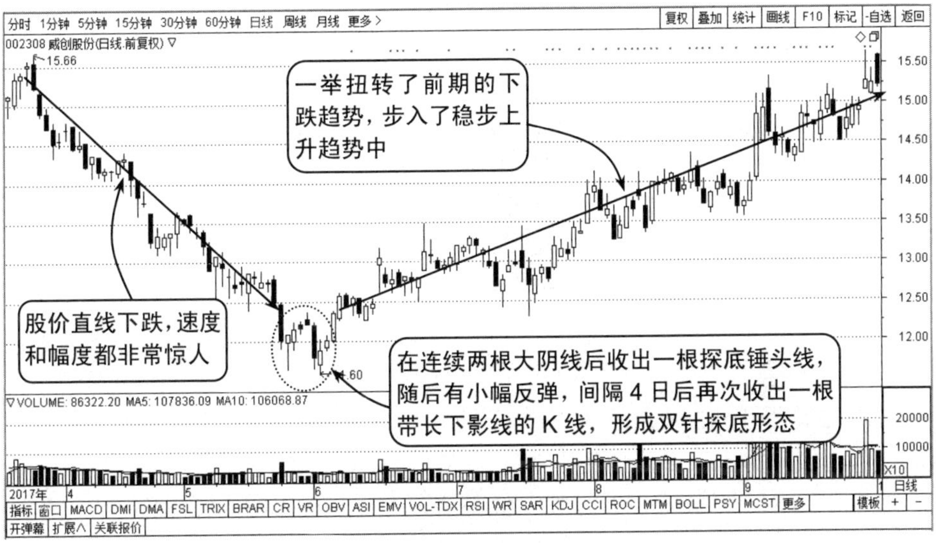

图 3-16　威创股份日 K 线图

▼**盘面解析**

从图中可以看出，威创股份在 3 月 27 日达到阶段性的最高点后，开始了一轮直线下跌的行情。5 月 24 日，在连续两根大阴线后，收出一根带长下影线的小阳线，形成一个锤头线，预示着股价可能已经见底。

随后股价有 3 天的小幅反弹，但反弹的力度非常小。6 月 2 日，在一根大阴线之后，再次收出一根带长下影线的中阳线，且下影线的低点与 5 月 25 日的锤头线的低点几乎一致，与之行成一个双针探底的形态。

两次的探底行动探明了空方的最终承受能力，股价继续下跌的可能性已不大，此时就可以加仓跟进了。

在双针探底完成后，股价连续3天收阳，一举打破了前期的下跌趋势，开始步入了一轮长达4个多月的上升行情中。

第33项　旭日东升

『形态特征』

旭日东升由一阴一阳两根K线组成，第一根为中阴线或大阴线，第二根为高开高走的中阳线或大阳线，其示意图如图3-17所示。

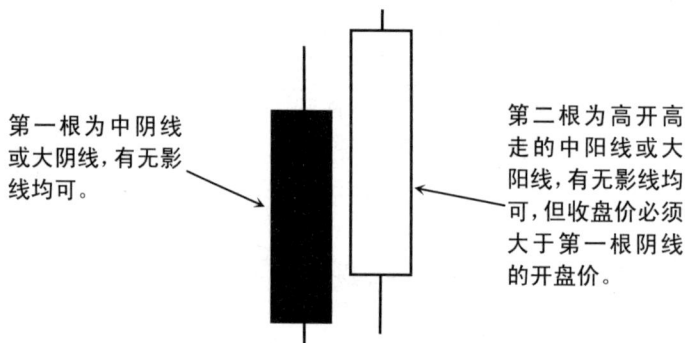

第一根为中阴线或大阴线，有无影线均可。

第二根为高开高走的中阳线或大阳线，有无影线均可，但收盘价必须大于第一根阴线的开盘价。

图3-17　旭日东升示意图

旭日东升组合必须出现在股价下跌到一个阶段性低点时才有效。两根K线的实体都要足够大，必须达到中等实体或大实体，对影线并无要求，但要求第二根K线必须高开高走，并且收盘价必须大于前一根阴线的开盘价。

『操作策略』

旭日东升组合形成是一个较为典型的底部反转形态，当股价在下跌到一定程度后，如果发现此组合形态出现，就不能再盲目看空，应结合前期的行情判断是否已达到低点，如果已达到前期低点附近，则可以适当跟进。

在旭日东升组合形态的第二根阳线达到前一根阴线的开盘价以上时，激进型投资者就可以在盘中建仓跟进。如果此时伴随有成交量的放大，则行情反转的可能性更大，形态的可信度更高。

『分析实例』

坚瑞沃能（300116）——旭日东升的美好前景

▼实战图谱

如图 3-18 所示为坚瑞沃能在 2016 年 10 月至 2017 年 4 月的 K 线图。

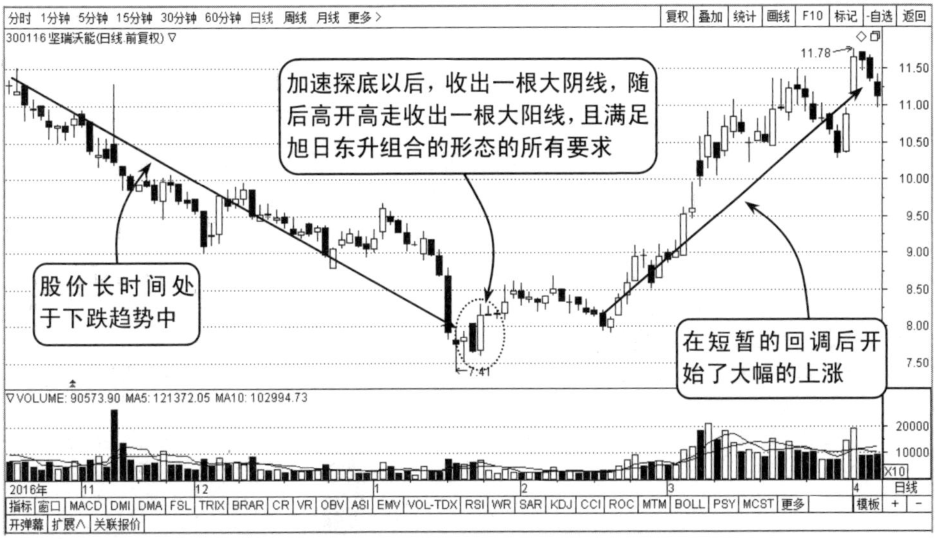

图 3-18　坚瑞沃能日 K 线图

▼盘面解析

从图中可以看出，坚瑞沃能在从 2016 年 10 月起一直处于下跌趋势中，在 2017 年 1 月初时有一波小幅度的反弹行情，但反弹力度非常有限，随后开始了加速探底的过程。

1 月 19 日，股价在经历了双针探底以后，收出一根光头大阴线，随后股价高开高走，以 6.54% 的涨幅收出一根大阳线，且大阳线的收盘价超过了前日阴线的开盘价，形成了典型的旭日东升组合形态。

随后股价开始了缓慢回升的过程，在 2 月中旬经过一轮较小幅度的回调蓄势以后，于 2 月 21 日开始了一大波快速、大幅度的上涨过程，在一个多月时间内就回到了前一轮下跌行情的开始位置。

三、双 K 线之间的缺口

在股价运行的过程中，如果相邻两根 K 线所代表的价格之间没有任何相交，那么它们之间就会形成一个缺口。缺口也分为很多种，有些缺口对股价运行的方向和判断买卖点有很好的帮助作用。

第34项　跳空缺口

『形态特征』

跳空缺口也称为普通缺口，是最为常见的一种缺口类型，只要相邻的两根 K 线之间没有任何交集，就可以形成跳空缺口，其示意图如图 3-19 所示。

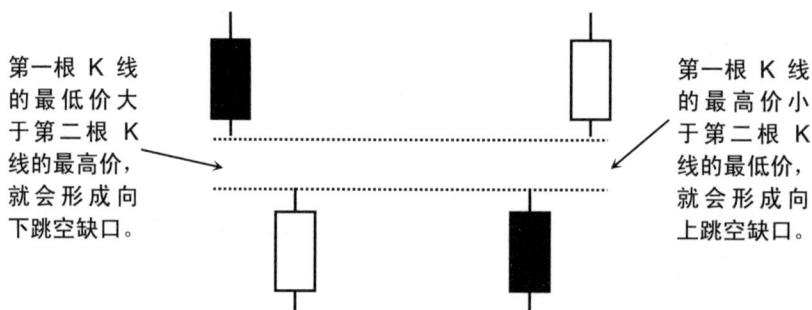

第一根 K 线的最低价大于第二根 K 线的最高价，就会形成向下跳空缺口。

第一根 K 线的最高价小于第二根 K 线的最低价，就会形成向上跳空缺口。

图 3-19　向下跳空缺口（左）和向上跳空缺口（右）

跳空缺口对形成缺口的两根 K 线的实体和影线均没有任何要求，只要相邻的两根 K 线所有价格之间没有任何交集，即可形成缺口。

『操作策略』

普通缺口也可以出现在股价运行的任何位置，对后市的发展和买卖时机的指示不是非常明确，并且此类缺口在出现后不久就会被及时回补，但我们也可以根据其所处位置和缺口方向进行一个简单的判断。

◆　向下跳空缺口出现在相对高位，是股价加速下跌的一种表现，宜看空。

◆　向下跳空缺口出现在相对低位，是加速探底的一种表现，需谨慎对待，反弹行情大多出现在缺口回补的时候。

◆　向上跳空缺口出现在相对低位，是股价加速上涨的表现，宜跟进。

◆ 向下跳空缺口出现在相对高位，是最后冲顶的表现，不宜盲目看多，应综合其他指标判断，随时做好出逃准备。

重点提示：缺口形成之后回补

无论何种缺口，在股价持续运行期间都会出现回补，只是回补的时间长短不同而已。所谓缺口回补就是指在缺口形成以后，股价继续运行，在以后的某个时间点股价再次经过缺口的位置。如果价格完全覆盖缺口位置，则称为完全回补；如果价格只达到缺口的一部分，并未完全覆盖缺口，则称为部分回补。

『分析实例』

中直股份（600038）——跳空缺口的不定向走势分析

▼实战图谱

如图 3-20 所示为中直股份在 2017 年 7 月至 10 月的 K 线图。

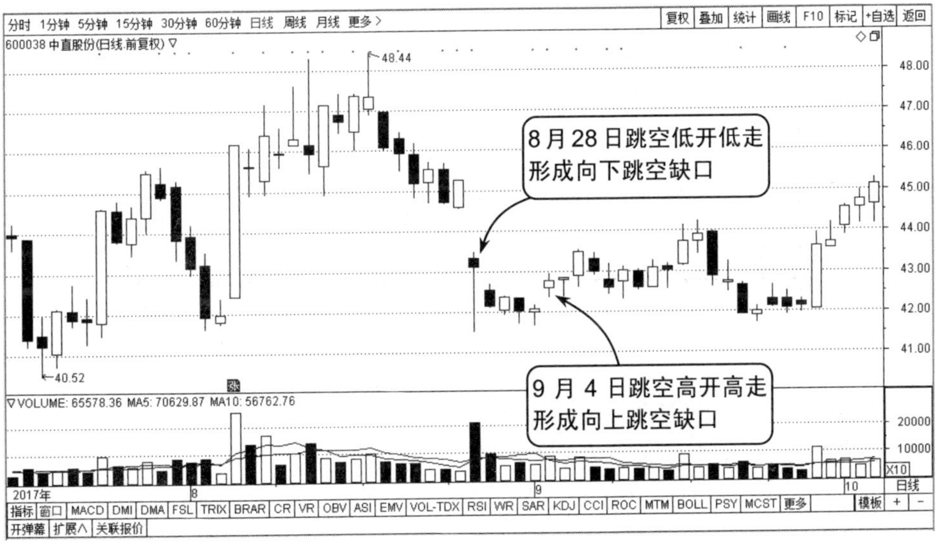

图 3-20 中直股份日 K 线图

▼盘面解析

从图中可以看出，中直股份在这一段时间内，股价虽然波动幅度较大，但总体的运行趋势并不十分明显，股价基本保持在 41 元到 48 元的价格区间，并没有明显的上升或下降趋势出现。

8月28日，股价跳空低开低走，形成一个大幅向下的跳空缺口。但当日收出的是一根带有长下影线的锤头线，长长的下影线说明了空方力量已快耗尽，下方具有较强的支撑。

后市也确实并没有加速下跌，而是缓慢运行了4天，在9月4日，又再次向上跳空高开高走，形成一个小幅的向上跳空缺口。但是股价也并没有出现加速上涨的态势，这说明普通的缺口对行情并没有特别重要的影响。

第35项　突破缺口

『形态特征』

当股价处于一个整理形态时，如果某日股价向上跳空或向下跳空而脱离了原来的整理区域，形成的缺口就称为突破缺口，其示意图如图3-21所示。

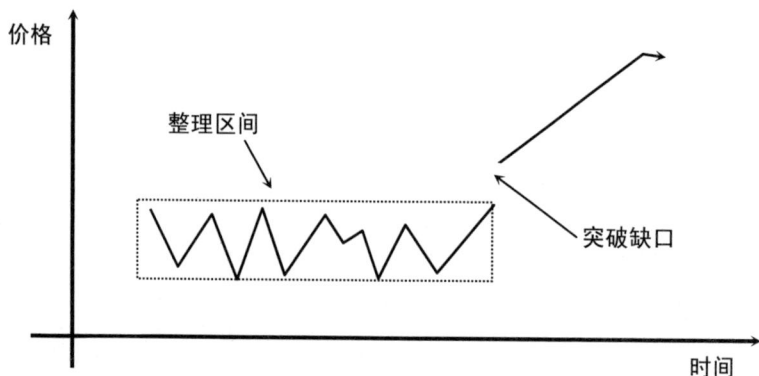

图3-21　突破缺口示意图

突破缺口必须出现在一个整理形态的末期，这个整理形态可以是很多种，如箱形整理、三角形整理、旗形整理等。

突破缺口有向上突破缺口和向下突破缺口两种。如果股价向下跳空低开低走而突破整理区所形成的缺口就是向下突破缺口；股价向上跳空高开高走而突破整理区所形成的缺口就是向上突破缺口。

『操作策略』

无论是向上突破缺口还是向下突破缺口，都是突破整理形态的一种信号，但两种缺口所采取的操作方法却截然不同。

向上突破缺口代表了多方的强势崛起，是看涨信号。当缺口形成并有效突破整理形态时，就是最好的跟进时机。如果缺口短时间得到回补，那么回补完成再次达到缺口位置时就是最佳跟进机会。

向下突破缺口代表了空方的坚决做空的意志，是看跌信号。当缺口形成时就是一个逃命时机，如果此时未能出逃，在缺口有回补迹象时，就应该抓住最后的逃命机会。

『分析实例』

象屿股份（600057）——向上突破缺口带来的涨势

▼ 实战图谱

如图 3-22 所示为象屿股份在 2017 年 2 月至 8 月的 K 线图。

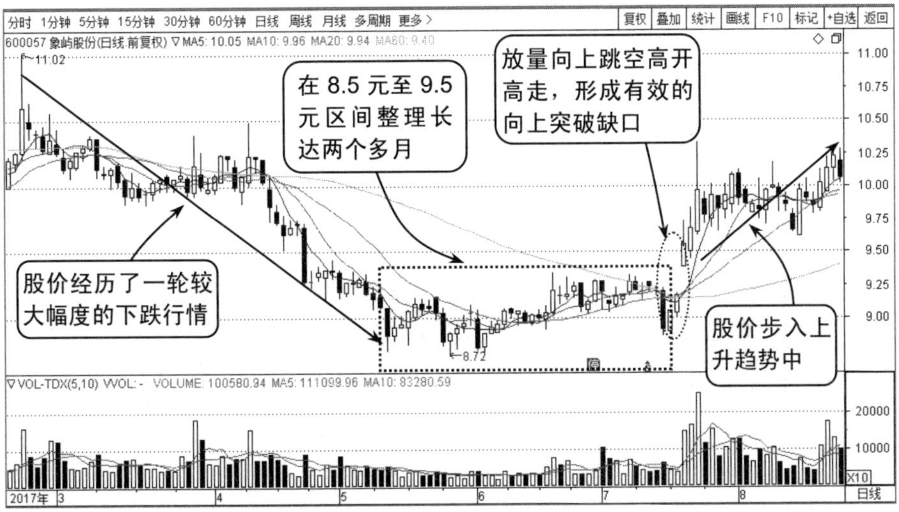

图 3-22　象屿股份日 K 线图

▼ 盘面解析

从图中可以看出，象屿股份从 2 月下旬起一直处于下跌行情中，持续到 5 月中旬，而从 5 月中旬到 7 月中旬这段时间，股价在一个相对低位进行横向整理，可视作为一个筑底的过程，一旦股价突破这个整理区间，就会迎来一波新的走势。

7 月 18 日和 19 日连续两个交易日，均收出了中阳线，行情似乎有变盘的迹象。而 7 月 20 日，股价突然大幅跳空高开高走，形成一个非常明显的突破缺口，显示出低位的横盘整理已经结束，股价即将迎来大的上涨行情。

同时我们观察成交量也可以发现，在股价跳空高开高走形成突破缺口时，成交量也明显在放大，这更加明确了突破缺口的形成，如果此时能够追涨跟进，后续可享受一波不错的收益。

第36项　持续缺口

『形态特征』

股价出现突破缺口后，在上升或下跌过程中出现的与当前运行趋势相同的缺口，就称为持续缺口，其示意图如图 3-23 所示。

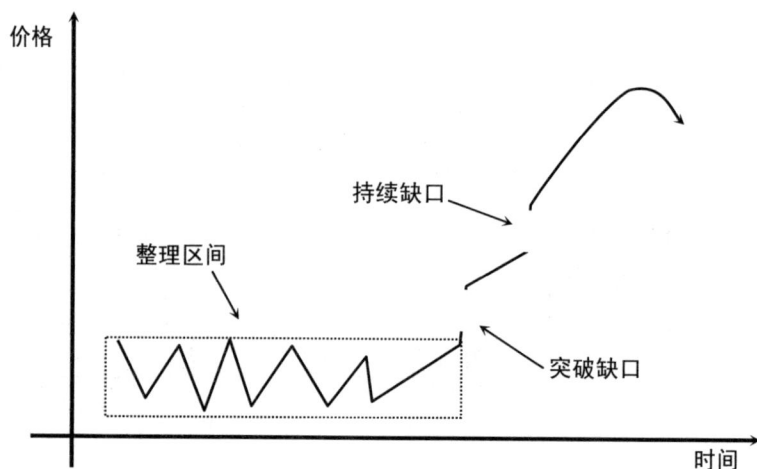

图 3-23　持续缺口示意图

持续缺口需要出现在突破缺口之后，如果突破缺口是向上突破整理形态，那么持续缺口也必须向上跳空形成；如果突破缺口是向下突破整理形态，则持续缺口方向也应该向下。

『操作策略』

持续缺口是股价继续向所指方向运行的一个信号，它通常具有衡量后市运行高低的作用，因此也可称为量度缺口。

持续缺口量度的方法是从突破缺口的突破点开始，到持续缺口起始点的垂直距离，很有可能就是未来股价将会达到的高度或下跌的深度。

因此，如果发现持续缺口，若是缺口方向向上，就可以适量加仓，并做好减仓的计划；如果缺口方向向下，则继续观望，并计算股价可能下跌的位置，做好进场准备。

『分析实例』

鄂尔多斯（600295）——下跌途中的持续缺口分析

▼实战图谱

如图 3-24 所示为鄂尔多斯在 2017 年 8 月至 11 月的 K 线图。

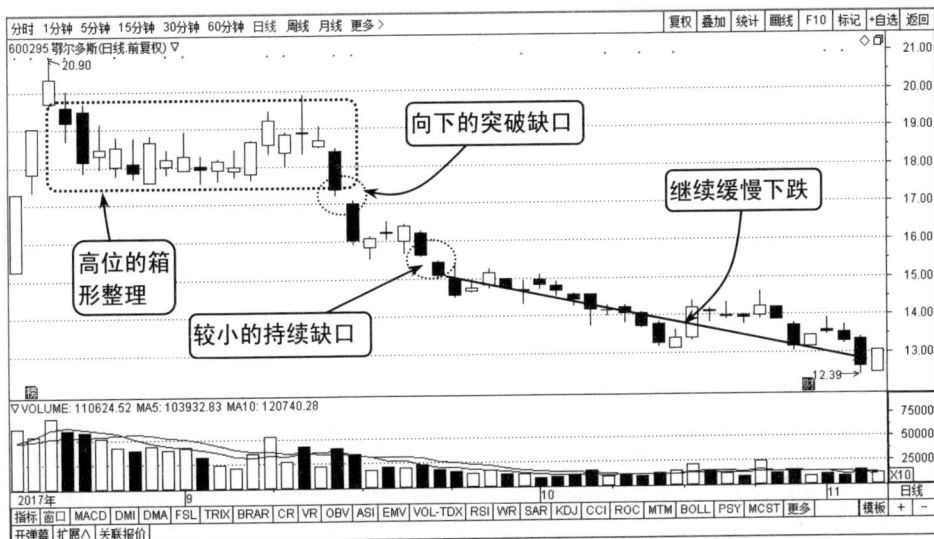

图 3-24　鄂尔多斯日 K 线图

▼盘面解析

从图中可以看出，鄂尔多斯在 2017 年 8 月下旬有一个加速冲高的过程，股价一举达到 20 元以上，随后股价在 17.5 至 19.5 元的相对高位，进行了将近一个月的高位横向整理。

9 月 14 日，股价低开低走，收出一根大阴线，达到了箱形整理的箱底位置，次日再次低开低走，形成一个向下跳空的缺口，跌破了箱形整理区，形成了一个向下的突破缺口，表示股价的整理已经结束，该股迈入一波下跌行情中。

随后在经过 4 个交易日的平稳运行后，再次向下低开低走，形成一个方向向下的缺口，与前面的突破缺口对应形成了持续缺口。

我们量得在第一个缺口开始的位置到第二个缺口的起始位置的高度，计算得出股价下跌的幅度最少在 14 元附近，而走势也印证了我们的猜想，在 14 元附近做了很长时间的停留，但受市场利空因素影响，最终的下跌幅度比 14 元的预测值还要低一些。

第37项　竭尽缺口

『形态特征』

在持续缺口之后，如果还在两根 K 线之间出现了与之前的突破缺口和持续缺口相同方向的第 3 个缺口，就是竭尽缺口了，其示意图如图 3-25 所示。

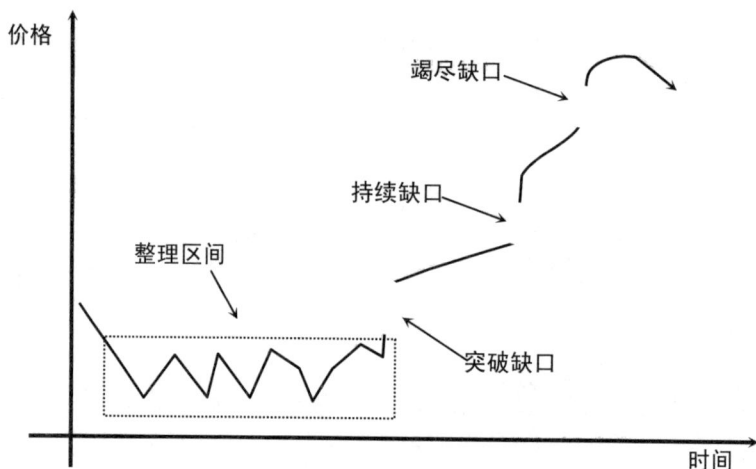

图 3-25　竭尽缺口示意图

竭尽缺口可以出现在股价上涨的高位，也可以出现在股价下跌的低位。出现在高位的竭尽缺口，其之前必然有一个向上的突破缺口和一个向上的持续缺口；出现在低位的竭尽缺口，其之前必然有一个向下突破缺口和一个向下的持续缺口。

『操作策略』

俗话说"一鼓作气，再而衰，三而竭"，而 K 线中的竭尽缺口也就是取了这层含义。

突破缺口一鼓作气突破了前期的整理区间，拉开了新行情的序幕；持续缺口再而衰，延续之前股价的走势，但明显力度也不足；竭尽缺口就是三而竭，第三次的缺口完全消耗了某方能量，是变盘的信号。

◆ 高位的竭尽缺口是见顶信号，多方集中最后的力量发出奋力一击，做出一个向上跳空的缺口，而也正是这一击，消耗尽了其能量，接下来就是上涨行情的结束，投资者不能再盲目做多，而应伺机获利结束。

◆ 低位的竭尽缺口则是见底信号。空方预见下方的支撑越来越强，集中力量来一次大的打压而形成向下的竭尽缺口，也消耗了所有筹码，接下来就会面对多方的强烈反击，投资者可找准时机介入。

一般情况下，竭尽缺口在之后的几天时间内就会被回补。高位的竭尽缺口回补时就是最后的出逃时机，而低位的竭尽缺口回补时就是最好的买入时机。

『分析实例』

天业股份（600807）——高位竭尽缺口的顶部回落

▼实战图谱

如图 3-26 所示为天业股份在 2017 年 9 月至 11 月的 K 线图。

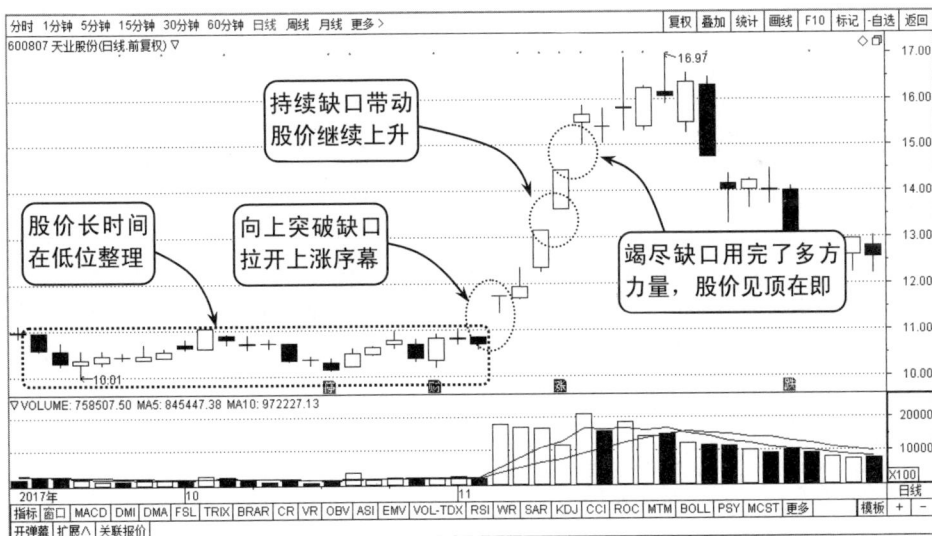

图 3-26 天业股份日 K 线图

▼盘面解析

从图中可以看出，天业股份从 2017 年 9 月下旬到 10 月底的一个多月时间，都处在横向整理区间，股价维持在 10 元到 11 元的价格区间小幅波动。

11 月 3 日，股价跳空高开高走收出 T 字线，成功突破了前期的箱形整理区间，同时也伴随着成交量的明显放大，形成完美的向上突破缺口，预示着股价即将脱离整理趋势，开启一轮新的上涨行情。

在连续两天收阳后，于 11 月 8 日再次跳空高开高走，最终以涨停价收出一根大阳线，再次形成向上缺口，而此缺口与前面的突破缺口对应，成为持续缺口，说明股价仍有上涨空间。

11 月 9 日，股价再次跳空高开高走，再形成向上缺口，而结合该股之前的走势，此时价格已经处在了相对高位，再结合前两个缺口，可以判定此时的缺口为竭尽缺口，说明股价见顶在即。

当竭尽缺口出现后，股价继续维持高位运行一周左右，随后开始了猛烈下跌，仅一根跌停大阴线，就对竭尽缺口进行了部分回补，而此时就是出逃的最后时机。

第4章

多根 K 线组合实战意义

单 K 线形态和双 K 线形态虽然对市场行情的判断有一定的作用，但其预判能力较为片面，特别是单根 K 线很多时候的判断都不是准确的。而多根 K 线的组合所形成的一些特征形态，其研究价值就更高了，它们对市场的预测和买卖点的提示可靠性都要高很多。

- ◇ 黄昏之星
- ◇ 三只乌鸦
- ◇ 空方尖兵
- ◇ 高位五阴线
- ◇ 三空阳线

- ◇ 早晨之星
- ◇ 多方炮
- ◇ 三空阴线
- ◇ 低位五阳线
- ◇ 多方尖兵

一、关键见顶K线组合

股价运行到相对高位的时候，有时候会形成一些特殊的组合，前人根据股市历史发展的经验，总结出这些形态一旦出现，一般就意味着股价阶段性顶部的出现，属于一种看空信号。

第38项　黄昏之星

『形态特征』

黄昏代表了黑暗即将降临，股市中的黄昏之星也预示着股价即将面临下跌行情，该组合形态主要由3根K线组成，其示意图如图4-1所示。

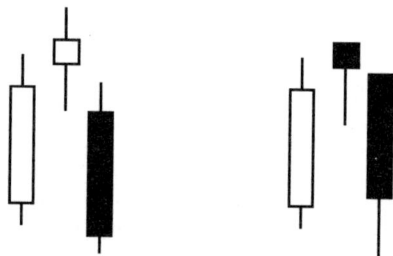

图4-1　黄昏之星示意图

黄昏之星组合形态必须出现在股价上升到一定高度的时候才具有实战意义，其特征如下。

◆　第一根K线为中阳线或大阳线，K线的实体不能过小，对影线没有要求。

◆　第二根K线是跳空高开的小实体K线，阴线或阳线均可，但实体不能与第一根阳线的实体有重合部分，对影线没有要求。

◆　第三根K线为中阴线或大阴线，阴线的整个重心必须要低于第二根K线的重心，通常以其实体不高于第二根K线实体为判断依据。

重点提示：黄昏十字星

如果把黄昏之星中间的小阳线或小阴线换为十字线，则形成的组合就称为黄昏十字星，其对股市的预判效果比黄昏之星更准确。

『操作策略』

　　黄昏之星是一种经典的见顶回落形态，在股价的上升趋势中，中间星线的出现是第一个危险信号，表示多方的力量对空方已不能造成碾压之势，随时都有变盘的可能，此时投资者应该保持警惕，随时准备退出。

　　在第三根大阴线出现时，证明了趋势的反转已经拉开序幕，投资者不能再盲目看多，应及时获利结束。

　　黄昏之星的第三根阴线和第一根阳线一般都会有交集，正常来说，第三根阴线深入第一根阳线的位置越深，表示股价的反转越激烈，该形态的可信度也更高。

『分析实例』

新奥股份（600803）——黄昏之星的出现导致股价由涨转跌

▼实战图谱

　　如图 4-2 所示为新奥股份在 2017 年 3 月至 5 月的 K 线图。

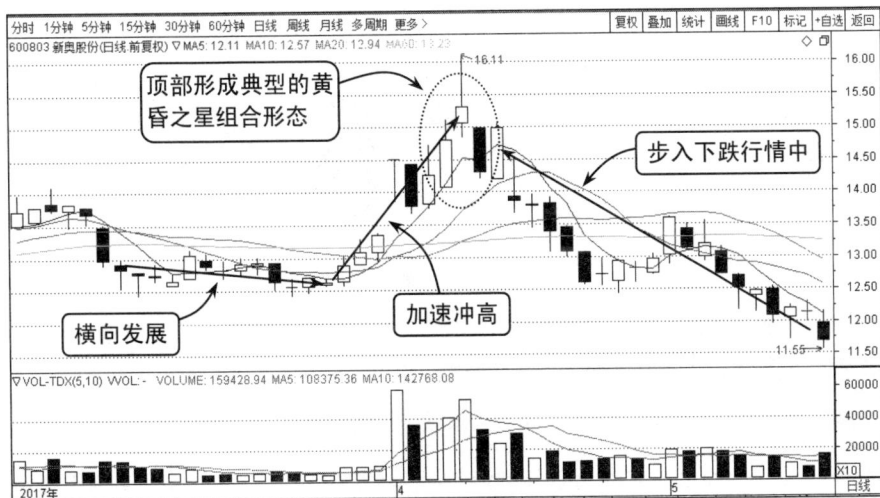

图 4-2　新奥股份日 K 线图

▼盘面解析

　　从上图中可以看出，新奥股份在 2017 年 3 月的时候，处于一个相对较窄的箱形整理行情，股价维持在 13 元到 14 元之间，并没有太大的波动。

3 月底开始股价加速冲高，连续收出多根阳线，上涨热情异常高涨。4 月 11 日，股价高开高走，最终收出一根带有长上影线的小阳星，表示多方上攻的力量开始不足，而上方的压力过大，有短期见顶的风险。

4 月 12 日，股价低开低收，以 6.60%的跌幅收出一根大阴线，与前面的两根 K 线一起，形成了一个标准的黄昏之星形态，说明股价的短期顶部已经到来，投资者可以获利结束。

在 4 月 12 日的大阴线过后，虽然股价再次收出一根大阳线，而且几乎覆盖了整个阴线，但可惜没有成交量的支撑，终究未能挽回股价见顶回落的趋势，开始了一波较大幅度的下跌行情。

第39项 三只乌鸦

『形态特征』

三只乌鸦形态又称"暴跌三杰"，指股价在上涨到一定高度后，连续收出 3 根阴线的组合，其示意图如图 4-3 所示。

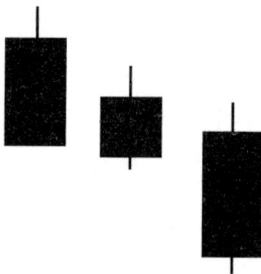

图 4-3 三只乌鸦示意图

三只乌鸦形态也不是随便 3 根连续的阴线就能形成的，只有具备以下特征的 3 根连续阴线，才能被称为三只乌鸦。

◆ 形态必须出现在股价上涨到一定高度后。

◆ 每日的开盘价都在上根 K 线的实体部分之内，即第二根阴线的开盘价介于第一根阴线的开盘价与收盘价之间，第三根阴线的开盘价介于第二根阴线的开盘价与收盘价之间。

◆ 3 根阴线的收盘价需一根比一根低。

『操作策略』

三只乌鸦形态仿佛三只乌鸦栖息在快要枯死的树枝上，表示空方已经开始反攻，股价回落的可能性很大，是一种典型的见顶下跌信号。

在股价上涨到一定高度后，如果出现连续的3根阴线，表示股价上涨的力量已经消耗殆尽，宜做看空打算，而如果3根阴线形成了三只乌鸦形态，那下跌的可能性更大，及时割肉是最好的选择。

『分析实例』

兴发集团（600141）——上冲顶点的三只乌鸦迎来强势反转

▼实战图谱

如图4-4所示为兴发集团在2017年6月至12月的K线图。

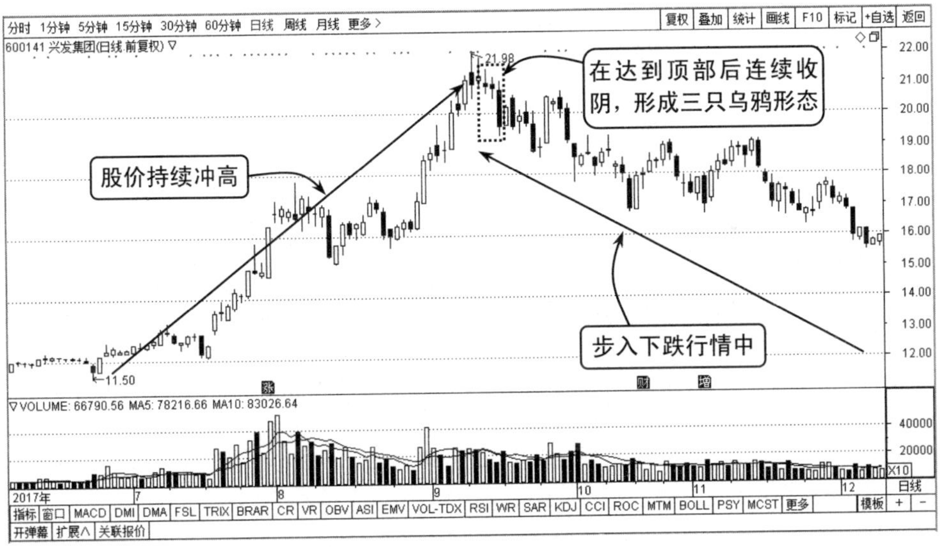

图4-4　兴发集团日K线图

▼盘面解析

从上图中可以看出，兴发集团在2017年6月的时候处于一个低位横向整理阶段，该整理时段持续时间较长，说明力量积蓄足够多，如果突破的话，上涨的幅度相对较大。

6月底股价突破整理区间，开始缓慢上涨并维持上涨行情到9月中旬，此时价格已经从 12 元附近上涨到 21 元以上，上涨幅度非常可观。

从 9 月 13 日开始，股价连续收出两根小阴线，预示着股价上冲的动能已经消耗得差不多了，股价有回调的可能。9 月 15 日的一根低开低走的大阴线，与前面两根小阴线刚好形成了典型的三只乌鸦形态，卖出信号异常明确。

投资者在 9 月 14 日连续收出两根小阴线的时候，就应该异常警惕了，毕竟此时股价处在一个非常高的位置，任何下跌的风声都可能导致股价的回落，此时就应该获利结束，特别是在三只乌鸦形态形成后，更不可留恋，果断离场才是最佳选择。

第40项　空方尖兵

『形态特征』

空方尖兵形态由多根 K 线组成，其示意图如图 4-5 所示。

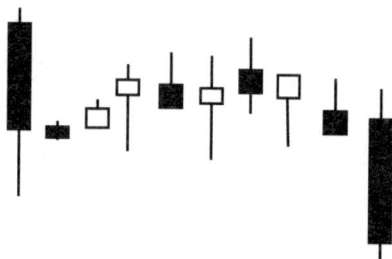

图 4-5　空方尖兵示意图

空方尖兵形态没有完全固定的特征，其最少由 4 根 K 线组成，对最多的 K 线数量没有固定的要求。

空方尖兵的形态的第一根 K 线必须是带有长下影线的大阴线或中阴线，其后股价开始反弹，形成一系列小实体的 K 线，阴线阳线均可，但价格均未跌破第一根阴线的下影线位置。

而最后的一根也必须是阴线，且这根阴线要有效跌破第一根阴线的下影线位置，表示新一轮下跌的开始。

『操作策略』

空方尖兵形态必须出现在股价在高位开始下跌的时候，或下跌开始不久，如果已经下跌到较低的位置，则没有实际研究意义。

当股价在下跌途中出现一根带长下影线的阴线后，随后又连续收出小K线，但价格并没有大幅下跌的时候，很大可能是空方在把握出货时机，是一轮较大幅度下跌的征兆。

当股价向下跌破大阴线的下影线时，表示空方出货已经完成，新一轮下跌正式开始，而此时也是最后的卖出时机。

『分析实例』

恒天海龙（000677）——空方尖兵的下跌中途调整

▼实战图谱

如图 4-6 所示为恒天海龙在 2016 年 11 月至 2017 年 5 月的 K 线图。

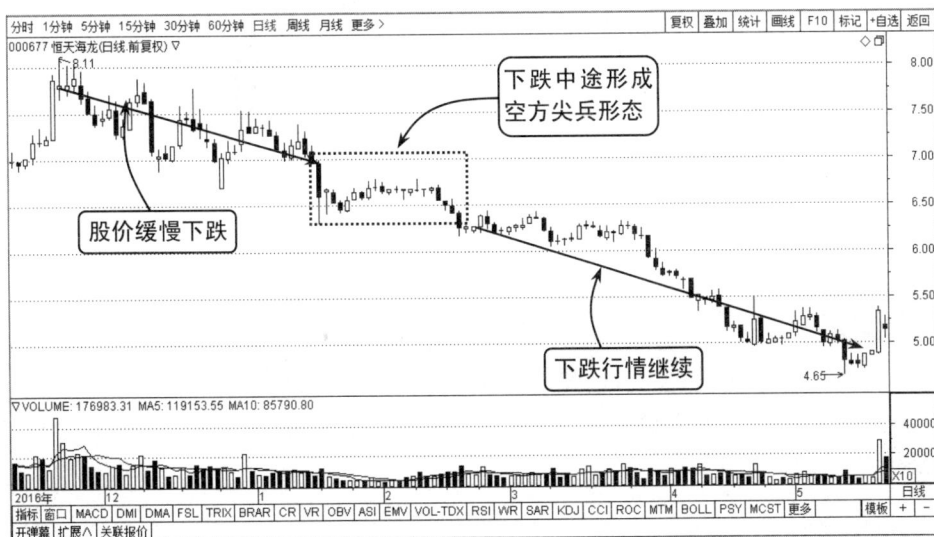

图 4-6　恒天海龙日 K 线图

▼盘面解析

从上图中可以看出，恒天海龙在 2016 年 11 月下旬上涨到一个相对高位，随后股价开始波动下跌。2017 年 1 月 16 日，股价低开低走收出一根带长下影线的大阴线，这是空方首次探底的表现。

随后股价横向运行半个多月，到 2 月 15 日，重新开始有了下跌的趋势，连续 3 个交易日收出阴线，表示了下跌的势头非常强烈。特别是第 4 日再次收出中阴线，跌破了 1 月 16 日大阴线的最低价，形成空方尖兵形态。

此后股价并没有立即开始快速下跌，而是再次形成一个类似空方尖兵的高位整理形态，直到 3 月底，股价才开始了新一轮的快速、大幅度的下跌行情。

第41项　高位五阴线

『形态特征』

股价在上涨到一定高度后，连续收出 5 根阴线，但股价下跌的幅度却并不大，其示意图如图 4-7 所示。

图 4-7　高位五阴线示意图

高位五阴线又称高位五连阴，该形态必须出现在股价上涨到一定高位后才具有研究价值。

高位五阴线最大的特征就是 5 根阴线并不会把股价拉低多少，一般是小阴线甚至小阴星，并且有时候可能不止 5 根阴线，也可能连续多根，只要符合价格高位和跌幅不大两个特征即可。

『操作策略』

高位五阴线出现在股价大幅上涨之后，而其本身价格并没有大幅下跌，属于一种高位整理形态，很多时候都是主力出货的表现，而一旦主力出货完成，就是股价大幅下跌的开始，操作时可把握以下几点。

◆ 高位五阴线一旦出现，就是股价是由涨转跌的征兆，投资者应在该形态出现时，果断逢高清仓，以避免后期的跳水风险。

◆ 高位连续出现的阴线越多，表示空方积蓄的力量越大，破位后下跌的空间就越大。

◆ 高位五阴线可能存在一些变体，如果在高位五阴线中夹杂一两根十字线或小阳线，也并不会影响形态的判断力。

『分析实例』

粤泰股份（600393）——高位五阴线带来顶部反转

▼实战图谱

如图 4-8 所示为粤泰股份在 2017 年 3 月至 7 月的 K 线图。

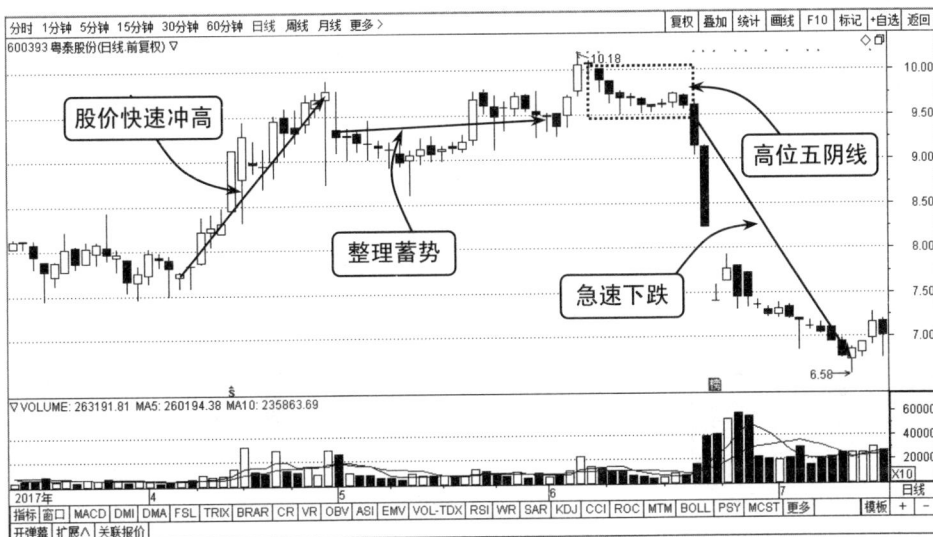

图 4-8　粤泰股份日 K 线图

▼盘面解析

从上图中可以看出，粤泰股份在 2017 年 4 月初时受股息红利利好因素的影响，股价有一波疯狂的上涨，在半个月内从 8 元以下上涨到 9.5 元以上，随后有一波横向整理蓄势行情，持续时间在一个月左右。

6 月初股价加速冲高，达到 10 元以上，创下阶段性的最高价。从 6 月 8 日开始，股价连续收出 7 根阴线，但价格并没有明显的大幅下跌，始终保持在 9.5 元以上，形成了典型的高位五阴线形态。

这很明显是前期的获利盘在此结束，并且出货异常顺利，后市下跌的可能性非常大，投资者可以把握时机获利结束。

股价在连续 7 根阴线后，于 6 月 19 日收出一根带长下影线的小阳线，投资者可把握这一短暂的"反弹"时机果断清仓。

从 6 月 21 日开始，就是连续的大阴线，形成跳水式的下跌，快速将股价拉低，短短 4 天时间，就从 9.5 元以上，下跌到 7.5 元以下，下跌速度快、幅度深，让人感到震惊。

第42项　三空阳线

『形态特征』

股价在上涨到一定高度以后，连续出现 3 根跳空高开高走的阳线，即为三空阳线，也称跳空三阳线，其示意图如图 4-9 所示。

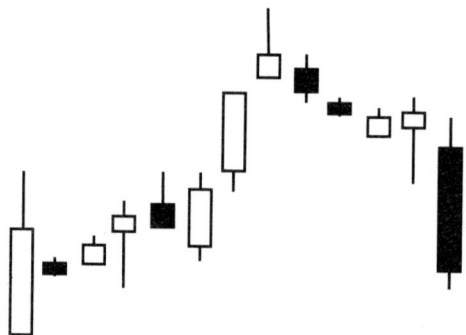

图 4-9　三空阳线示意图

三空阳线形态出现在股价上涨的末尾，由 3 根中阳线或大阳线组成，3 根阳线有无影线均可，但三阳线实体之间必须有明显的跳空缺口。

『操作策略』

三空阳线虽然表现出多头气势异常强盛，但也会有物极必反的时候，多头连续放大招，三次跳空高开高走之后，终有力竭之时，而此时也是空头反击的时候。

使用三空阳线形态来判断后市走势，判断最好的买卖时机，需要注意以下几点。

◆　三空阳线形态的要求在出现该形态之前，股价有一段明显的上涨过程，上涨幅度越大，时间越长越好。

◆　在上涨途中出现三空阳线，是股价即将见顶的信号，如果在形态确立之后，股价出现调头或上涨无力的情况，就需要把握时机，获利结束。

◆　如果三空阳线的第三根阳线带有很长的上影线，说明上档有很强的抛压，看跌意图更为明显。

◆　如果三空阳线的三根阳线实体越来越小，呈现出上涨受阻的情况，股价下跌的可能性也更大。

◆　如果连续跳空高开高走的3根阳线出现在股价刚开始上涨的时候，则不属于三空阳线，没有见顶反转的意义。

『分析实例』

江泉实业（600212）——三空阳线耗尽多方所有力量

▼**实战图谱**

如图4-10所示为江泉实业在2017年5月至12月的K线图。

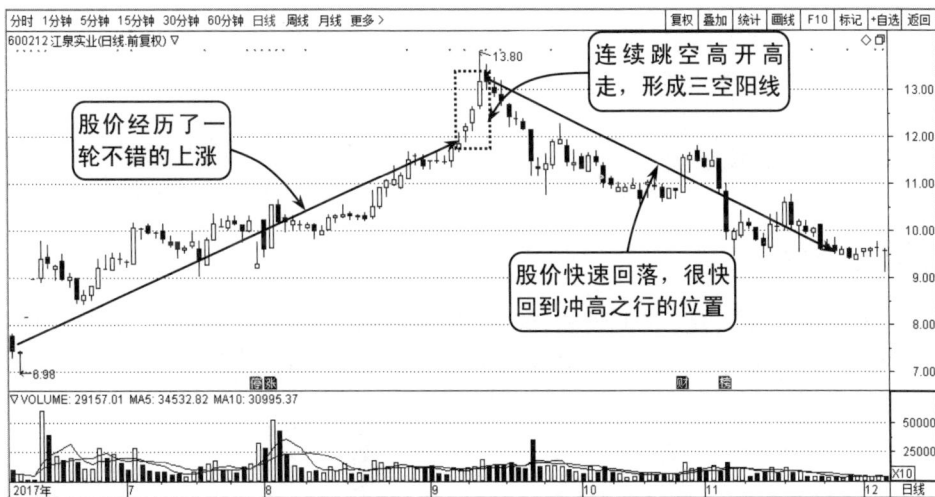

图4-10　江泉实业日K线图

▼盘面解析

从上图中可以看出，江泉实业从 2017 年 5 月底开始，有一轮连续跳空上涨的行情，虽然在 6 月下旬到 8 月初这段时间，上涨速度有稍许减缓，但始终都维持在上涨趋势中。

8 月下旬开始，股价加快了上涨步伐，特别是在 9 月初，连续收出多根阳线，把股价快速拉高。从 9 月 7 日开始，连续 4 根跳空高开高走的阳线，加速了股价冲顶的过程。

9 月 12 日的一根跳空高开高走的大阳线，带有长长上影线，表示多方力量已经消耗过度，股价短期已经见顶，当投资者见到这种形态时，第一反应就应该是立即出逃。

而其后期的走势也印证了这一点，从 9 月 13 日高开低走的中阴线开始，股价连续 8 个交易日收出阴线或十字线，快速将股价拉低到跳空高开冲顶之前的价位，随后减缓了下跌速度，但仍处在下跌趋势中。

二、关键见底 K 线组合

见顶 K 线组合带给我们的是卖出的信号，把握住这些组合形态的信号，适时卖出股价，可以准确锁定既得利益，而不会被深深套牢。与之相反的见底 K 线组合，带给我们的就是好的买入时机，把握好这些时机，能让我们在 K 线操作中获利的机会大大增加。

第43项　早晨之星

『形态特征』

如果说黄昏代表了黑暗即将降临，那么早晨就代表光明的到来，新的开始，早晨之星组合形态由 3 根 K 线组成，其示意图如图 4-11 所示。

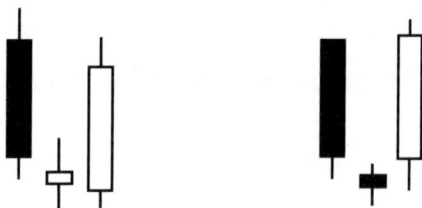

图 4-11　早晨之星示意图

早晨之星组合形态必须出现在股价下跌到一定深度的时候才具有实际意义，其特征如下。

◆ 第一根 K 线为中阴线或大阴线，K 线的实体要求不能过小，对影线没有要求。

◆ 第二根 K 线是跳空低开的小实体 K 线，阴线或阳线均可，但实体不能与第一根阴线的实体有重合部分，对影线没有要求。

◆ 第三根 K 线为中阳线或大阳线，阳线的实体必须深入一根阴线的实体一半以上，阳线实体越长越好。如果第三根 K 阳线的实体，完全覆盖第一根阴线的实体，则看涨信号更加可信。

重点提示：早晨十字星

　　黄昏之星形态有变体黄昏十字星，早晨之星也一样，如果把早晨之星中间的小阳线或小阴线换为十字线，则形成的组合就称为早晨十字星，如果单纯从对股价后市发展的预判来讲，早晨十字星形态表现出来的看涨信号，比早晨十字星更加明确，也更加可靠。

『操作策略』

早晨之星是一种经典的见底反弹信号，在股价的下跌趋势中，中间星线的出现，表示空方的力量对多方已不能造成碾压之势，随时都有变盘的可能，此时投资者可以做好进场准备。

在第三根大阳线出现时，证明了趋势的反转已经拉开序幕，投资者不能再盲目看空，激进型投资者可以抢涨跟进。

早晨之星的第三根阳线和第一根阴线必然有交集，当第三根阳线的实体达到第一根阴线实体的 1/2 位置时，早晨之星形态就基本可以确立了，再往上就是最好的买入时机了。

『分析实例』

科力远（600478）——经典早晨之星的由底部反转信号

▼实战图谱

如图 4-12 所示为科力远在 2017 年 3 月至 6 月的 K 线图。

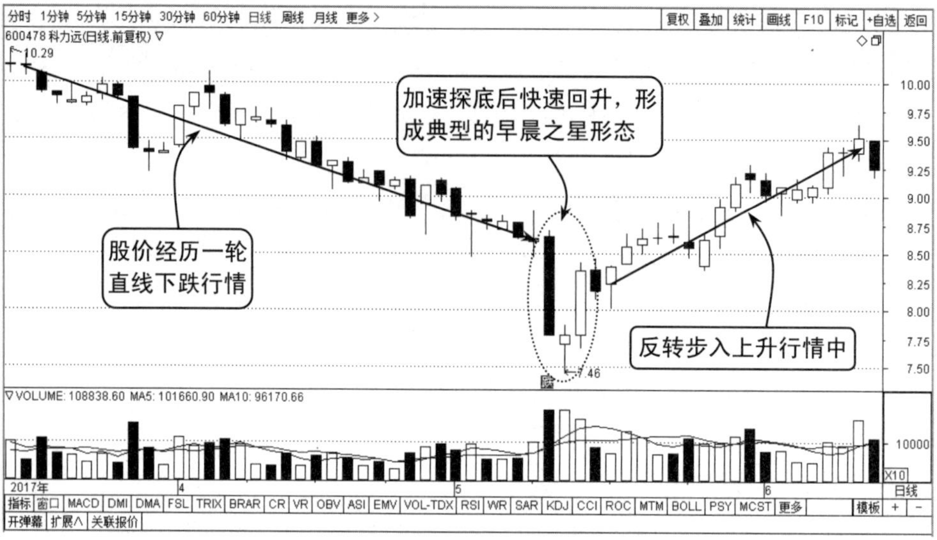

图 4-12　科力远日 K 线图

▼**盘面解析**

从上图中可以看出，科力远在 2017 年 3 月到 5 月中旬的时候，经历了一轮直线下跌的行情，股价从 10 元左右下跌到 8.5 元附近，下跌幅度超过 15%。

5 月 10 日，该股以 8.56 元的价格开盘，整个早上，股价都在开盘价附近窄幅波动变化，到午盘后突然加速向下，最终以跌停板收盘，造成了很多投资的惊慌。次日股价低开后快速向下，最终达到 7.5 元以下，但受多方强烈反攻，最终收出一根带长下影线的小阳星，说明空方力量已不具有太大优势。

5 月 12 日，股价平开高走，最终以 7.33% 的涨幅收出一根大阳线，收复了 10 日大阴线下跌的大部分失地，形成了经典的早晨之星形态，预示着股价已经短期见底，回升在即。

而其后市的走势也印证了我们的判断，股价在 15 日收出一根中阴线以后，连续收出多根阳线，拉开了反转上升的序幕，此后股价步入上升行情中。

第44项　多方炮

『**形态特征**』

多方炮也称两阳夹一阴，是指两根实体较大的阳线完全包裹住一根实体较小的阴线的形态，其示意图如图 4-13 所示。

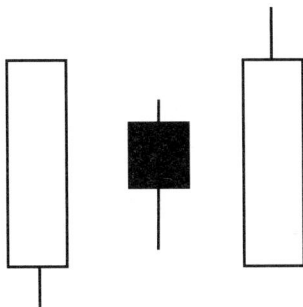

图 4-13　多方炮示意图

多方炮形态中对各 K 线的影线都没有要求，但左右两侧的阳线实体都要足够大，必须完全覆盖住中间的实体较小的阴线，并且 3 根 K 线实体的中心要基本处于同一水平。

『操作策略』

多方炮形态可能出现在股价运行过程中的多个位置，但并不是所有位置的多方炮都表示股价会见底反转，在使用过程中需要注以下几点，才可以准确地把握其发出的买入信号。

◆　当中间的阴线形成时，成交量有明显的缩量，而次日的大阳线的成交量又有明显的放量，这种情况多数是主力洗盘的表现，其后将面临的是一大波上涨行情，此时投资者应坚定信念，不要被洗出局。

◆　多方炮如果出现在股价下跌到一个较低位置的时候，表示多方已经向空方发起反攻，股价上涨在即，宜伺机买入。

◆　多方炮出现在上涨初期或上涨中途，说明股价经过短暂整理后仍有上涨空间，可持股待涨或逢低跟进。

◆　如果多方炮形态出现在股价已经上涨到一定高点后，那么要小心，这很可能是空方陷阱，投资者应引起高度警惕，一旦股价有上涨乏力或下跌的走势时，就应及时退出，持币观望为佳。

◆　如果以多方炮作为标准买入的投资者，应注意第二根阳线的最低价，如果后几个交易日股价并没有大幅上涨，而是跌破了这个最低价，那么多方炮就成了哑巴炮，此时就应及时割肉结束，以免被套更深。

『分析实例』

华资实业（600191）——多方炮击破空方打压势头逆转向上

▼ **实战图谱**

如图 4-14 所示为华资实业在 2016 年 12 月至 2017 年 7 月的 K 线图。

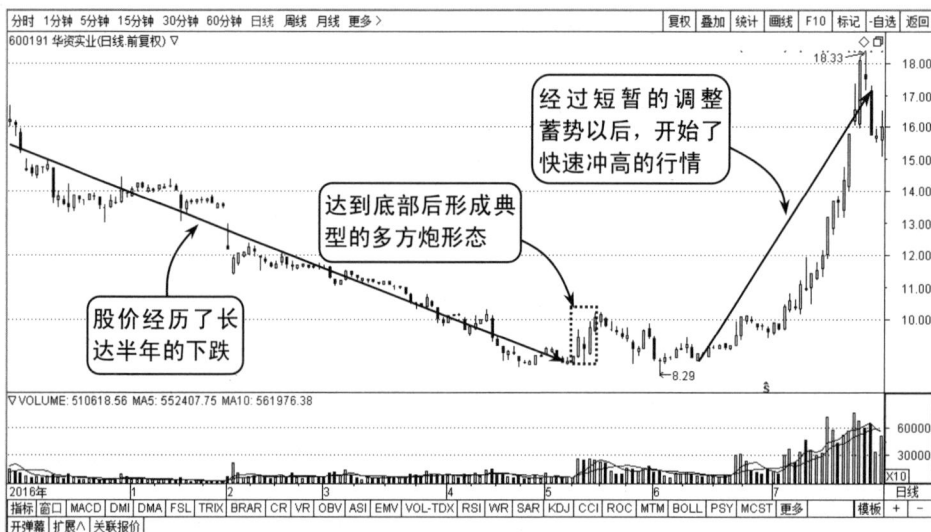

图 4-14　华资实业日 K 线图

▼ **盘面解析**

从上图中可以看出，华资实业从 2016 年 12 月开始一直处于下跌行情中，到 2017 年 5 月中旬，已经从 18 元以上下跌到 9 元以下，下跌时间长，下跌幅度大，让人感到绝望。

5 月 10 日，股价高开高走，收出一根放量大阳线，终于让人看到了一缕转盘的曙光。5 月 11 日，再次收出一根小阴线，与前日大阳线中心点基本一致，有了多方炮的前兆。

5 月 12 日，股价再次高开高走，收出一根大阳线，与 5 月 10 日的大阳线价格相差很近，并且完全将 11 日的小阴线包裹在其中，形成了典型的多方炮形态，预示前股价已经见底，可以适时跟进。

而该股后期的走势也与我们的预判相差不大。在多方炮形成以后，有一个短暂的调整，但调整幅度并不是很大，从 6 月中旬开始了一波疯狂的上涨行情。

第45项　三空阴线

『形态特征』

　　股价在下跌到一定深度以后，连续出现 3 根跳空低开低走的阴线，即为三空阴线，也称跳空三阴线，与三空阳线相对应，其示意图如图 4-15 所示。

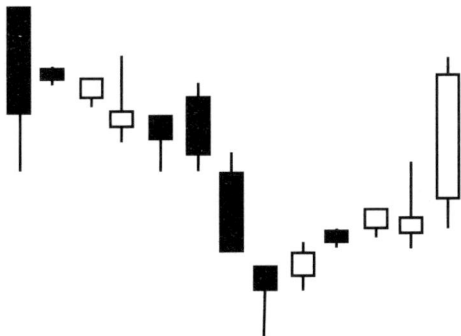

图 4-15　三空阴线示意图

　　三空阴线形态出现在股价下跌的末尾，由 3 根中阴线或大阴线组成，3 根阴线对影线没有特别要求，但 3 根阴线的实体之间必须有明显的跳空缺口。

『操作策略』

　　连续向下跳空的 3 根阴线，看起来是股价大跌的表现，但俗话说——物极必反，下跌过度就会反弹，而三空阴线也印证这个原理，股价的大幅跳空下跌，必然消耗空方的能量，一旦空方能力耗尽，就是多方反击的开始。

　　在股价强势下跌的开始，也可能出现连续的跳空阴线，但这并不能算是三空阴线组合，在使用过程中，需要注意以下几点。

◆　三空阴线必须出现在股价充分下跌之后，之前下跌的幅度越深，反弹的可信度就越高。

◆　三空阴线出现在股价下跌的途中，应随时关注发展态势，一旦股价企稳，即可适量买入。

◆　在三空阴线之后，如果股价反弹并快速回补了后两根阴线的跳空缺口，说明多方力量强势，可追涨买入。

◆ 如果三空阴线的3根阴线实体逐步缩小，呈现出下跌受阻的情况，股价反弹的可能性更大。

『分析实例』

📈 江西铜业（600362）——三空阴线耗尽空方所有力量

▼实战图谱

如图4-16所示为江西铜业在2017年3月至8月的K线图。

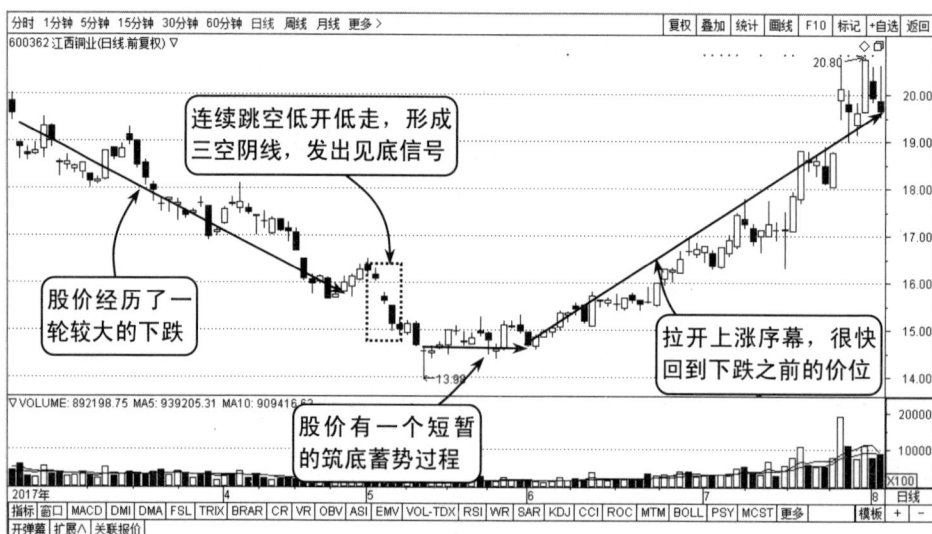

图4-16　江西铜业日K线图

▼盘面解析

从上图中可以看出，江西铜业从2017年3月开始，处于一波下跌行情中，股价从20元以上，下跌到16元以下，下跌幅度还是比较深的。

从5月2日开始，股价在小幅度的反弹后，连续跳空低开低走，收出4根大小不等的阴线，形成了典型的三空阴线形态，说明空方在尽最后的努力打压多方，而这一波三空阴线也消耗了空方太多的力量，股价很可能短期见底。

其后期的走势也印证了这一点，股价在三空阴线形成的第4个交易日，以0.82%的跌幅收出一根带长下影线的十字星形态，这是多方探底的表现，股价反转在即。

随后股价在14.5元到15元的价格区间进行了半个月的筑底蓄势，于6月初拉开了新一轮上涨的序幕，股价在不到两个月的时间内，直线上涨，从 15 元以下，直接收复下跌前的高地，达到 20 元以上。

如果投资者能够在三空阴线形成后把握时机，密切关注行情发展，在十字星探底完成后的筑底期间买入，之后的两个月就将享受到这一波超过 30% 的上涨行情。

第46项　低位五阳线

『形态特征』

与高位五阴线相对，股价在上涨到一定高度后，连续收出 5 根阳线，但股价上涨的幅度却并不大，就形成了低位五阳线形态，其示意图如图 4-17 所示。

图 4-17　低位五阳线示意图

低位五阳线又称低位五连阳，该形态必须出现在股价下跌到一定低位后才具有研究价值。

低位五阳线最大的特征就是 5 根阳线并不会把股价拉高多少，一般是小阳线甚至小阳星，并且有时候可能不止 5 根阳线，也可能连续多根，只要符合价格低位和涨幅不大两个特征即可。

『操作策略』

低位五连阳出现在股价下跌的尽头，此时空方力量已消耗差不多了，连续的小阳线表示多方在此位置具有较强的承接能力，股价会逐步企稳，一旦多方开始反击，空方将再也压制不住，是很好的看多信号，操作时可把握以下几点。

◆　低位五阳线一旦出现，就是股价企稳止跌的征兆，投资者应在该形态出现时，密切关注后市发展，一旦股价有抬头的迹象，就可出手买入。

◆ 低位连续出现的阳线越多，表示多方积蓄的力量越大，破位后股价上涨的速度越快，幅度越大。

◆ 低位五阳线可能存在一些变体，如果在低位五阳线中夹杂一两根十字线或小阴线，只要价格仍在很小范围内波动，就并不会影响形态的判断力。

『分析实例』

东阿阿胶（000423）——低位五阳线带来底部反转

▼实战图谱

如图4-18所示为东阿阿胶在2016年12月至2017年4月的K线图。

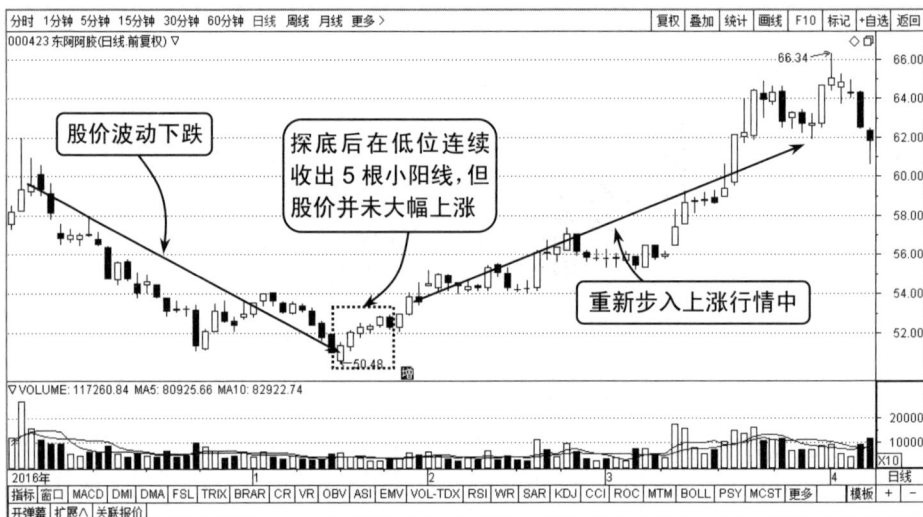

图4-18　东阿阿胶日K线图

▼盘面解析

从上图中可以看出，东阿阿胶在2016年12月初至2017年1月中旬都一直处于波动下跌行情中，股价从60元以上，下跌到50元附近，下跌的幅度已经超过15%，特别是1月10日开始的4根连续阴线，加速了股价探底的步伐。

1月16日开始，股价连续收出5根小阳线，与前面的连续4根阴线相对应，形成了低位五阳线的形态，两者都具有短期见底的意味，这更加让我们确认了股价可能短期见底了，可以出手买入。

而该股后期的走势，也证明了我们的猜测并没有错，在低位五连阳形态完成后，股价收出一根小阴线，进行一个短暂的停留后，开始了一轮不错的上涨行情，在短时间内就收复了前期下跌的失地，重新站上 60 元以上的高地，并且还有更高的突破。

第47项　多方尖兵

『形态特征』

多方尖兵最少由 4 根 K 线组成，其示意图如图 4-19 所示。

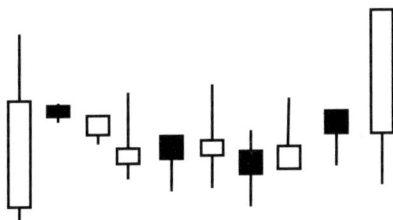

图 4-19　多方尖兵示意图

多方尖兵形态的第一根 K 线必须是带有长上影线的大阳线或中阳线，其后股价开始回调，形成一系列小实体的 K 线，阴线阳线均可，但价格均未突破第一根阳线的最高价。

而最后的一根也必须是阳线，且这根阳线要有效突破第一根阳线的上影线位置，表示新一轮上涨行情的开始。

『操作策略』

多方尖兵形态往往是多方发动最后攻击前的试盘行为，一根带长上影线的大阳线，其长长的上影线代表了多方试探出来的上方的抛压位置，形如一个穿入敌方阵营的尖兵，因此而得名。

大阳线后面的一连续回调，就是对上方抛压的有效释放，激进型的投资者可以在这段回调的时间内把握时机买入。

最后的一根突破上影线最高点的大阳线，就是多方发动反击的开始，一旦股价放量突破第一根阳线的最高价，形态完成，就是最佳的买入时机，此后股价很可能一飞冲天。

『分析实例』

华新水泥（600801）——上涨开始的多方尖兵引领股价快速冲高

▼**实战图谱**

如图 4-20 所示为华新水泥在 2017 年 3 月至 9 月的 K 线图。

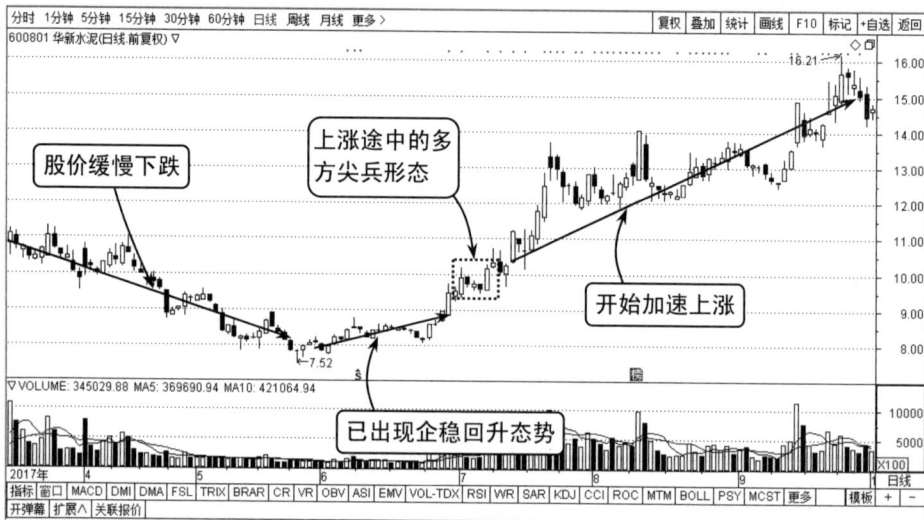

图 4-20　华新水泥日 K 线图

▼**盘面解析**

从上图中可以看出，华新水泥在经历过一轮下跌行情后，于 6 月初开始止跌企稳，且有反转回升的态势。

6 月底，股价筑底完成，开始了真正的上涨行情，7 月 3 日股价收出一根带长上影线的中阳线，随后连续 3 天出现小回调，但回调的低点未低过 7 月 3 日中阳线的最低点，高点也未高出其最高价，多方尖兵形态已初步形成。

7 月 7 日，股价再次收出一根放量大阳线，突破了 7 月 3 日中阳线的最高价，多方尖兵形态已完全确立。根据形态此时所处的位置，是股价刚刚启动的时候，后续上涨的空间还很大，可以跟进。

第5章

K 线形态学

K 线在运行过程中，根据实时数据会形成不同的形状，而这些形状在特定周期的 K 线下可以组合成固定的形态，而从大的方面来讲，一段时间内的 K 线走势，也可能形成一些固定的形态，通过研究这些形态，也可以对股价的发展趋势做出相应的判断。

- ◇ 上升三角形
- ◇ 下降三角形
- ◇ 矩形整理
- ◇ 楔形整理
- ◇ 头肩顶
- ◇ 双重顶

- ◇ 三重顶
- ◇ 圆弧顶
- ◇ 头肩底
- ◇ 双重底
- ◇ 三重底
- ◇ 圆弧底

一、K线的整理形态

股价在运行的过程中，形成某些特殊的形态，在形态完成之后，股价并不会改变原来的发展方向，而是继续原来的趋势运行，我们就将这种形态称为整理形态。股价的经典整理形态有很多，这里我们介绍几种最常见的。

第48项　上升三角形

『形态特征』

股价在反复震荡的过程中，每次反弹的高点基本处于同一水平，但每次回调的低点却越来越高，将反弹的高点和回调的低点分别用直线连接起来，就会形成一个向上倾斜的三角形，其示意图如图5-1所示。

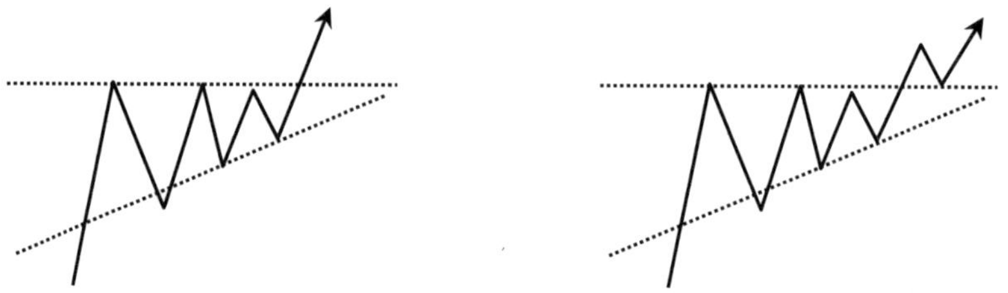

图 5-1　上升三角形示意图

上升三角形各高点的连接线应尽量水平，可视为整理形态的阻力线，各低点连接线倾斜向上，可视为整理形态的支撑线。股价突破整理形态上阻力线时，应有成交量放量的配合。

有时候股价突破阻力线后，会有一个回抽确认的过程，即股价突破阻力线后再次回落，但在阻力线附近受到支撑而未跌破阻力线就再次向上，这种情况也是很完美的。但如果股价回抽时跌破了阻力线，则形态失败。

『操作策略』

上升三角形很多时候都是主力洗盘的结果，它的出现说明多方力量在不断加强，而空方意志在不断被瓦解，预示着股价可能进入多头行情，在实际操作过程中，需把握以下要点。

- ◆ 上升三角形出现在股价上涨的途中视为行情中继信号，一旦股价放量突破三角形的阻力线，就应及时跟进。而此时的阻力线就会转换为支撑线，也应是投资者设置的止损线。

- ◆ 如果股价突破三角形阻力线后有回抽确认的过程，那么一旦确认成功，开始反弹的时候，就是最佳的跟进时机。

- ◆ 通常情况下，上升三角形形成的过程中，成交量会不断萎缩，但突破时必然会放量，如果突破时没有成交量的配合，那么投资者应以观望态度为主，已持股者可采取减仓操作。

- ◆ 上升三角形的形成过程持续时间不宜过长，一般不超过 3 个月，如果持续时间过长，就可能演变成 M 顶或三重顶。

- ◆ 上升三角形绝大多数情况下是向上突破阻力线的，但有时候也可能突破失败。如果股价是向下跌破支撑线，那么形态就失败了，持币的投资者宜继续观望，而持股者宜减仓离场。

『分析实例』

光大嘉宝（600622）——上升三角形的上涨中继形态

▼实战图谱

如图 5-2 所示为光大嘉宝在 2017 年 5 月至 10 月的 K 线图。

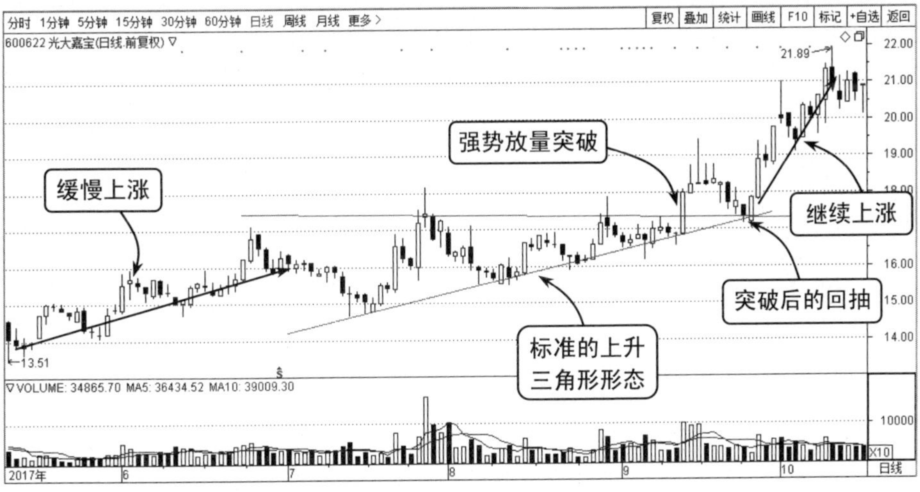

图 5-2　光大嘉宝日 K 线图

▼盘面解析

从上图中可以看出，光大嘉宝在2017年5月到10月的整个时间段里都处于上涨行情中。其中5月到7月的上涨走势较为平缓但稳定，而从7月初到9月中旬的这段时间，股价的走势较为特殊。

6月底的时候，股价达到17元附近，随后开始回调，在15元附近受到支撑开始反弹，到17.4元附近时再回调，在15.5元附近得到支撑，如此反复。将这段时间的高点和低点用直线连接起来，形成了一个上边水平，下边倾斜向上的三角形。

在9月13日，股价突然放量上冲，一举突破了三角形的阻力线，形成了一个完美的上升三角形形态，说明股价后续仍有上涨空间，此时可追涨买入。

股价经历了几天上涨后再次回抽，但在前期三角形的阻力线时受到有力支撑而再次向上，这是上升三角形的回抽确定，更进一步完善了此三角形形态，使其中继形态显得更加可靠。

9月26日股价回抽达到三角形上边线，而后强势收出大阳线，此时就是投资者最佳的追涨机会，之后股价完成了一次快速冲顶的过程。

第49项　下降三角形

『形态特征』

股价在下跌途中反复震荡前行，每次下跌的低点几乎处于同一水平位置，但每次反弹的高点却不断走低，将反弹的高点和回调的低点分别用直线连接起来，就会形成一个向下倾斜的三角形，其示意图如图5-3所示。

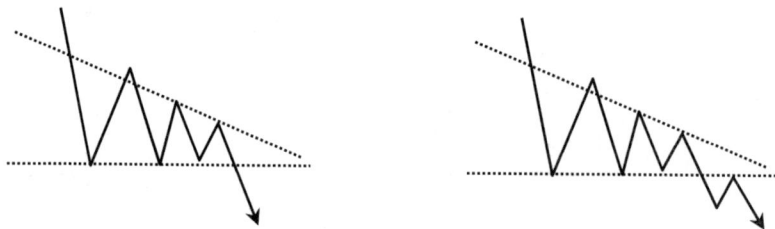

图5-3　下降三角形示意图

与上升三角形相似，下降三角形的底边可视为支撑线，而顶点则视为阻力线，当股价向下跌破支撑线时，下降三角形正式形成。

『操作策略』

　　下降三角形的出现说明空方力量在不断加强，而多方不断受到打压，预示着股价可能进入空头行情，在实际操作过程中，需把握以下要点。

◆　下降三角形如果出现在股价下跌途中，一旦股价跌破支撑线，就应及时出逃，即使割肉也在所不惜。

◆　股价跌破支撑线后若有回抽确认，在达到支撑线时为最后出逃时机。

◆　下降三角形的形成过程持续时间不宜过长，一般不超过3个月，如果持续时间过长，就可能演变成W顶或三重底，从而变为反转形态。

◆　下降三角形绝大多数情况下是向下跌破支撑线的，但有时候也可能向上突破阻力线，此时不宜再盲目看空，而需要结合其他一些技术指标判断股价是否已真的开始反转，进而确认是观望还是入场。

『分析实例』

德展健康（000813）——上涨途中的下降三角形整理后加速冲顶

▼实战图谱

　　如图5-4所示为德展健康在2016年5月至9月的K线图。

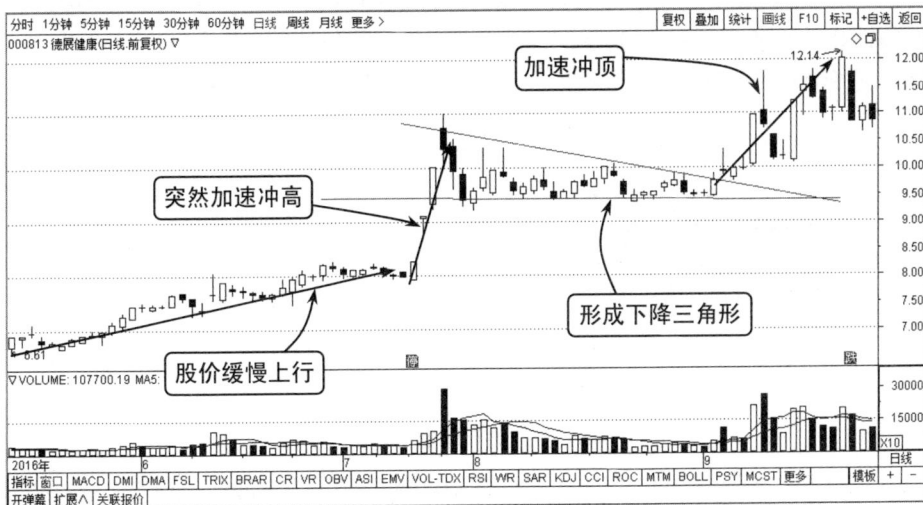

图5-4　德展健康日K线图

▼盘面解析

从上图中可以看出,该股从 2016 年 5 月开始一直到 7 月中旬都处于直线上涨过程中,虽然上涨幅度不大,但好在稳定。7 月 13 日开始停牌,到 7 月 25 日复牌。

复牌后连续两日跳空高开高走并收于涨停板,将股价快速拉高,随后步入强冲后的调整期。

在接下来的一个月内,股价不断波动前行,每次回调的低点基本处于同一水平位置,但反弹的高点不断走低。将反弹高点与回调低点用直线连接起来,形成了一个标准的下降三角形整理。

据此预判,一旦股价放量突破三角形整理的阻力线,股价还会有一波上涨行情。而其后市走势与我们的预判相差无几。

从 9 月 5 日开始股价有突破三角形阻力线的趋势,但一直未能有效突破,直到 9 月 8 日的一根放量涨停大阳线,完成了下降三角形整理的过程,随后股价开始了一波快速冲顶。

第50项　矩形整理

『形态特征』

股价在一段时间内的波动中,每次上冲的高点几乎处于相同的水平位置,而每次下跌的低点也几乎处于同一水平位置,将高点和低点分别用直线连接起来,可形成一个类似矩形的形状,其示意图如图 5-5 所示。

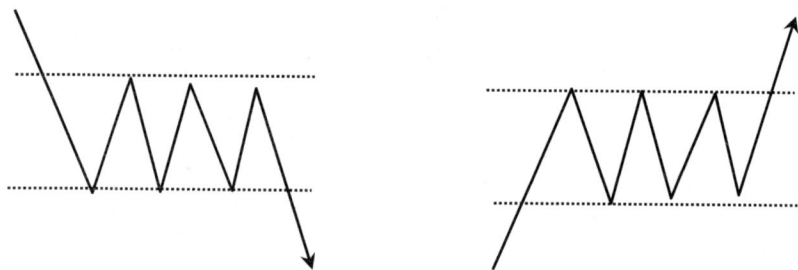

图 5-5　矩形整理示意图

矩形整理形态可以出现在任何行情中,是一种最常见的整理形态,持续的时间短则几天,长则几个月。一般情况下,只要满足一段时间内股价的最高价和最低价分别处于一个水平位置,即可形成矩形整理形态。

『操作策略』

矩形整理是一种冲突均衡的整理形态，显示出多空双方的力量相互制衡，都没有很明显的优势。矩形整理形态在操作中要注意以下几点。

◆ 绝大多数情况下，矩形整理完成后股价会沿着原来的方向继续发展。但如果出现在历史的高位或低位，则很可能成为反转形态。

◆ 如果矩形整理上下边线的距离较大，投资者可以在整理过程采取高抛低吸的操作手法，上边线附近为阻力位，也就是卖出位，下边线为支撑位，也就是买入点。如果上下边线的距离较小，则宜持币观望。

◆ 在经历一段时间的矩形整理后，股价向上有效突破整理区域，为买入时机，股价向下跌破整理区域，宜清仓出局。

◆ 股价有效突破整理区域的标准是股价突破后的涨幅或跌幅不小于 3%，或者突破后 3 个交易日内没有重新回到矩形区域内。

『分析实例』

万盛股份（603010）——上涨途中的矩形整理

▼实战图谱

如图 5-6 所示为万盛股份在 2016 年 5 月至 12 月的 K 线图。

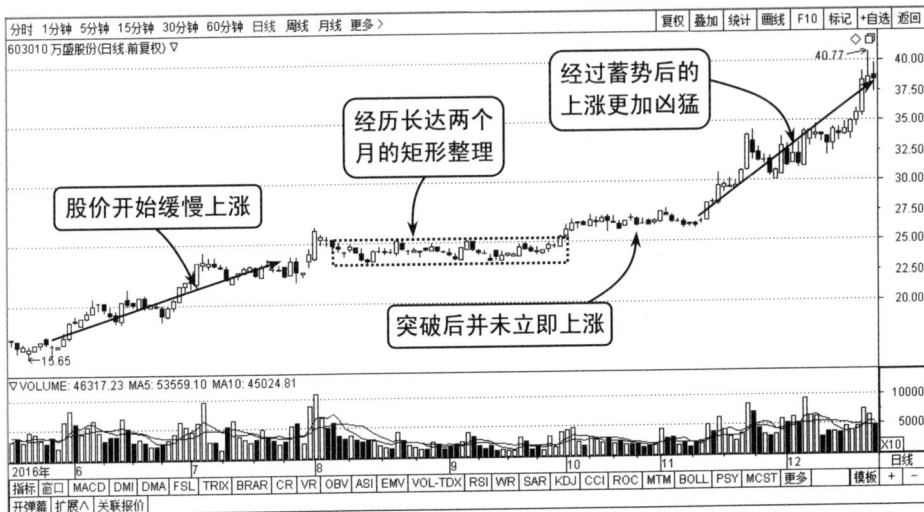

图 5-6　万盛股份日 K 线图

▼盘面解析

从上图中可以看出，万盛股份从 2016 年 5 月下旬开始步入上涨行情中，但在 8 月 1 日收出一根接近涨停的大阳线后，股价开始了一波回调。而本次的回调幅度虽然不大，但时间却相当长。

从 8 月份开始一直到 9 月底，股价一直处于 23 元到 25 元的价格区间内小幅度波动，形成了一个典型的矩形区间，整理时间持续两个多月，并且这段时间内成交量一直都相对低迷。

9 月 30 日，股价突然放量上涨，收出一根中阳线，突破了 25 元的价格，也突破了长达两个月的矩形整理。随后的几个交易日，股价小幅走高，虽然没有大幅上涨，但也没有再次回到 25 元以下，本次突破属于有效突破，投资者可以伺机买入。

而其后的走势也证明了我们的判断。股价在突破了矩形整理区以后，一直处于 26 元左右运行，持续了一个月左右的时间，也可以看作是第二次的矩形整理蓄势。

11 月 11 日的一根放量大阳线，打破了长期小幅上涨的局势，股价步入快速上冲的行情中，短短一个多月时间，股价从 27 元附近上涨到 40 元以上，上涨幅度超过 48%。

第51项　楔形整理

『形态特征』

股价在上涨（或下跌）过程，出现一轮震荡的回调（或反弹），将回调（或反弹）的高点和低点分别用直线连接起来，两条直线方向相同且呈现收敛状态，其示意图如图 5-7 所示。

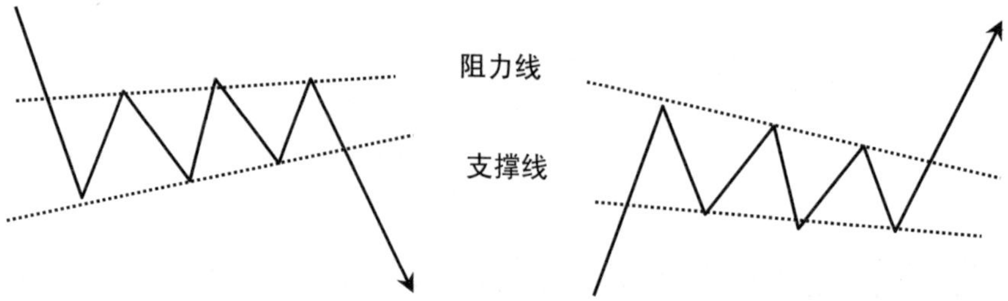

图 5-7　楔形整理示意图

出现在下跌途中的向上收敛的楔形称为上升楔形，而出现在上涨途中的向下收敛的楔形称为下降楔形。

楔形整理与三角形整理有些类似，不同的是，楔形整理连接高点与低点的两条直线的方向相同，虽然呈现收敛状态，但短时间内不会相交，而三角形整理的两条直线有相交的情况。

『操作策略』

上升楔形整理一般出现在下跌途中，多为投资者低位补仓或短线操作所致，有时候庄家也会利用这种形态完成出货，形成一种诱多陷阱，一般不会影响整个下跌走势，属于一种中继信号。

与之对应的下降楔形则一般出现在上升途中，很多时候会成为庄家诱空陷阱，达到洗盘目的，同样不会影响整个上升走势。在实际使用过程中，可注意以下操作要点。

◆　无论是上升楔形还是下降楔形，在刚开始的时候波动幅度相对较大，对于短线操作者而言可以采用高抛低吸的手法进行短线操作，买入点在楔形的下边线附近，而卖出点则在楔形的上边线附近。但如果到了楔形的后期，波动幅度相对较小，宜采取观望态度。

◆　楔形整理在形成过程中，成交量应该呈现逐步缩量状态，但下降楔形在突破上边线的时候，应有明显的成交量放大配合，否则后市看涨信号不强，而上升楔形在跌破下边线完成形态时，则有无成交量配合均可。

◆　上升楔形形成的时间通常较长，最少需要3周以上，有时候甚至持续数月时间，持续时间越长，下跌的信号就越可信，下跌的幅度也越大。而下降楔形形成的时间较上升楔形短一些，但也至少需要两周以上。

◆　当股价跌破上升楔形的下边线时，应尽快出手手中的股票，而当下降楔形有效突破上边线的时候，也是一个很好的买入时机。

『分析实例』

兔宝宝（002043）——下跌途中的上升楔形

▼实战图谱

如图5-8所示为兔宝宝在2017年2月至11月的K线图。

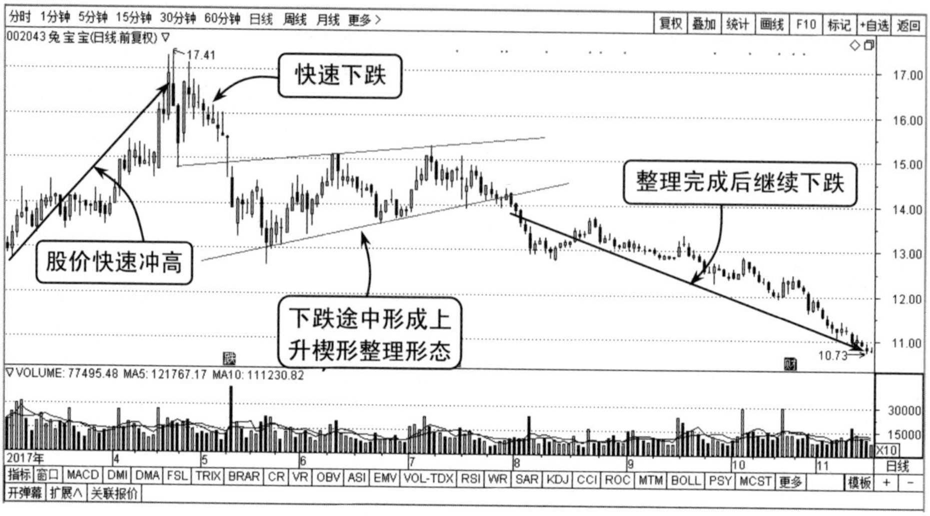

图 5-8　兔宝宝日 K 线图

▼ **盘面解析**

从上图中可以看出，兔宝宝在经历了一轮较大的上涨后，于 4 月下旬见顶回落。5 月 9 日的一根带长下影线的锤头线和 5 月 10 日的一根跌停大阴线，把股价迅速拉低，随后开始了一波较为缓和的反弹行情。

在 5 月中旬到 7 月底这段时间内，股价不断波动前行，虽然每次反弹高点和回落的低点都在不断向上，但我们将反弹的高点和回调的低点用直线连接起来后，可以明显发现股价波动的幅度越来越小，形成了一个典型的上升楔形整理形态。

根据楔形整理的特性以及此处股价所处的位置，我们判定这个楔形整理为下跌途中的中继形态，因此，投资者宜采取高位获利结束的操作，即在股价达到上边线附近时抛出，当股价跌破上升楔形整理形态的下边线时就是最后的逃生机会。

从 8 月 1 日开始，连续收出多根阴线，跌破了上升楔形整理形态的下边线，股价延续了前期的下跌行情。股价从最开始的 17 元以下，下跌到 11 元附近。

『**分析实例**』

珠海港（000507）——上涨途中的下降楔形

▼ **实战图谱**

如图 5-9 所示为珠海港在 2017 年 2 月至 7 月的 K 线图。

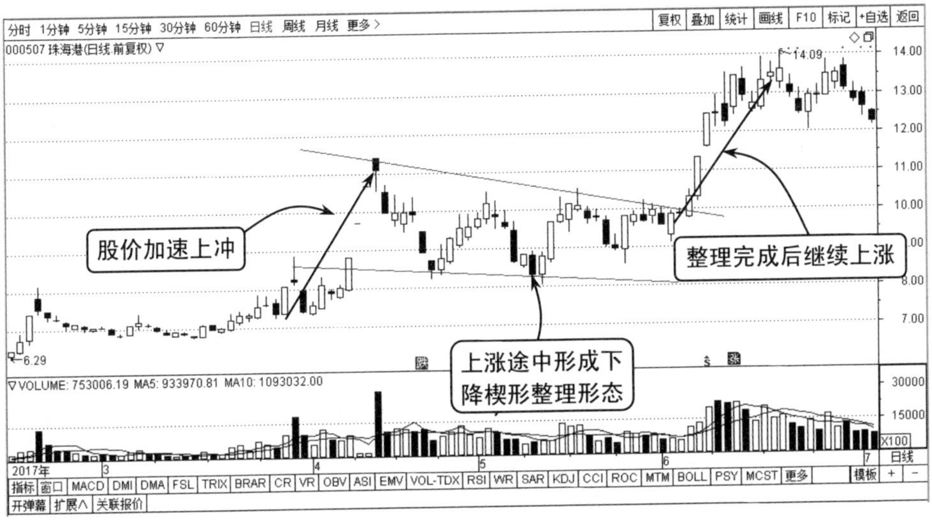

图 5-9　珠海港日 K 线图

▼ **盘面解析**

从上图中可以看出，珠海港从 2017 年 2 月开始进入了缓慢上涨行情中，特别是 4 月 11 日、12 日和 13 日，连续 3 天涨停将股价快速拉高，14 号却高开低走，收出一根带长下影线的锤头线，随后股价开始了回调。

回调过程持续了两个月时间，在这段时间内，股价不断波动向下，但每次反弹的高点和回调的低点却不断靠近。将反弹高点与回调低点用直线连接起来，可以发现两条直线都是倾斜向下的，但却呈现出逐渐收敛状态，这就形成了典型的下降楔形形态。

根据此时股价所处位置，可以推断出此形态为上涨过程中的中继形态，一旦股价放量突破上边线，股价还会有一波继续上涨的行情。

6 月 6 日，股价放量上涨，收出一根中阳线，突破了下降楔形形态的上边线，由于有成交量的配合，可以预测股价已经跳出了整理区，可以适当跟进了。

而其后连续两天高开高走，并收出涨停大阳线，也印证了我们前期的猜测。股价突破上边线后，迎来了快速冲顶的过程。

二、K 线的见顶反转形态

当股价运行到一个相对高位后，可能形成一些固定的形态，当这些形态完成后，股价会开始回落，使形态形成的位置成为一个阶段性的顶点，我们就将这种形态称为见顶反转形态。

第52项　头肩顶

『形态特征』

股价运行到一个较高位置，并在这位置不断波动，形成 3 个高点，其中左右两个高点位置相近，但都低于中间一个高点，这种形态就形成了头肩顶形态，其示意图如图 5-10 所示。

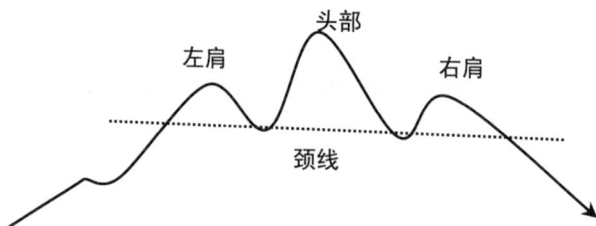

图 5-10　头肩顶示意图

标准的头肩顶形态，左肩和右肩的高度相同，且与头部的距离相同，它们的颈线应处于水平位置，即两次回落的低点位置相同。但实际中的头肩顶形态往往达不到这一标准，只要求左右两肩高度基本相同且低于头部，再次回调的低点基本相同即可。

『操作策略』

头肩顶形态是典型的顶部反转形态之一，一旦此形态形成，投资者就应该果断清仓离场，在实际操作中可把握以下关键点。

◆ 在股价形成第二个高点时，如果此高点位置较第一高点高，但成交量有大幅缩量，就有了形成头肩顶的趋势，稳健型投资者可以在右肩形成的过程中提前出局观望。

◆ 当股价跌破颈线的时候，就是头肩顶形态的明确卖出时机。如果颈线有向下的趋势（头部左侧的低点高于头部右侧的低点），表示后市下跌的可能性更大。

◆ 头肩顶形态有时候跌破颈线后会有一个回抽的过程，此时的颈线就成为股价的压力线，当股价再次运行到此位置时，就是最后的卖出时机。但如果股价再次跌破了颈线，则需要重新考虑形态的作用。

◆ 一般情况下，头肩顶形态的形成需要较长的时间，持续一两个月是很正常的，通常持续时间越长，表示后市下跌的空间越大。

『分析实例』

高能环境（603588）——头肩顶形态的反转下跌分析

▼实战图谱

如图 5-11 所示为高能环境在 2017 年 1 月至 11 月的 K 线图。

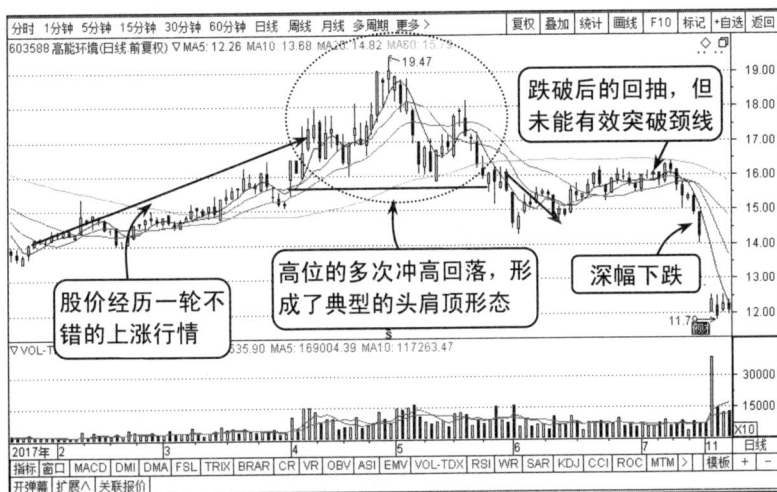

图 5-11 高能环境 K 线图

▼盘面解析

从上图中可以看出，高能环境从 2017 年初开始缓慢上涨，在 4 月中旬达到 17.5 元附近，形成一个阶段性高点，随后开始回调，但回调力度有限，在 16.5 元附近受到支撑，随后开始加速冲高。

4 月 28 日，股价达到 19.47 元，收出一根带有长下影线的小阳线，有短期见顶的可能，随后股价再次回落，回调的力度相对较大，达到了最低 16 元，而在此再次受到支撑而反弹。

本次反弹的高点也只是达到了 18 元，与第一次高点相近但低于第二个高点，此时已经大致可以判定有形成头肩顶的可能。连接两个低点的直线在 5 月 24 日被向下跌破，此时头肩顶形态正式形成，发出见顶信号。

随后股价迎来了一波下跌行情，但下跌时间和幅度都不大，再次的反弹形成了头肩顶的回抽，回抽的高度在颈线附近，未能有效突破颈线，并且持续的时间较长，给了投资者较好的出逃机会。直到7月中旬，股价回抽结束，开始了一波较大幅度的下跌行情。

第53项　双重顶

『形态特征』

股价在运行到一个相对较高的位置以后，形成两个明显的价格高点，且两个价格高点几乎处在同一价位，这就是双重顶反转形态，也称为M顶，其示意图如图5-12所示。

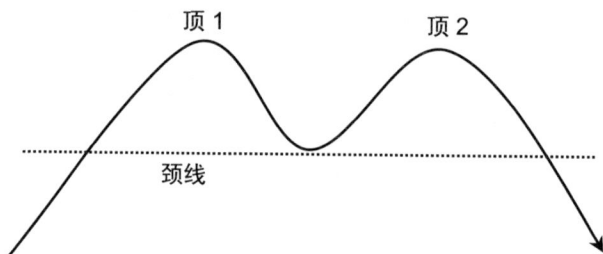

图 5-12　双重顶示意图

通过两个顶点中间的回调低点画一条水平直线，就是双重顶形态的颈线，当股价向下跌破颈线时，双重顶形态正式形成。

『操作策略』

双重顶是一种很可靠的转势看跌信号，投资者看到此形态后应及时获利结束。在实际操作过程中，需要把握以下关键点。

◆　股价形成第一个高峰后，再次运行到此高峰位置附近时就明显滞涨，这就有形成双重顶形态的可能性，稳健型投资者可以在第二次冲高而未能突破前次高点后的回调中卖出。

◆　双重顶形态的第一个明确卖点出现在股价跌破双重顶颈线的位置，也就是双重顶确认的时候。

◆　有时候在跌破双重顶颈线后可能会有一个回抽过程，但回抽的高点不能超过颈线。如果有回抽过程，那么回抽到颈线附近时就是最后的逃生机会。

◆ 双重顶的持续时间越长，形成该形态时的成交量越大，后市看跌的可能性
　就越大。

◆ 双重顶的第二个顶点略低于第一个顶点，第二个顶点的成交量也小于第一
　个顶点的成交量，股价看跌的信号越可靠。

◆ 双重顶两个顶点与颈线之间的垂直距离越大，往往预示着后市股价下跌的
　幅度越大。

『分析实例』

双成药业（002693）——扩展双重顶后的漫漫熊途

▼实战图谱

如图 5-13 所示为双成药业在 2016 年 8 月至 2017 年 5 月的 K 线图。

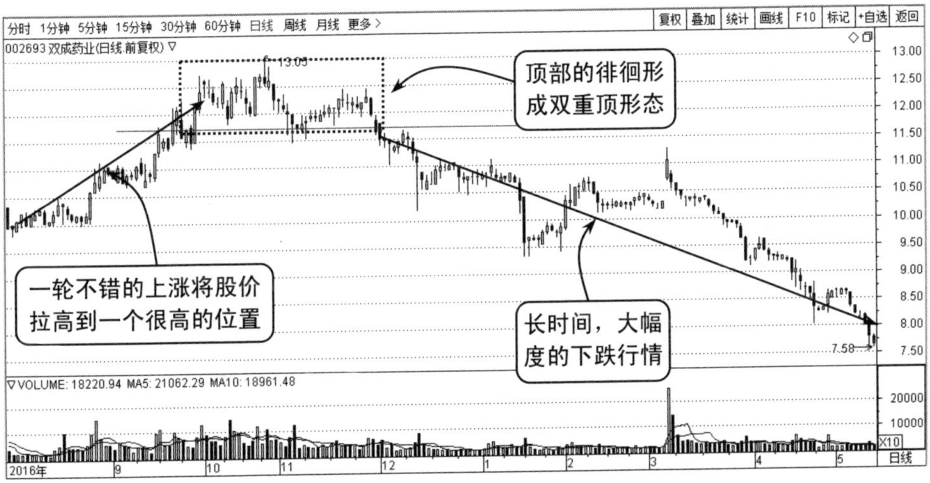

图 5-13　双成药业日 K 线图

▼盘面解析

从上图中可以看出，双成药业在 2016 年 11 月之前一直处于稳定上涨的行
情中，但从 10 月份开始，股价上涨的幅度逐步放缓，在 10 月 27 日时达到一个
顶峰，最高价达到 13 元以上，随后开始了一个回调过程。

本次回调持续时间一周多，在 11.5 元附近，受到短线资金投入的影响，股

价再次开始回升，但在 12.5 元附近受到大量获利盘的打压，未能再次上冲，形成了第二个顶峰。

嗅觉敏感的投资者可以发现，在第一个顶点形成后，成交量有逐步萎缩的情况，特别是第二个顶形成时，成交量并没有放大，说明入场资金不多，后市上涨无望。稳健型投资者可以在此位置减仓出场。

经过两个顶峰中间的谷底绘制一条水平直线，从 11 月 29 日开始，连续 3 根大阴线快速突破了这条直线，双重顶形态正式确认，投资者应把握时机快速清仓，否则可能迎来一波很大幅度的下跌。

而其后市的走势，也印证了我们的猜想，股价在跌破颈线之后，有一个非常小的回抽过程，这是最后的出逃机会，此后股价快速下跌。整个下跌趋势持续到 2017 年 5 月，股价也从 12 元附近下跌到了 7 元附近。

第54项　三重顶

『形态特征』

股价在上涨末期，处于高位波动前行，经历了 3 次冲顶，但都在相似的位置受阻回落，从而形成 3 个位置相似的高点，这就是三重顶形态，其示意图如图 5-14 所示。

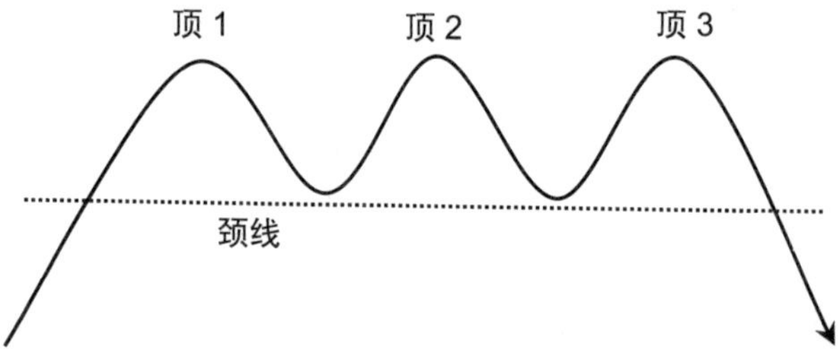

图 5-14　三重顶示意图

将股价两次回落的低点用直线连接起来，形成了三重顶形态的颈线，当股价向下跌破颈线时，三重顶形态正式确认。

『操作策略』

三重顶形态在实际的 K 线图中很难遇到，但它的见顶反转信号比头肩顶、双重顶都要强烈，而其后市的下跌力度也要强于后两者，因此，投资者在看到这种形态时，应果断清仓离场，即使割肉也在所不惜。在使用过程中，需要注意以下几点。

- ◆ 股价在高位形成了两个位置相似的顶点，第三次冲顶未能达到前两次的高点，并且成交量也相对萎缩，说明上涨乏力，敏感的投资者已经可以嗅到三重顶形成的可能，此时即可开始减仓。
- ◆ 三重顶形成的周期越长，总成交量越大，说明后市下跌的可能性和下跌幅度都较大。
- ◆ 三重顶形成的3次回落过程中，成交量应逐步减小，否则形态可能失败。
- ◆ 三重顶3个顶点与颈线之间的垂直越大，后市下跌的空间也就越大。

『分析实例』

金杯汽车（600609）——上涨末期的短时间三重顶反转分析

▼实战图谱

如图 5-15 所示为金杯汽车在 2016 年 8 月至 2017 年 11 月的 K 线图。

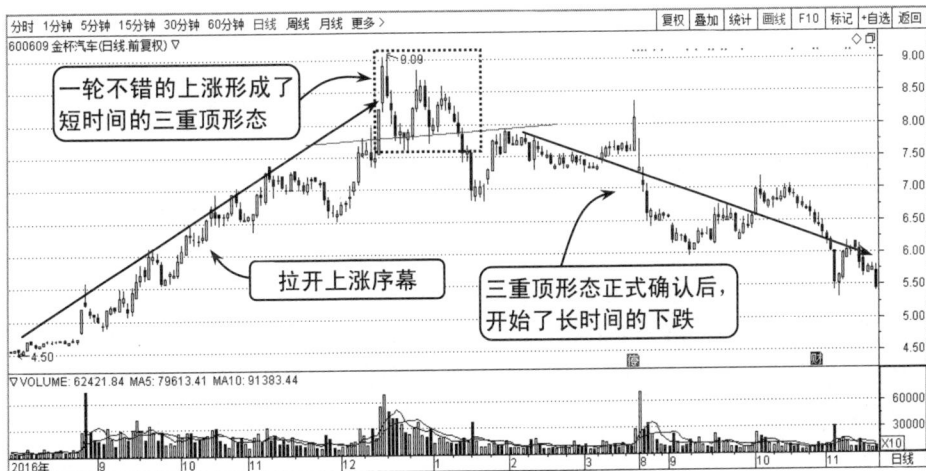

图 5-15　金杯汽车日 K 线图

▼盘面解析

从上图中可以看出，金杯汽车从 2016 年 8 月到 12 月中旬都处于一波上涨行情中，在 11 月中旬的一波回调以后，开始加速冲顶，在 9 元附近受阻回落，此后开始了一波高位的震荡行情。

在高位震荡行情中，两次回调的低点在 7.6 元附近，而两次反弹的高点分别在 8.6 元和 8.5 元附近，3 个高点相差不多，而两个低点几乎处于同一水平位置，这就已经达到了三重顶的要求。

再分析这段时间的成交量可以发现，在 3 个顶点形成的过程中，成交量一直处于不断缩量的状态，根据这些特征，稳健型投资者在第三个顶点形成时就可以清仓出局了，而不必等到三重顶形态确认。

从 1 月 9 日开始，连续的多根阴线，快速跌破了两个回调低点的连接线，在 1 月 12 日时三重顶形态已正式确认，此时也是最后的逃生时机。

第55项　圆弧顶

『形态特征』

股价经过一轮上涨后，上涨势头逐步减弱，在高位波动上行。将这段波动的顶点连接起来可以形成一个向上凸起的圆弧，我们就将这种 K 线形态称为圆弧顶，其示意图如图 5-16 所示。

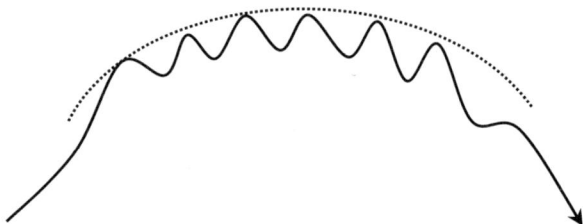

图 5-16　圆弧顶示意图

圆弧顶的形成一般不会持续太长时间，但由于股价的高位震荡，会有很多获利盘的抛出，形成一个成交密集区，很多时候成交量也会同步呈现出圆弧顶的形态。

『操作策略』

圆弧顶形态在实际的 K 线走势中很难看到，但由于它在高位长时间震荡，会导致很多获利盘的离场，其后市的走势通常都不会太乐观，它带给我们的往往是长时间的大幅度下跌行情。

圆弧顶的走势较为温和，并没有特别明确的卖出点，不过由于其持续时间相对较长，因此给投资者留下了较多的操作时间，在使用过程中可把握以下几点。

- ◆　上涨走势结束，股价和成交量都从最高点开始下滑的时候，是一个卖出点。

- ◆　圆弧顶持续的时间越长，说明多空转换越彻底，后市的下跌空间越大。

- ◆　股价与成交量走势相配合，即成交量也同时形成圆弧顶，则形态发出的下跌信号可信度更高。

『分析实例』

大众公用（600635）——非长期的圆弧顶也能带来大跌

▼**实战图谱**

如图 5-17 所示为大众公用在 2017 年 1 月至 5 月的 K 线图。

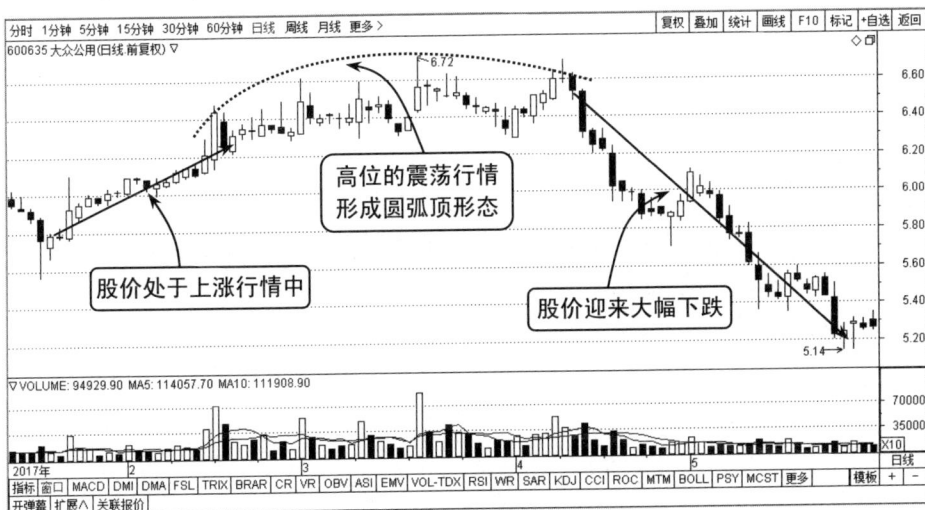

图 5-17　大众公用日 K 线图

▼**盘面解析**

从上图中可以看出，大众公用从 2017 年 1 月中旬开始上涨，前期几乎处于直线上涨的行情中，直到 3 月中旬上涨速度逐步变缓，但也一直处于波动上涨行情中。

到 3 月下旬的时候，股价有了见顶回落的趋势。回落的力度虽然不大，但也脱离了前期的上涨趋势。

我们将股价在高位震荡的这段时间的高点用线连接起来，可以发现这已经形成了一个较为明显的圆弧顶形态，股价下跌在即。稳健型投资者可以在3月17日的长上影线的大阳线后开始卖出。

3月17日的这根带有长上影线的大阳线，代表了非常重要的意义，它显示出多方试图上攻的意愿，但空方打压的意愿更加强烈，加上天量的成交，是一个非常明显的见顶信号。

此后股价虽然仍在高位波动了一个月左右，但仍然避免不了下跌。从4月13日开始，连续几根大阴线，迅速将股价拉低，正式开始了下跌行情。

三、K线的见底反转形态

前面讲解的这些常见的见顶反转形态，如果它们出现在股价下跌的末尾，将整个图形垂直翻转后就可以形成见底反转形态，它们的出现意味着股价已经达到很低的位置，随时都有上涨的可能，提醒投资者可以准备买入了。

第56项 头肩底

『形态特征』

股价运行到一个较低位置，并在这位置不断波动，形成3个低点，其中左右两个低点位置相近，但都高于中间一个低点，这种形态就形成了头肩底形态，其示意图如图5-18所示。

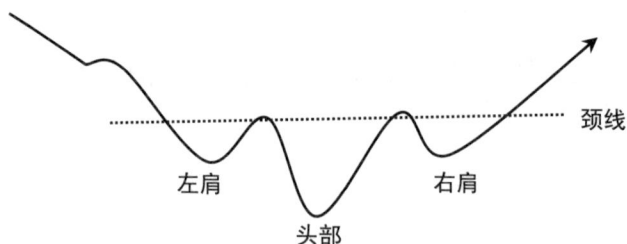

图5-18 头肩底示意图

实际K线走势中的头肩底形态往往达不到标准要求，只要求左右两肩高度基本相同且高于头部，两次反弹的高点基本相同即可。

『操作策略』

　　头肩底形态是典型的底部反转形态之一，但它的形成相对于头肩顶而言更难一些，一旦此形态形成，投资者就应该果断入场，同时可参考以下要点进行操作。

◆　在右肩形成后股价突破颈线位置时，是该形态最明显的买入点，但注意突破需要有成交量放大的配合，否则可能突破无力。

◆　股价在形成左肩和头部的时候成交量极度萎缩，但在形成右肩和冲破颈线时成交量明显放大，则其看涨信号可信度更高。

◆　通常头肩底的形成需要较长的时间，持续时间越长，后市上涨的空间越大。

『分析实例』

沧州明珠（002108）——熊市末期的头肩顶暗含转势信号

▼实战图谱

　　如图 5-19 所示为沧州明珠在 2016 年 6 月至 2017 年 4 月的 K 线图。

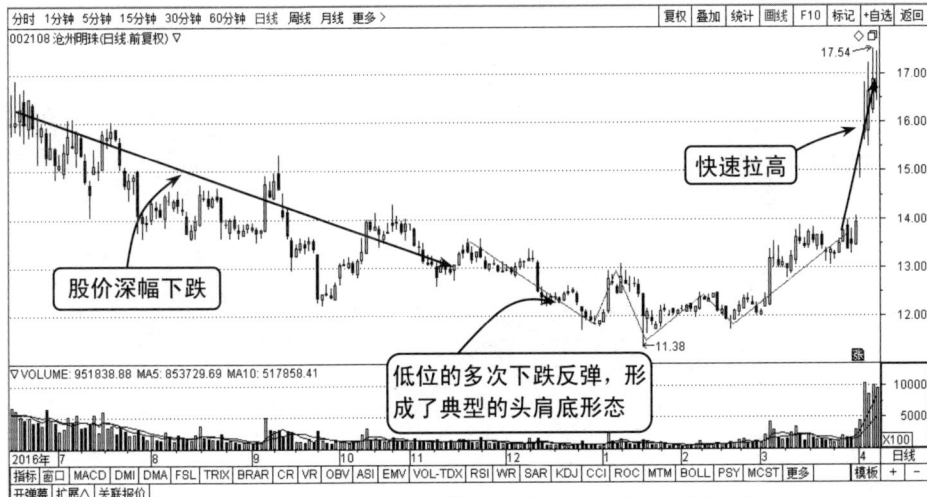

图 5-19　沧州明珠日 K 线图

▼盘面解析

　　从上图中可以看出，沧州明珠从 2016 年 6 月开始一直处于波动下跌的行情中，虽然中途有几次较大的反弹，但仍没有改变整体的下跌趋势。12 月 26 日收出一根带有长下影线的锤头线，有见底的征兆。

其后几天，股价虽然继续下跌，但未能跌破锤头线的下影线低点，随后开始一波有力的反弹，一根接近 6%涨幅的大阳线，收复了前期很多高地。但随后股价再次迎来强势回调，低点低过了 12 月 30 日的低点。

本次回调的情况与前次回调非常相似，也是开始一根带长下影线的阴线，形成金针探底形态，随后股价继续回落，但未跌破长下影线的低点，随后开始反弹。两次的探底动作，已经给了我们一些希望，激进型投资者可以在此入手。

随后股价再次经历一波回调行情，但回调的低点与第一次的低点非常相近，再次反弹的时候已经形成了头肩底形态。到 2017 年 3 月 3 日，一根接近涨停的大阳线，强势放量突破了前两次反弹的高点，头肩底形态正式确认。

在股价放量突破前两次高点的时候，就是最后的买入时机了，随后股价开始了一波大幅度、快速度的上涨行情，仅半个月时间，就收复了过去一年的熊市下跌领地。

第57项　双重底

『形态特征』

股价在运行到一个相对较低的位置以后，形成两个明显的价格低点，且两个价格低点几乎处在同一个价位，这就是双重底反转形态，也称为 W 底，其示意图如图 5-20 所示。

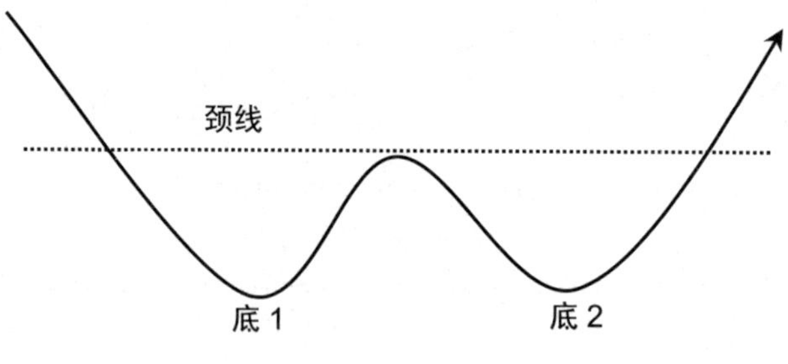

图 5-20　双重底示意图

通过两个底点中间的反弹高点画一条水平直线，就是双重底形态的颈线，当股价向上突破颈线时，双重底形态正式确认。

『操作策略』

双重底是一种很可靠的转势看涨信号，投资者看到此形态后应及时入场，抢一波上涨行情。在实际操作过程中，需要把握以下关键点。

◆ 股价运行到第一个低点附近明显有止跌现象，就有形成双重底形态的可能性了，投资者可以在第二次回调而未能跌破前次低点时适量买入。

◆ 双重底形态的第一个明确卖点出现在股价突破双重底颈线的位置，但需要注意突破时必须有成交量放大的配合，否则可能突破失败，后市进入整理的概率较大。

◆ 双重底的持续时间越长，两个低点与颈线之间的垂直距离越大，后市上涨的空间就越大。

◆ 双重底的第二个低点略高于第一个低点，第二个低点的成交量小于第一个低点的成交量，股价看涨的信号越可靠。

『分析实例』

天房发展（600322）——低位双重底有效突破后的快速上涨

▼实战图谱

如图 5-21 所示为天房发展在 2016 年 4 月至 9 月的 K 线图。

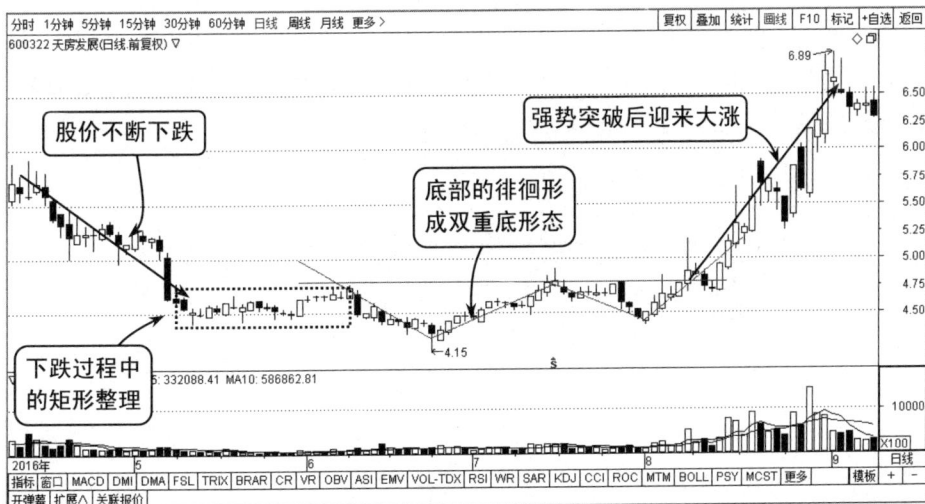

图 5-21　天房发展日 K 线图

▼盘面解析

从上图中可以看出，天房发展在2016年5月之前处于一轮下跌行情中，到5月初的时候，下跌趋势减缓，但却迎来了一个多月低位矩形整理，6月13日的一根大阴线向下突破了整理区，迎来了新一轮的下跌。

本次下跌的时间不长，幅度也不深，很快就以一根长下影线的阴线止跌反弹，形成一个类似金针探底的形态，敏感的投资者结合之前的矩形整理和此时股价所处的位置，大概可以判断股价见底在即，可以出手买入了。

随后股价经过一轮反弹的回调，再次形成一个低点，但这个低点的位置略高于第一个低点，有形成双重底的可能。之后股价连续收阳，快速回到第一次反弹的高点位置。

8月8日，股价低开高走，开盘后快速冲高，但遭遇前期高点的获利回吐盘，股价被打压下来，但最终还是以接近2.5%的上涨幅度收出一根放量中阳线，有效突破了前期的高点，双重底形态正式确立，形成一个明显的买点。

随后股价快速冲高，在短短半个月时间内，一举收复前期的失地，上涨到5月份开始下跌之前的价位之上，如果投资者能及时发现这个双重底形态并在适当的时候跟进，则可以享受此轮上涨的利益。

第58项　三重底

『形态特征』

股价在下跌末期，处于低位波动的运行状态，经历了3次探底，但都在相似的位置受到支撑并反弹，从而形成3个位置相似的低点，这就是三重底形态，其示意图如图5-22所示。

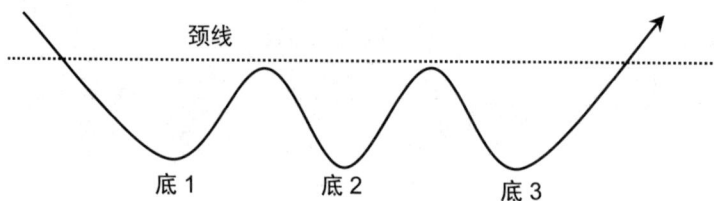

图 5-22　三重底示意图

将股价两次反弹的高点用直线连接起来，就形成了三重底形态的颈线，当股价向上放量突破颈线时，三重底形态正式确认。

『操作策略』

三重底形态在实际的 K 线图中出现的概率也不大，但它的见底反转信号比头肩底、双重底都要强烈，而其后市的上涨力度也要强于后两者，因此，投资者在看到这种形态时，应果断跟进。在使用过程中，需要注意以下几点。

- ◆ 股价在低位形成了两个位置相似的低点，第 3 次下探未能达到前两次的低点，并且成交量也相对放大，说明下跌无力，敏感的投资者已经嗅到三重底形成的可能，此时即可开始加仓。
- ◆ 当股价放量突破三重底形态的颈线，就是最佳的买入时机。
- ◆ 三重底形成的周期越长，总成交量越大，后市上涨的幅度就越大。
- ◆ 在三重底形成的 3 次反弹过程中，成交量应逐步增大，否则形态可能失败。
- ◆ 三重底形态的 3 个低点与颈线之间的垂直距离越大，后市上涨的空间也就越大。

『分析实例』

山西焦化（600740）——熊市末期的三重底形态转熊为牛

▼实战图谱

如图 5-23 所示为山西焦化在 2017 年 2 月至 9 月的 K 线图。

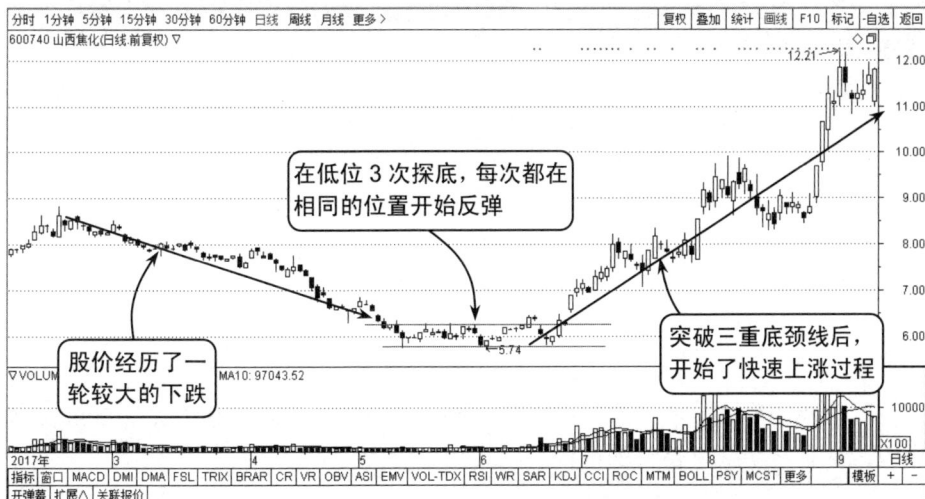

图 5-23　山西焦化日 K 线图

▼**盘面解析**

从上图中可以看出，山西焦化从 2017 年 2 月中旬开始步入下跌行情中，虽然下跌速度不快，但持续时间却较长。5 月 11 日，股价收出一根带长下影线的小阴线，随后有了反弹的趋势。

本次反弹力度非常有限，到 5 月 23 日，股价收出一根带长上影线的小阳线，随后第一轮反弹结束，再次回落。到 6 月 2 日，股价达到 5 月 11 日的长下影线低点位置，在此受到支撑并反弹，这已经形成了双重底形态。

绘制出该形态的颈线，可以发现 6 月 13 日的小阳线，突破了该形态的颈线，但此时的成交量并没有有效放大，应该是无效突破。果然，第二天股价再次回落到颈线以下。

6 月 26 日，在 5 月 11 日长下影线的低点位置，再次反弹，投资者此时也应该预判到了三重底形态的到来，在反弹开始后可以入手了。

对于保守一点的投资者，可以在 6 月 29 日股价放量强势突破颈线的时候追涨跟进，之后股价便开始了一波快速度、大幅度的上涨行情。

第59项　圆弧底

『**形态特征**』

股价经过一轮下跌后，下跌势头逐步减弱，在低位波动向下。将这段波动的低点连接起来可以形成一个向下凹陷的圆弧，我们就将这种 K 线形态称为圆弧底，其示意图如图 5-24 所示。

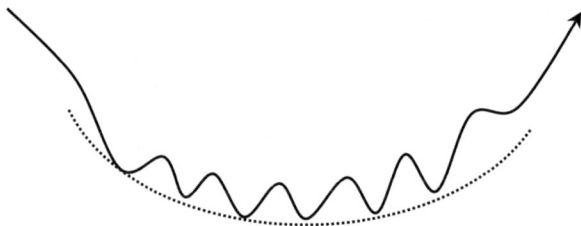

图 5-24　圆弧底示意图

圆弧底的形成一般持续时间较长，股价在低位徘徊但并没有太大的成交量出现，这是一个低位蓄势的过程。

『操作策略』

　　圆弧底形态在低位长时间震荡，会导致很多人看到希望逐步入场，其后市的走势非常乐观，它带给我们的往往是长时间的大幅度上涨行情。

　　圆弧底的走势较为温和，并没有特别明确的买入点，不过由于其持续的时间相对较长，因此给投资者留下了较多的操作时间，只要能在爆发前买入，都有不错的收益。在使用过程中可把握以下几个关键点。

◆　下跌走势结束，股价出现见底信号，并伴随成交量放大时就可买入。

◆　圆弧底持续的时间越长，说明多空转换越彻底，后市的上涨空间越大。

◆　股价与成交量走势相配合，即成交量也同时形成圆弧底，则形态发出的上涨信号可信度更高。

『分析实例』

西宁特钢（600117）——短期形成的圆弧底也能带来有效上涨

▼实战图谱

　　如图 5-25 所示为西宁特钢在 2017 年 2 月至 8 月的 K 线图。

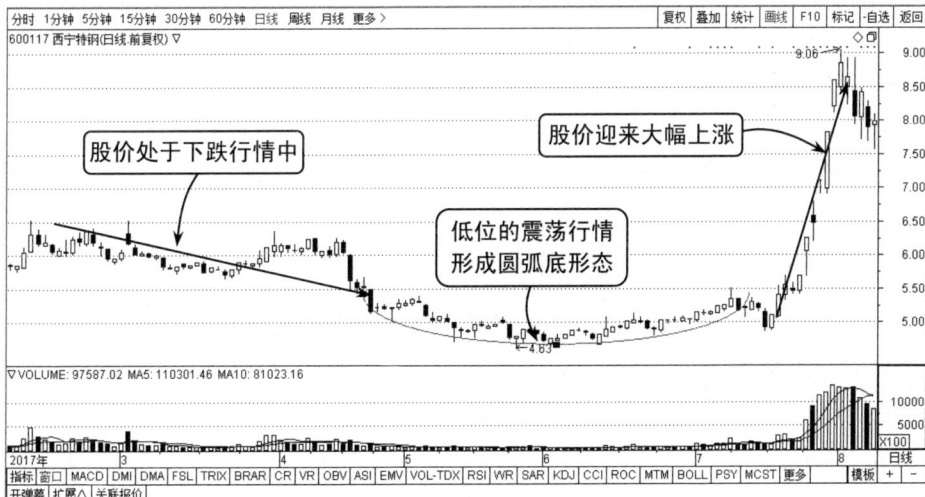

图 5-25　西宁特钢日 K 线图

▼盘面解析

从上图中可以看出,西宁特钢从 2017 年 2 月开始一直处于一种缓慢下跌的趋势中,虽然偶有反弹,但始终未能改变整个下跌趋势。从 4 月下旬开始,股价下跌趋势逐步减缓,并有企稳止跌的迹象。

这样的走势一直持续到 6 月初,此时股价已经在不经意间有了向上的势头。通过连接这段时间的低点我们可以发现,K 线已经形成了一个非常标准的圆弧底形态,而 6 月初开始就已经由下跌转为了上涨,此时就可以开始跟进了。

随后股价维持着一种缓慢过渡的走势,悄悄地开始向上攀爬,直到 7 月中旬,突然来了两次的下跌,一举打破了这个平缓的走势。

但分析此时的成交量可以发现,股价虽然快速下跌,但成交量并没有放大,下跌的压力并不大,这很可能是主力在建仓完成后的最后洗盘,后市可能会有更强大的上涨,这是一个非常好的买入机会。

而股价的实际走势也并没有让我们失望,在 3 天的下跌洗盘之后,从 7 月 18 日开始,股价连续收阳,在短短半个月时间内,从 5 元左右上涨到 9 元左右,上涨幅度超过了 80%。

四、特殊 K 线图形

前面介绍的都是一些常见的 K 线形态,其实对于 K 线的形态组合远不止这些,下面就来介绍几种特殊的 K 线形态,这些形态没有常见形态那么容易遇到,但是却有非常高的研判意义。

第60项　美人肩

『形态特征』

美人肩是一段时间内形成的 K 线的一个组合,是强势庄家股的特有表现。如图 5-26 所示为美人肩示意图。

价格

股价经历盘整后呈现上
涨走势，并在其中形成一
个圆弧形的走势，随后加
速上涨。

时间

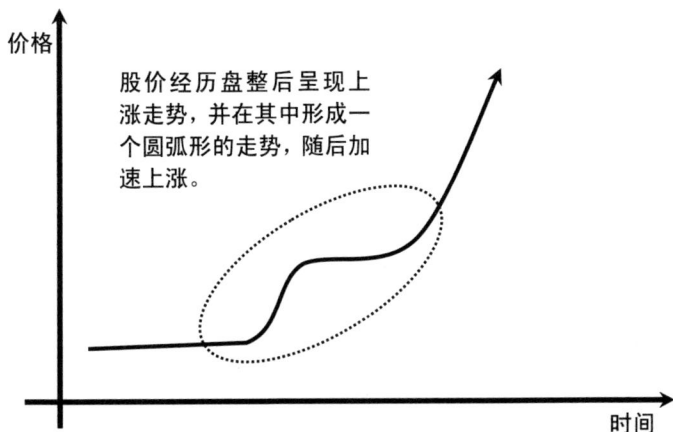

图 5-26　美人肩示意图

从图 5-26 中可以看出，美人肩是由股价发展过程中某个时间段内的 K 线组成的，表示主力资金对该股非常看好，不想给其他人逢低吸入的机会，同时也表明在市场上的浮动筹码极少，后期拉升快而易，其特征如下。

◆　股价前期经历一段时间低位盘整，但必须要有成交量放大的特性。

◆　5 日均线和 10 均线要来回不断地形成金叉和死叉，相互纠缠。

◆　K 线在开始拉升时的走势必须呈现拱形，有一定的弧度，否则就不能被判断为美人肩。

◆　K 线必须在 60 日均线之上，能悬空最好；如果走势非常强劲，K 线在 30 日均线以上悬空，则后期上涨可能更强。

『操作策略』

美人肩的形成是有一定的过程的，在整个过程中都会有很多操作的机会，具体如下。

◆　当股价在盘整期开始放量的时候，投资者就可以适当买入，但这是最普通的买入信号，与美人肩形态无关，因为此时还并没有形成形态。

◆　股价上冲并形成一个拱形肩部，在拱形形成并开始有走平趋势时，形态已经确定，此时为最佳买入时机。

◆　当拱形肩部形成并开始放量拉升时，是最后的买入时机，如果此时错过了，那么盲目追涨的操作手法就不可取了。

『分析实例』

华媒控股（000607）——美人肩形态迎来大涨行情

▼实战图谱

如图 5-27 所示为华媒控股在 2016 年 6 月至 12 日的 K 线图。

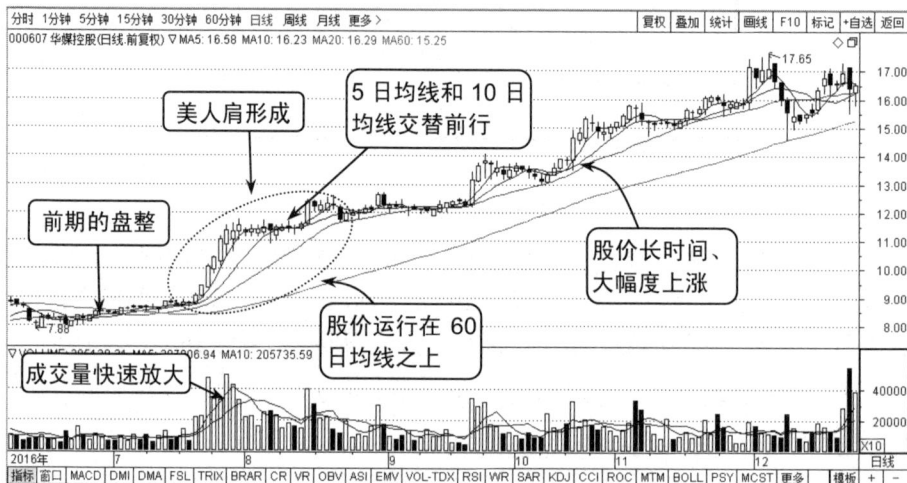

图 5-27　华媒控股中美人肩形态

▼盘面解析

从图 5-27 中可以看出，该股在 7 月中旬以前，都在 8 元至 9 元的价格区间震荡徘徊，成交量也保持在一个相对稳定的水平。

从 7 月下旬开始，股价开始快速上冲，成交量也连续放大，连续近 10 天的收阳，使股价快速上冲到 11 元以上，随后开始走平，但并没有向下的趋势，同时成交量也保持在一个相对较高的水平。结合前期股价长时间的低位整理，可以看出这里有很大可能是主力在大力建仓。

由于主力不愿意拉低股价来吸筹，使得 K 线图在这段吸筹操作的期间形成一个拱形走势，初具美人肩的形态。同时我们可以从图中看出，这段时间内 K 线一直运行在 60 日均线之上，且悬空力度非常大。

而在股价形成拱形走势的时候，5 日均线和 10 日均线开始逐渐缠绕前行，形成多个金叉与死叉。同时，成交量也一直较为活跃，进一步确认了美人肩形态的形成。

在此形态中，当投资者在盘整后的放量上攻之时，就是最佳的买入时机。

如果错过了这个时间点，也可以在 K 线图形成拱形，并且成交量居高不下，同时股价暂缓上冲的时候买入，之后即可享有一段长时间的上涨。

从图中可以看出，即使错过了最初的启动阶段，而在美人肩形态形成时的 12 元附近买入，等到 12 月初时，已经上涨到 17 元附近。两个月时间，累计上涨超过 40%。

第61项　黄金坑

『形态特征』

黄金坑很多时候又被称为"散记坑"，它是主力在最后拉升前的最后一次洗盘，坑杀无数散户。如图 5-28 所示为黄金坑示意图。

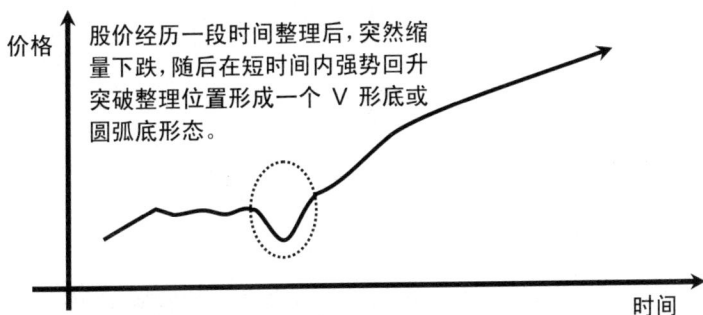

图 5-28　黄金坑示意图

黄金坑的作用是主力将洗盘期间未能清理出局的散户做最后的清理，为最后的拉升做准备。根据坑底的形态可将其分为强势、中势和弱势 3 种。

强势坑通常呈 V 形底形态，下跌和拉升都来得非常快且动作幅度也非常大，经常在坑底的两侧出现跳空缺口。中势坑相对较为缓和，通常在坑底形成 W 底形态，但持续时间不会很长。弱势坑以圆底形态最为常见，下跌幅度不大，但持续时间较长。

无论哪种黄金坑，都应具有如下特征。

◆ 股价经过一段时间的横盘震荡，向下跌破盘整区，但下跌幅度不会太大，一般在 10%～20%。跌幅过小达不到坑杀散户作用，而跌幅过大会对后期的拉升造成压力。

◆ 黄金坑出现时一般都有加速下跌的趋势，使得大多数指标都发出卖出的信号，如常用的 MACD、KDJ 或均线等。

◆ 黄金坑用于洗清最后的浮动筹码，故坑底成交量应该非常小，如果没有明显的缩量，则表示主力控盘无力，很可能悄悄撤走。

◆ 股价回升时，必须快速放量突破前期的整理区间，以一根大阳线突破为佳。

『操作策略』

只要能正常判断黄金坑形态，操作起来就会显得非常简单了。在黄金坑中主要有两个买点。

◆ 坑底的长下影线：一般的黄金坑在挖坑低点都会出现长下影线 K 线，这是很多反转形态都会有的底部形态，这是黄金坑最好的切入时机。

◆ 股价回升到坑口：黄金坑完成后会快速放量拉升，快速回到下跌之前的位置（坑口），这也是一个绝佳的买入时机，在此之后股价将迎来一大波上涨行情。

『分析实例』

亿帆医药（002019）——短暂黄金坑的强烈暴发

▼实战图谱

如图 5-29 所示为亿帆医药在 2017 年 5 月至 9 月的日 K 线图。

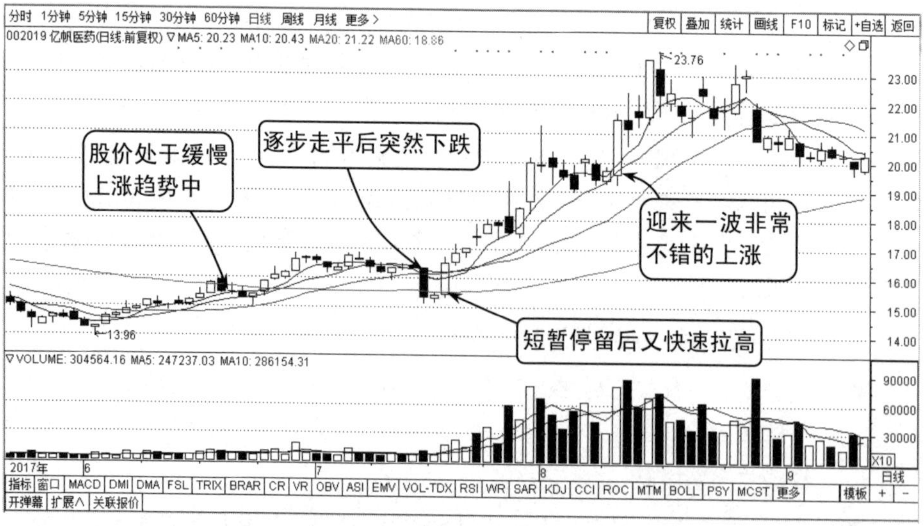

图 5-29 亿帆医药 2017 年 5 月至 9 月的走势图

▼盘面解析

从图中可以看出，亿帆医药从6月初开始步入上涨行情中，经过一个月的缓慢上涨，股价从14元附近上涨到接近17元，但在此位置受阻开始了一个较为平缓的整理过程，此过程持续了半个多月时间。

7月17日，股价突然放量下跌，快速穿破60日均线，但好在次日并没有明显的下跌，而是收出一根小阳线，止住了下跌趋势。在7月19日，股价再次放量上冲，一举突破了17日下跌之前的最高价，在此形成一个黄金坑形态。

如果投资者能够在股价18日的小阳线时买入，或者在19日股价冲高超过前期高点位置时果断介入，均可享受后面的这一波大涨行情。从7月20日开始到8月17日的21个交易日中，股价从16.5元附近上涨到23元以上，区间涨幅超过39%。

第62项　金足底

『形态特征』

金足底也是一种较为常见的低位启动 K 线组合形态，如图 5-30 为金足底形态的示意图。

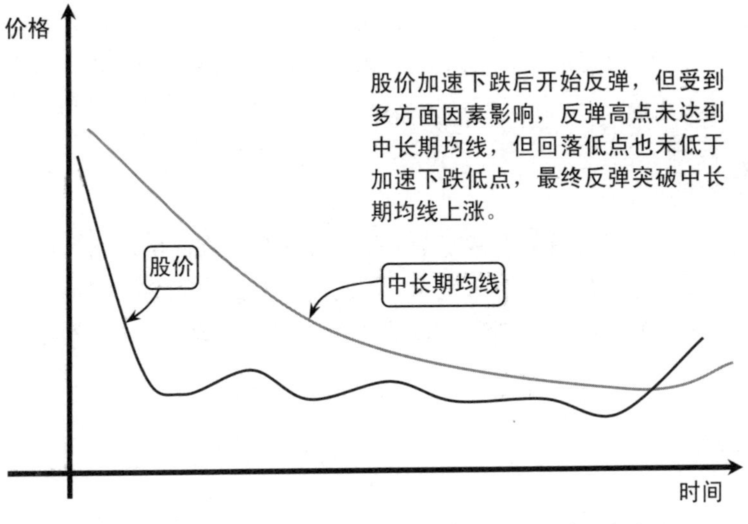

图 5-30　金足底示意图

金足底的形成多数时候是庄家操作的后遗症，但也是下一波上涨行情的低位启动信号。

大多数时候，庄家在出货到一定程度后都会有一个加速下跌的动作，而快下跌到一个较低点后受到市场其他筹码的支撑而反弹，反弹到中长期均线处又会受到阻力而继续下跌，但下跌的低点不会太过低于前次加速下跌的低点。

如此往复，在中长期均线的压制下，股价逐步向下，并且波动空间越来越小，如果此时突然有放量向上突破现象，那么金足底形态就形成了。当放量向上突破压制线时，就是下一波上涨行情的开始。

具体而言，金足底形态可分为足跟、足背、足掌和足尖几个部分，其主要特征如下。

◆ **足跟**：股价加速下跌的最低点，越深越好，为金足底形态的形成打下坚实的基础。

◆ **足背**：一般以60日均线为参考。股价在深跌形成足跟后就会进入反弹与回调交替进行的一个整理阶段，每次反弹的高点不能有效超过60日均线，否则形态不能成立。

◆ **足掌**：在反弹与回调过程中的几个回调低点的连线。回调的低点不能低于足跟的最低点，要有掌高于跟的优美姿态。

◆ **足尖**：整个形态完成，寻找突破的位置，通常是股价放量突破60日均线的位置。

金足底形态属于一种中长期低位启动形态，其形成过程通常需要在一个月以上，整个过程中成交量要满足量价同步的规律，而最后突破形成足尖的时候，要连续放量上冲。

『操作策略』

金足底的形成过程看似非常复杂，但其操作却非常简单，因为只有到最后足尖形成的时候才能确定形态的完成，因此最佳的操作机会只有一个，那就是在连续放量且突破60日均线时介入，也就是在足尖形成的时候，就是最好的买入时机。

『分析实例』

康尼机电（603111）——金足底踢出来的上涨行情

▼实战图谱

如图5-31所示为康尼机电2016年11月至2017年10月的K线图。

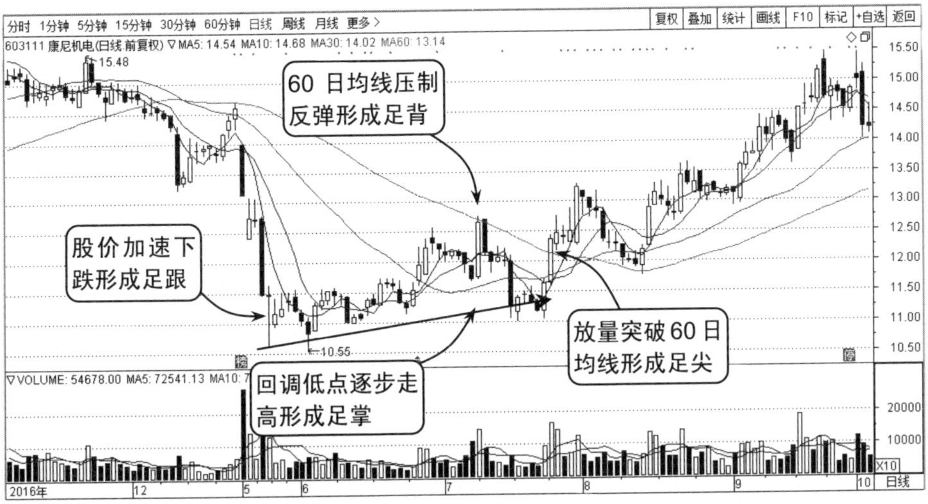

图 5-31　康尼机电 2016 年 11 月至 2017 年 10 月的 K 线图

▼盘面解析

从图中可以看出，康尼机电从 2016 年 11 月起，从 15.5 元附近开始下跌，在下跌到 14 元附近时突然加速探底，最终在 11 元附近止跌企稳，随后开始了不断的反弹与回调过程。

在整个反弹与回调的过程中，反弹的最高点始终未能超过 60 日均线，而回调的低点也是一波高于一波，始终未能低于 11 元的足跟位置，这已初步具有了金足底形态的一些特征。

再看这一过程中的量价关系，可以明显地看出，当股价反弹的时候，成交量有所放大，而当股价回调的时候，成交量也相对缩小，做到了量价同步发展，这就基本确定了金足底形态的形成。

最后，在 2017 年 7 月 24 日和 25 日两天，股价突然放量上攻，收出两根大阳线，一举突破了 60 日均线的压制，至此金足底形态完全形成。当股价放量上攻且有效突破 60 日均线时，就是最佳的买入时机。

如果能在 12 元附近建仓跟进，在 9 月底时股价已上涨到 15 元以上，两个月时间可获得不低于 25% 的涨幅。

第6章

K线与成交量的配合分析

股票价格是由多空双方在不断买卖中产生的，有成交才有价格，有价格才有成交，所以价格和成交量是密不可分的，而我们在分析预测股价后市的走势时，也常常需要结合成交量，在本章我们就将成交量与价格的关系进行一个单独的分析。

✧ 天量天价	✧ 脉冲式放量
✧ 地量地价	✧ 价量同增
✧ 放量上涨	✧ 价增量平
✧ 放量下跌	✧ 价增量减
✧ 缩量上涨	✧ 量增价减
✧ 缩量下跌	✧ 量平价减
✧ 堆量上涨	✧ 量减价减

一、成交量与 K 线的关系

成交量与股价的关系是相伴而生的，而 K 线又是根据股价绘制出来的，因此成交量与 K 线的关系也是密不可分的。在实际的 K 线图中，有些成交量的变化非常有特色，这里就来分析一些很特别的量价关系。

第63项 天量天价

『形态特征』

股价在运行过程中，突然出现价格的大幅跳高，同时成交量也远大于近段时间每个周期的成交量，如图 6-1 所示。

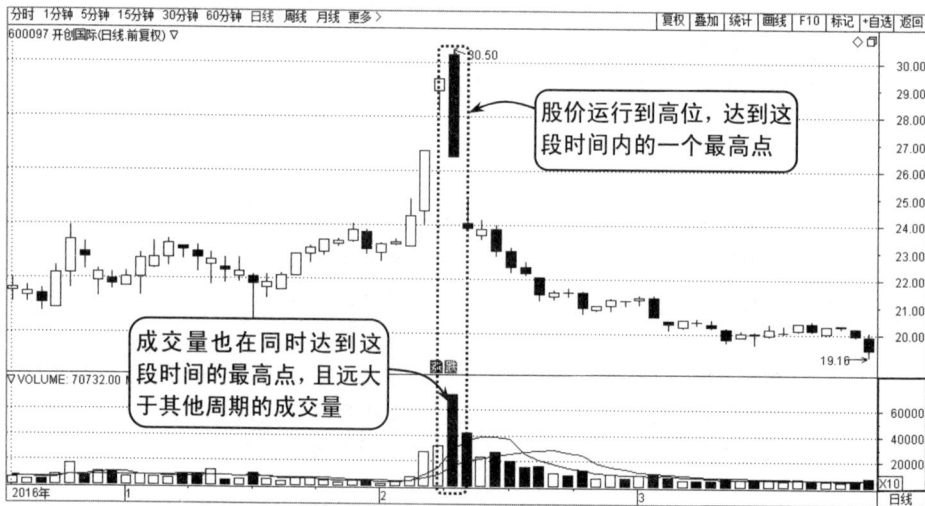

图 6-1 天量天价

天量天价是一个相对概念，没有绝对的天量，也没有绝对的天价。正常情况下，天量应该是历史以来的最大量，天价也是历史以来的最高价，但我们在分析时，通常以最近一段时间的最高价远大于其他价格，且同时成交量也远大于其他时候的成交量来判断。

『操作策略』

天量天价是典型的见顶出逃信号，一旦发现这种情况，表示主力已经出逃，股价将大幅跳水，投资者应及时全仓出局，即使割肉也在所不惜。

『分析实例』

中昌数据（600242）——更名后的天量天价带来大幅跳水

▼实战图谱

如图6-2所示为中昌数据在2016年8月至2017年4月的K线图。

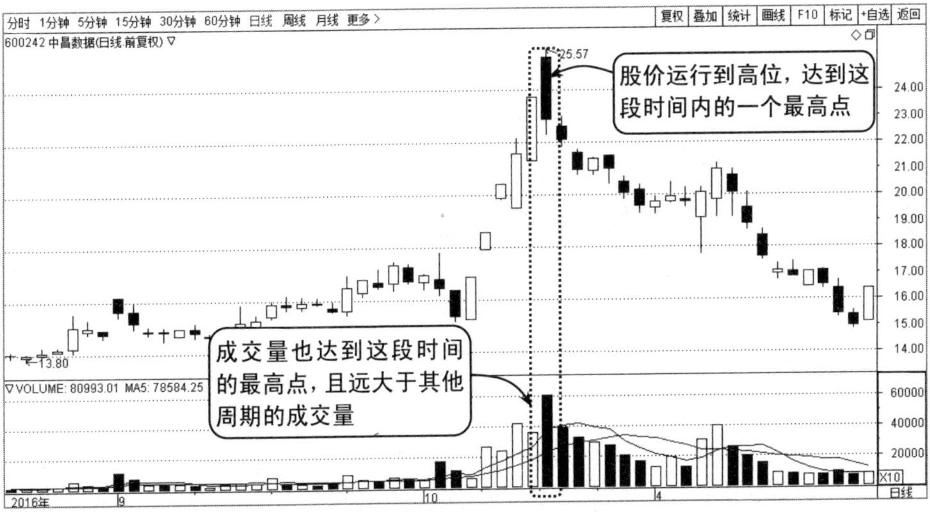

图6-2　中昌数据日K线图

▼盘面解析

从图6-2中可以看出中昌数据前期的走势较为平稳，到2016年11月10日停牌，随后完成更名和资产重组，于2017年3月13日以中昌数据为新名，重新开盘。在经过两天的下跌之后，出现连续4个交易日的涨停，将股价从15元附近直接拉到了25元附近，7个交易日内股价上涨超过60%。

在3月23日，股价高开低走，收出一根大阴线，而当日最高价创出历史新高，同时成交量也创出历史新高，形成标准的天量天价形态，预示着股价已经见顶，投资者应快速出逃。随后股价开始了快速下跌过程。

第64项　地量地价

『形态特征』

股价运行到一段时间的历史最低价，同时成交量也远小于近段时间每个周期的成交量，如图 6-3 所示。

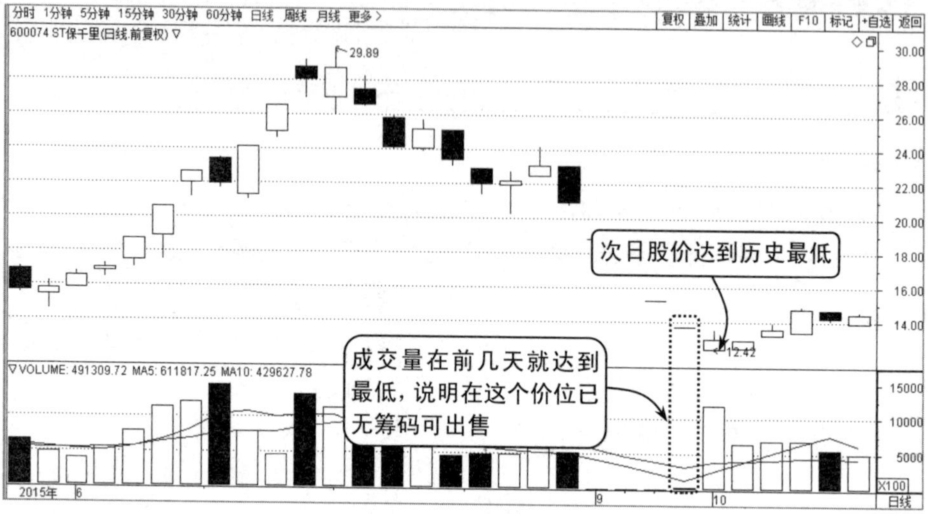

图 6-3　地量地价

地量地价也是一个相对概念，没有绝对的地量，也没有绝对的地价。正常情况下，地量应该是历史以来的最小量，地价也是历史以来的最低价，而未来价格的发展并不是我们能控制的，所以说它只是一个相对概念。

地量地价很难出现在同一天，在实际 K 线中经常再现为股价在下跌途中成交量逐步缩小，直到缩量到非常小的位置，此时股价可能还不是最低，而是在随后几个交易日内达到历史最低，但此时的成交量可能不是最低。

『操作策略』

与天量天价相反，地量地价是典型的见底反转信号，它显示股价已经达到当前能下跌的最低点，已经跌无可跌了。

一旦发现这种情况，表示空方力量已经耗尽，股价可能迎来一轮新的上涨行情，投资者应及时建仓跟进或加仓待涨。

『分析实例』

📉 南纺股份（600250）——下跌后期的地量地价带来绝地反击

▼实战图谱

如图 6-4 所示为南纺股份在 2016 年 11 月至 2017 年 6 月的 K 线图。

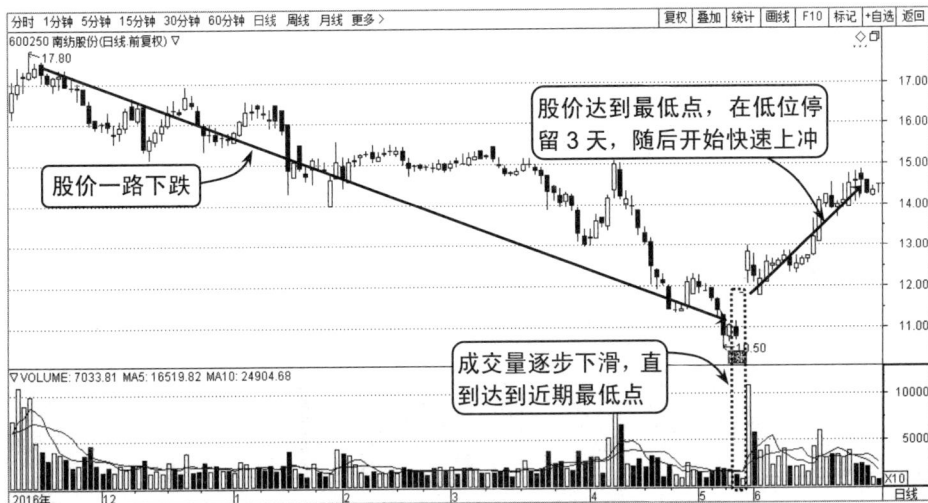

图 6-4　南纺股份日 K 线图

▼盘面解析

　　从图 6-4 中可以看出，南纺股份从 2016 年 11 月中旬开始步入了下跌行情中，股价一路波动向下，持续到 2017 年 6 月份，从 17 元以上下跌到 11 元以下，漫漫熊途表现得淋漓尽致。

　　在 5 月初股价开始加速冲底，在 5 月 8 日时股价达到了一个历史最低点，随后两天股价保持在最低位置运行，5 月 11 日开始停牌，此时的成交量在 3 天的低位徘徊中，已经达到了一个地量状态。

　　单从形态上来看，此时股价已经见底，可以准备入手了，但此时该股处于停牌状态，还得随时关注该公司的发展状态来定。

　　5 月 26 日复牌后，股价直接以涨停价开盘，并维持在涨停价直到收盘，当日收出一根一字线，表示买入意愿异常强烈，是很好的看涨信号。此后股价开始了一轮不错的上涨行情。

第65项　放量上涨

『形态特征』

　　股价呈现上涨状态，同时成交量也逐步放大，这就是最好的量价配合状态，如图 6-5 所示。

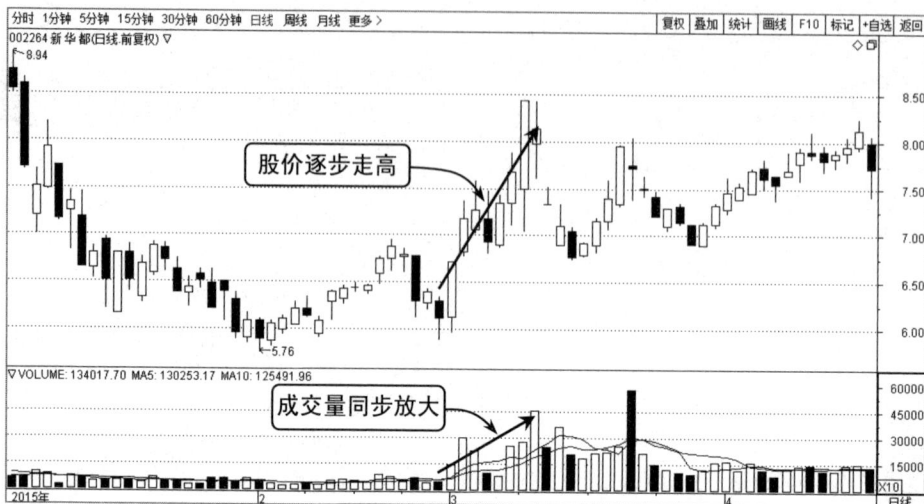

图 6-5　放量上涨

放量也是一个相对概念，一般指在某个时间段内，成交量与其过去一段时间的成交量相比，有明显增大的迹象。

放量上涨是指在成交量逐步增大的时候，股票价格也在逐步提高，提高的幅度并没有明确要求，只要呈现上涨趋势即可。

『操作策略』

放量的情况通常是一部分投资者看空后市，不断抛售手中筹码，但同时又有很大一部分人对后市非常看好，大把吸筹，于是就形成了很多人卖、很多人买的情况，这需要处于一种买卖双方争议非常大的状态下才可以形成。

但需要注意的是，放量的情况很多时候可以作假，比如庄家利用自己手中的筹码对敲，也可以形成虚假的放量现象。

如果成交量在放大的时候，价格在上涨，就需要根据此时股价所处的位置进行相应的买卖操作了。

◆ 放量上涨出现在股价下跌到一定深度的末期或者刚刚在低位启动时，是很好的买入信号，特别是放量上涨伴随的是突破底部反转形态时，其看涨买入信号更加强烈。

◆ 放量上涨出现在股价上涨到一定高度以后，就需要注意，庄家主力在高位故意拉高出货了。如果是突然放量，且放量幅度很大，但价格又没有明显的提高，就应注意随时减仓出局了。

『分析实例』

⚡ 天成自控（603085）——低位的放量上涨是股价启动的征兆

▼实战图谱

如图 6-6 所示为天成自控在 2017 年 4 月至 9 月的 K 线图。

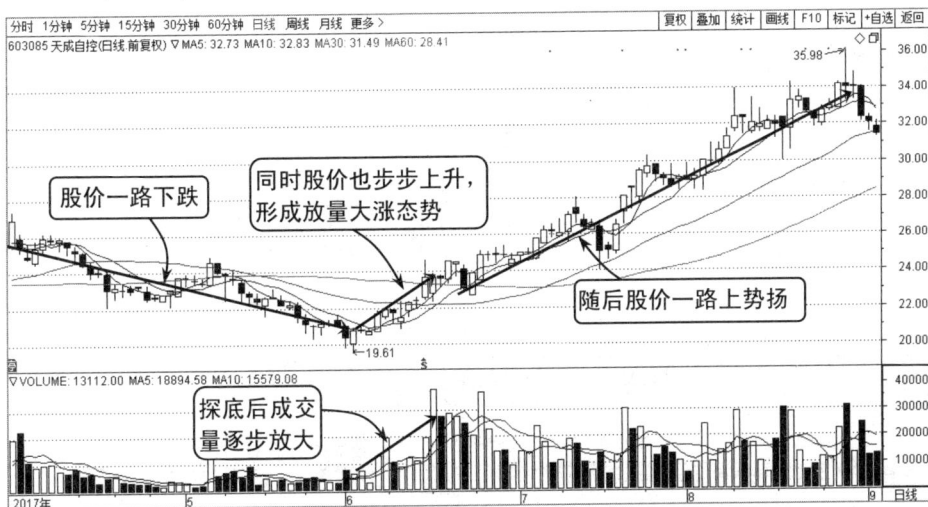

图 6-6　天成自控日 K 线图

▼盘面解析

从图 6-6 中可以看出，天成自控从 2017 年 4 月开始步入下跌行情中，到 6 月 2 日，股价最低达到 19.61 元，创出历史新低，股价有企稳止跌的态势。

随后两个交易日都是缩量收出小阴线，股价整体趋于平缓，从 6 月 7 日开始，股价由跌转涨，同时成交量也不断放大，形成很好的量价配合态势。

放量上涨出现在股价由跌转涨的初始位置，结合该股历史走势可以发现，这时候股价正处于一个非常低的位置，因此此时的放量上涨是很好的看涨买入信号。该股的放量相对温和，并不是那种异常的放量，因此其可信度更高。

在放量上涨启动以后，有一个小幅度的回调过程，如 6 月 22 日和 23 日这两个时间买入是最佳的机会，此后股价一路上涨，从 19.61 元直冲 35.98 元高点。3 个月时间上涨幅度超过 83%。

第66项　放量下跌

『形态特征』

与放量上涨相反，放量下跌是指股价在不断下跌，成交量却在不断放大，如图 6-7 所示。

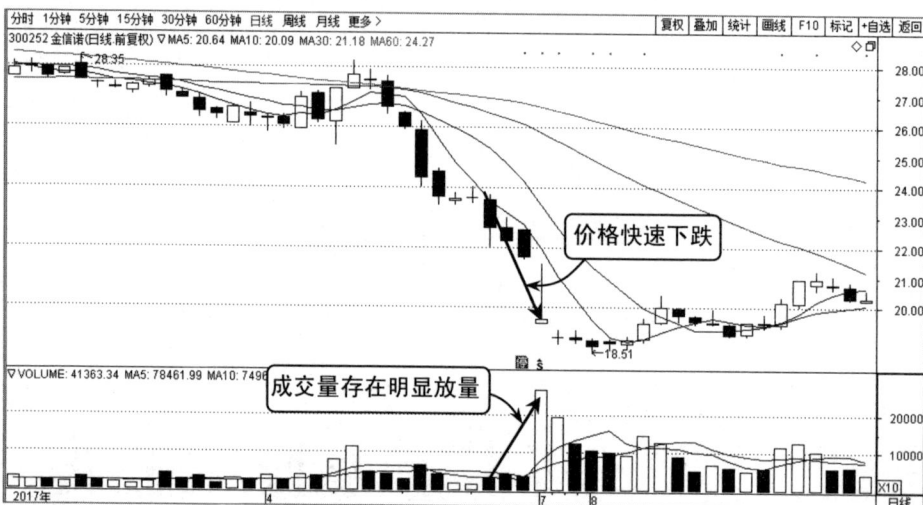

图 6-7　放量下跌

『操作策略』

放量下跌往往是大多数投资者对市场不看好的表现，但它出现在不同的位置，也代表了不同的意义。

◆　放量下跌出现在上涨的末期，是股价进入熊市的征兆，投资者宜快速清仓出逃。

◆　放量下跌出现在下跌途中或股价低位，往往是加速探底的信号，投资者可关注股价动向，随时准备入场。

『分析实例』

海欣股份（600851）——放量下跌探底后的快速反转

▼实战图谱

如图 6-8 所示为海欣股份在 2017 年 4 月至 8 月的 K 线图。

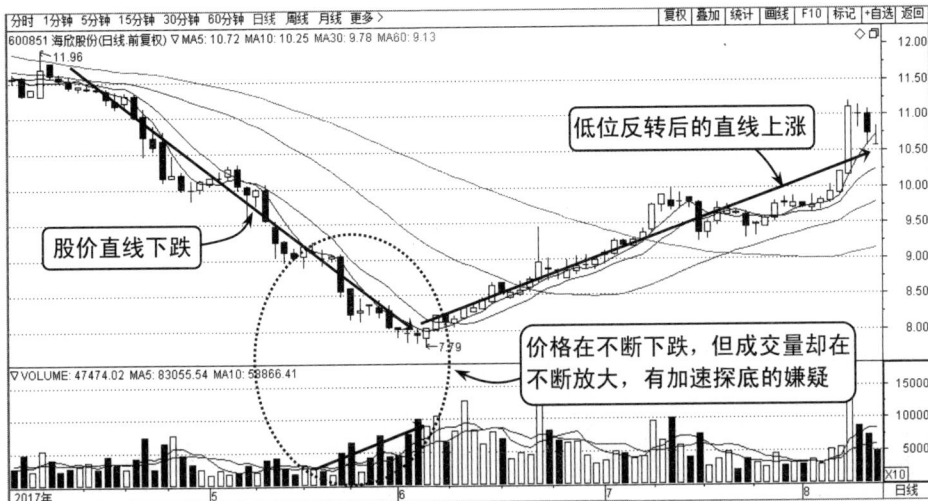

图6-8　海欣股份日K线图

▼**盘面解析**

从图6-8中可以看出，海欣股份从2017年4月开始走出了一波直线下跌的走势，股价从11.96元附近下跌到了7.79元附近。

从5月下旬开始，成交量出现了不断放大的情况，而此时的股价还在不断下跌，有了加速探底的嫌疑。

从6月1日开始，连续收出多根带下影线的小K线或十字线，且下影线的低点位置相差都不大，但成交量在增加，说明多方的承接力度在加大，很可能在此处形成底部反转。

6月6日和7日的两根放量阳线，带来了上涨的曙光。到6月9日，均线也首次形成金叉，买入信号出现，投资者可以在此位置及时跟进。

随后股价一路上涨，基本保持着直线向上的运行轨迹，直到7月中旬以后，有了第一次的上涨途中的整理，但整理完成后继续上涨。如果投资者能把握这个底部反转的机会，将会收到丰厚的回报。

第67项　缩量上涨

『**形态特征**』

股价在不断上涨，而对应的成交量却在不断缩小，即出现了缩量上涨的情况，如图6-9所示。

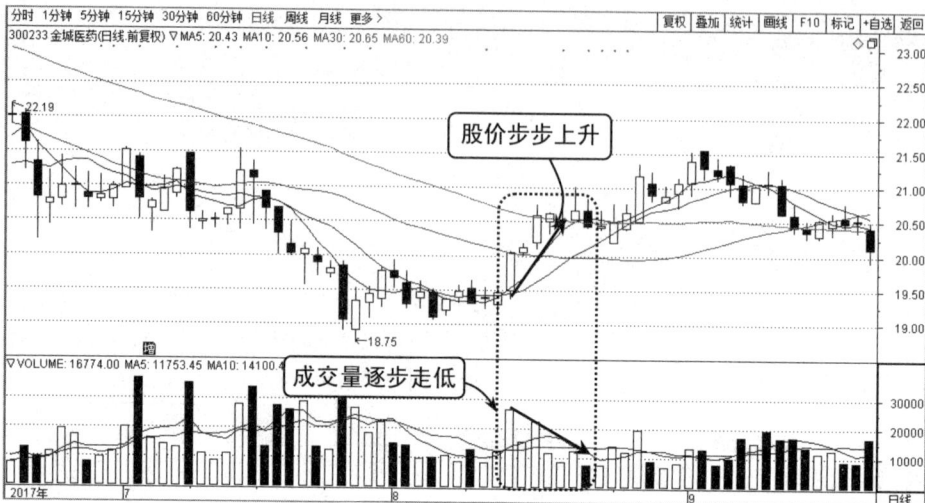

图 6-9　缩量上涨

『操作策略』

　　无论什么时候，量能的萎缩都代表了市场交投意愿不强烈，股价短期没有太大的变化，但也需要根据实际情况区别分析。一般情况下，缩量上涨所代表的意义和操作方法如下。

◆　一字线的缩量上涨，说明主力提前得知利好消息，在集合竞价时就已经介入，以涨停价购入，而持股者也同时看好后市不愿卖出，自然造成缩量，这是股价走强的征兆，投资者宜择机买入。

◆　股价下跌到很低的位置，持股者不愿再割肉，抛压异常小，多方可以使用少量筹码轻松拉高股价，从而形成缩量上涨，这是见底反转信号，投资者可以在其他指标支持的情况下买入。

◆　如果缩量上涨的情况持续的时间较长，说明主力控盘程度较高，如果此时股价处于低位，可买入；如果处于高位，则需要谨慎对待，随时准备卖出。

『分析实例』

　　阳光股份（000608）——缩量上涨也可能是走向牛市的信号

▼实战图谱

　　如图 6-10 所示为阳光股份在 2016 年 1 月至 12 月的 K 线图。

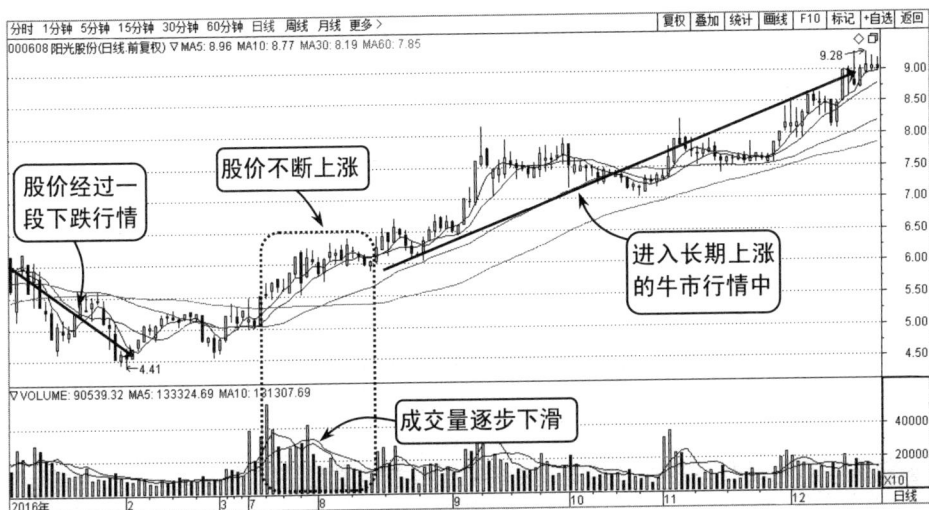

图 6-10 阳光股份日 K 线图

▼盘面解析

从图 6-10 中可以看出，阳光股份在 2016 年 1 月开始有一轮下跌的情况，最低达到了 4.41 元。对比该股的历史走势可以发现，价位已经处于一个非常低的位置了。

随后股价开始有了止跌反弹的迹象，特别是 7 月 18 日的一根涨停放量大阳线，成功穿破了 5 日、10 日、20 日和 60 日均线，这是异常明显的看涨信号。

随后股价开始缓慢上涨，但成交量却出现了逐步缩量的情况，而此时的股价发展是异常温和平稳的，显示出主力控盘力度较高，后市有继续上涨的可能。投资者可以在 20 日均线上穿 60 日均线形成金叉时买入。

随后股价一直波动向上，虽然没有惊心动魄的大起大落，但在不断波动前行的过程中也在不断抬高，这种上涨持续了半年时间，将股价从 4.41 元附近抬高到了 9.28 元附近，达到历史最高，出现翻倍行情。

第68项 缩量下跌

『形态特征』

股价在下跌的过程中，成交量相对于前几日明显缩小，这就形成了一种缩量下跌的情况，如图 6-11 所示。

图 6-11　缩量下跌

『操作策略』

　　缩量下跌是一种非常常见的形态，它并不会有太强的市场走向指示，投资者宜采取观望态度为佳，或通过其他指标决定是否买卖。

『分析实例』

天业通联（002459）——持续的缩量下跌是漫漫熊市的开端

▼实战图谱

　　如图 6-12 所示为天业通联在 2017 年 3 月至 12 月的 K 线图。

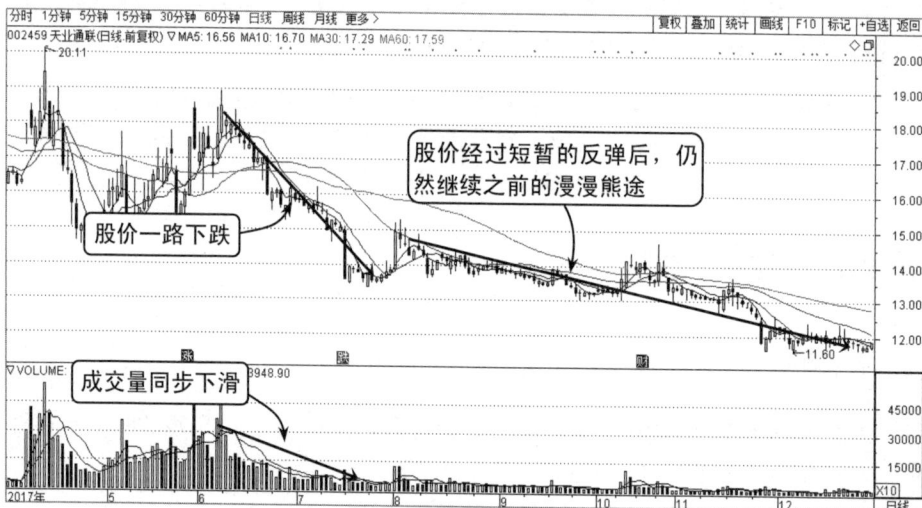

图 6-12　天业通联日 K 线图

▼盘面解析

从图 6-12 中可以看出，天业通联在 2017 年 4 月 11 日达到一个相对高点，随后经过回调和反弹，反弹的高点未能达到 4 月 11 日的高点，形成一个非常重要的阻力位。

从 6 月 8 日后，股价再次掉头向下，同时成交量也由高逐步走低，形成了高位缩量下跌的行情，但这并不能很好地预测未来的发展趋势。而在 6 月份这个周期内，短期均线纷纷下穿中长期均线形成死叉，这就是一个非常重要的熊市来临信号，投资者宜减仓出局。

在 7 月底，股价出现了一波反弹行情，但并没有成交量的配合，仅在 8 月 1 日的交易中收出一根放量大阳线，但随后的一根放量阴线再次消耗掉了上冲的动能。

随后，该股进入了长时间的缓慢下跌走势，一直稳定的成交量也造就了一直稳定的下跌行情。

第69项　堆量上涨

『形态特征』

成交量在某一时间段时明显大于其他时候，呈现出密集的放大区域，如果此时股价处于上涨行情中，则形成堆量上涨行情，如图 6-13 所示。

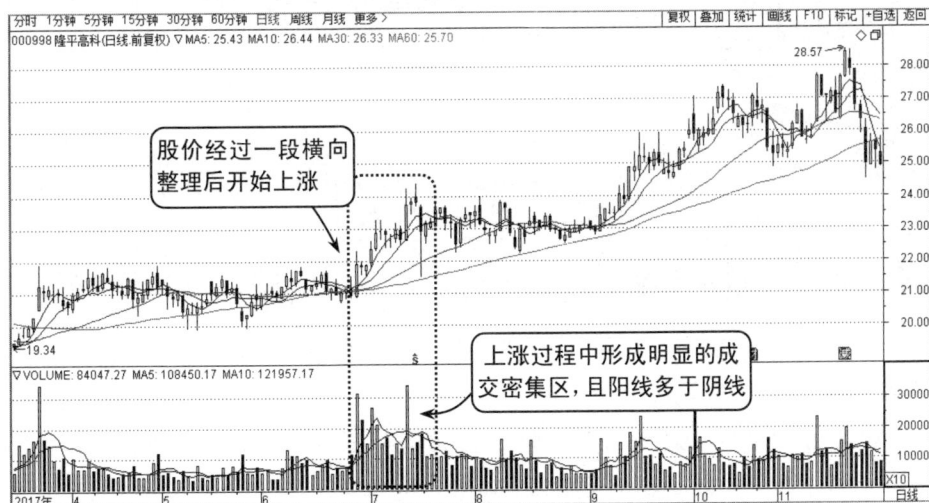

图 6-13　堆量上涨

『操作策略』

堆量的出现显示出股票成交非常活跃，出现这种情况，一般行情都会有较大的变化，操作时可把握以下要点。

◆ 堆量上涨出现在股价的高位区，通常是主力出货的体现，投资者宜空仓出局。

◆ 堆量上涨出现在股价的低位区，主力建仓概率较大，投资者宜买入做多。

◆ 堆量上涨出现在整理行情中或股价刚启动上涨的时候，后市看涨的概率较大，且堆量过程中阳线明显比阴线多时才可作为建仓信号。

『分析实例』

美锦能源（000723）——低位启动时的堆量上涨是牛市信号

▼实战图谱

如图 6-14 所示为美锦能源在 2016 年 2 月至 11 月的 K 线图。

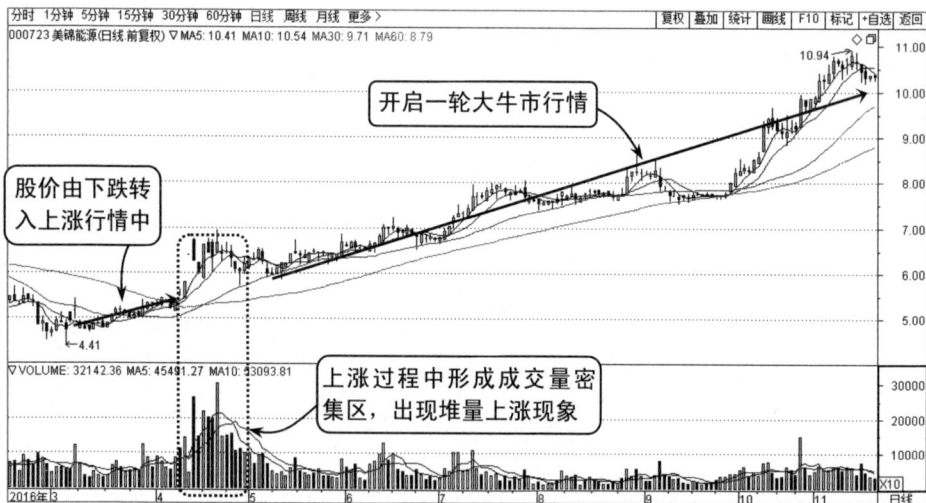

图 6-14　美锦能源日 K 线图

▼盘面解析

从图 6-14 中可以看出，美锦能源从 2016 年 3 月初开始由跌转涨，且涨势非常平稳。到了 4 月中旬，突然放量上涨，形成堆量上涨行情，且在堆量过程中阳线多于阴线，是很好的底部建仓信号。

结合股价所处的历史位置可以发现，当前股价处在一个相对较低位置，且是低部转涨的启动阶段，是可以建仓买入的。

随后，股价在 4 月下旬到 5 月初经过一个小幅度的回调之后，开始了长达半年多的平稳上涨。

第70项　脉冲式放量

『形态特征』

股价在运行过程中，某日或几日的成交量突然异常放大，次日或后几日又回到正常状态，如果循环即会形成脉冲式放量，如图 6-15 所示。

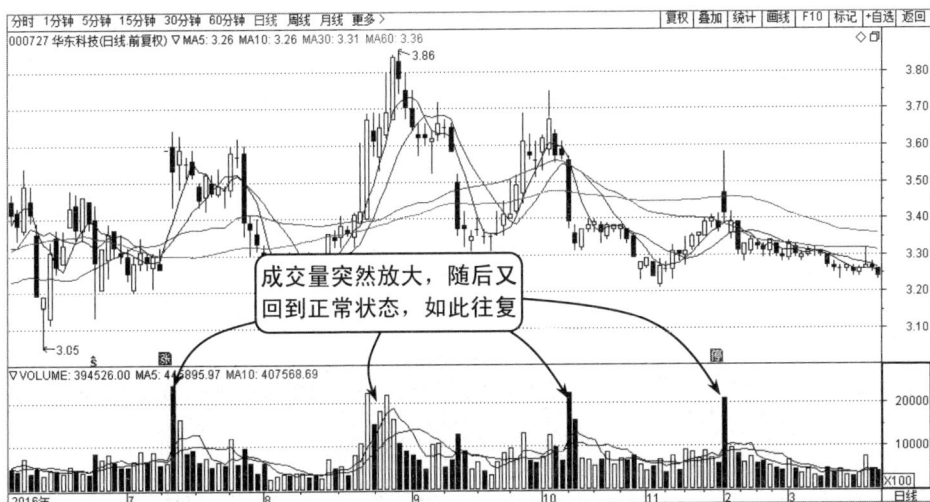

图 6-15　脉冲式放量

脉冲式放量是一种毫无征兆的单日或几日成交量异常，一般情况下，脉冲式放量时股价都是上涨的，且成交量可放大到正常水平的 4 倍以上。

『操作策略』

脉冲式放量打击了市场交投的连续性，对于这种成交量的异动，多数是由于庄家对倒导致的，它可以出现在股价发展的不同阶段，代表着不同的意义。

◆　上升趋势中的脉冲式放量多数是主力阶段性出货表现，投资者可采取高抛低吸的操作手法跟随主力操作。

◆　高位的脉冲式放量多为主力聚集人气准备出货，投资者宜尽快出场观望。

◆ 下跌途中的脉冲式放量多为主力和市场恐慌性抛盘所致，往往是大熊市来临的征兆，投资者宜及时出逃。

『分析实例』

冰轮环境（000811）——上涨高位的脉冲式放量是股价见顶信号

▼实战图谱

如图 6-16 所示为冰轮环境在 2016 年 7 月至 2017 年 12 月的 K 线图。

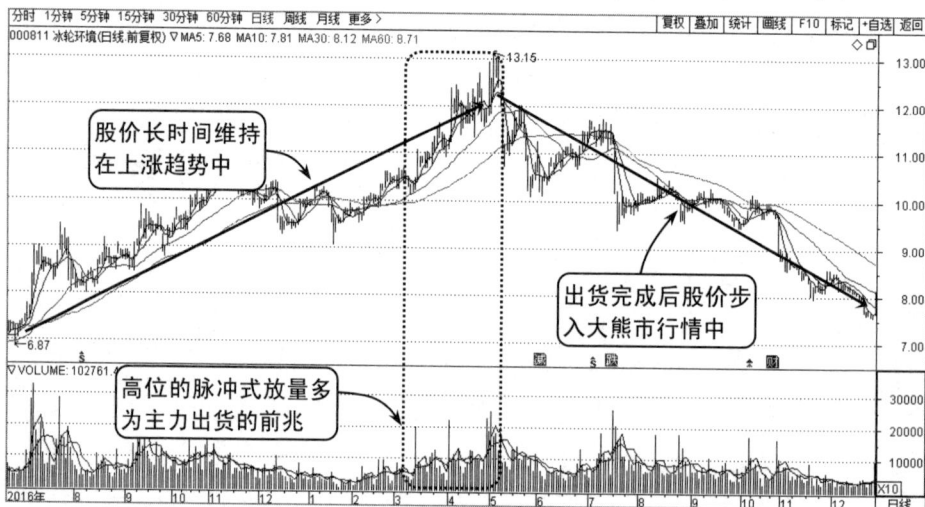

图 6-16　冰轮环境日 K 线图

▼盘面解析

从图 6-16 中可以看出，冰轮环境从 2016 年 7 月到 2017 年 5 月之间一直处于一轮上涨的大牛市行情中，股价从 6.87 元附近上涨到 13.15 元附近，上涨幅度非常可观。

2017 年 3 月 14 日和 4 月 5 日，股价两次异常放量上涨，次日成交量又再次回到正常状态，这就有了高位脉冲式放量的征兆，投资者应引起足够的重视。

4 月 27 日的一根放量小阴线，带有长长的上下影线，表现出交易异常活跃，价格波动幅度非常大，但最终价格并没有太大的改变，这很可能是庄家在对倒吸引人气。

随后的连续放量就是庄家出货的表现了，如果投资者未能捕捉到这个卖出信号，那么后市的下跌将让人非常绝望。

二、股价上涨的成交量分析

股价在上涨过程中，成交量也不一定随之上涨，上涨途中的不同成交量表现，也代表了不同的市场意义。

第71项　价量同增

『形态特征』

价量同增是指股价在上涨的时候，对应的成交量也与之同步上涨，与放量上涨有很多相似的地方，如图 6-17 所示。

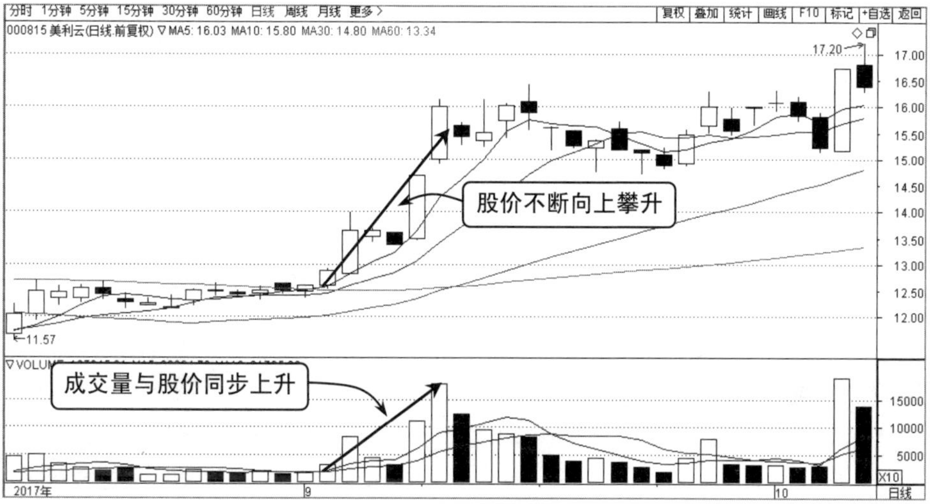

图 6-17　价量同增

『操作策略』

价量同增是市场看好、活跃的一种体现，大多数人对市场看好，参与的人越来越多，筹码供不应求，导致股价一路上涨。但也需要看该行情具体出现的位置，使用时可把握以下两点。

◆　下跌末期或上升初期的价量同增是市场看好的表现，投资者宜买入。

◆　上涨高位的量同增则很可能是庄家为了出货，故意激活市场热度，在拉高的过程中边拉边出货，一旦出货完成就是股价大幅下跌的时候，投资者此时不可盲目追涨，应根据其他指标判断是否买入。

『分析实例』

郑州煤电（600121）——下跌低位的价量同增启动了一轮上涨

▼实战图谱

如图 6-18 所示为郑州煤电在 2017 年 3 月至 9 月的 K 线图。

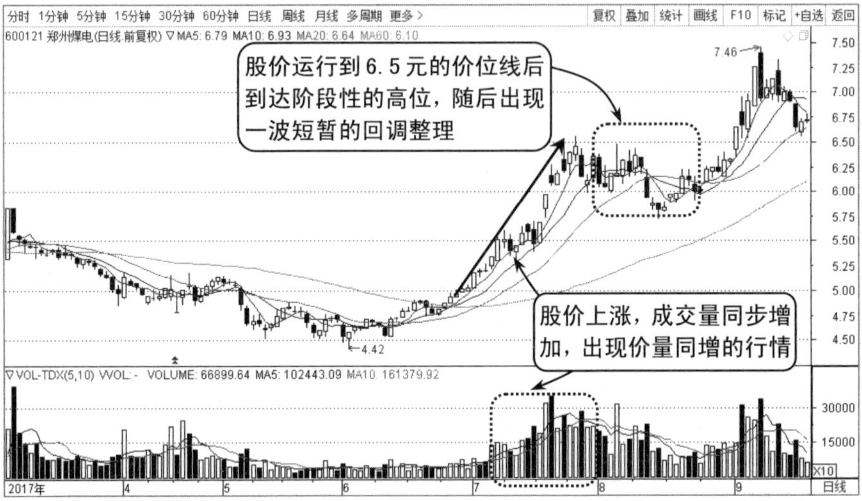

图 6-18　郑州煤电日 K 线图

▼盘面解析

从上图可以看出，郑州煤电在 2017 年 3 月到 6 月期间处于缓慢下跌的行情中，且成交量逐步缩小。到 6 月中旬，逐步止跌企稳，并有了向上反转的迹象。

6 月底的时候，短期均线向上穿过中期均线形成金叉，发出了看涨买入信号，随后股价不断上涨，成交量也逐渐放大，形成价量同增的行情。而此时股价所处的位置是一波下跌后的启动阶段，因此买入信号较为可靠。

随后股价一路向上，在 7 月底进行了一轮小幅的回调，但没有改变整个向上行情的趋势，上涨持续到 9 月上旬，涨幅相当可喜。

第72项　价增量平

『形态特征』

价增量平是指股价在上涨的过程中，成交量没有与之配合上涨，而是处于一个水平发展的状态，如图 6-19 所示。

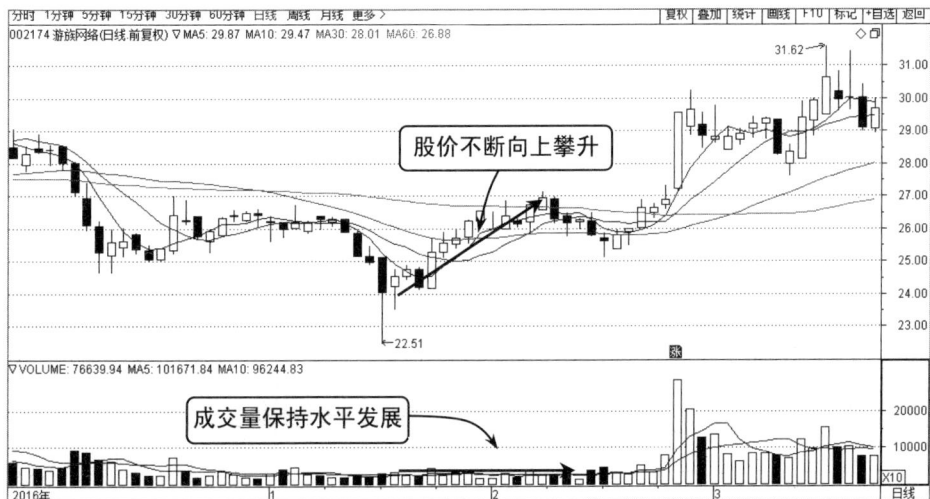

图 6-19　价增量平

『操作策略』

价增量平行情显示出市场惜售的心态，股价不断攀高，但持股者惜售，且场外投资者多采取观望态度，致使成交量始终不能放大，股价上涨幅度也不能明显拉起来。遇到这种情况，可按如下方法操作。

◆ 如果价增量平出现在股价的低位区，但持续的时间并不长，很可能只是昙花一现，投资者不宜盲目跟进，保持观望态度为宜。

◆ 如果价增量平出现在股价低位区或上涨途中，说明主力控盘程度极高，场外资金对成交量影响不大，股价后期上涨的可能性很高，投资者可以选择适当时候跟进。

◆ 如果价增量平出现时是涨停板，则说明惜售情绪很重，短期还有继续攀高的可能，投资者可短线买入。

『分析实例』

佛慈制药（002644）——低位的价增量平是一种筑底表现

▼实战图谱

如图 6-20 所示为佛慈制药在 2017 年 3 月至 11 月的 K 线图。

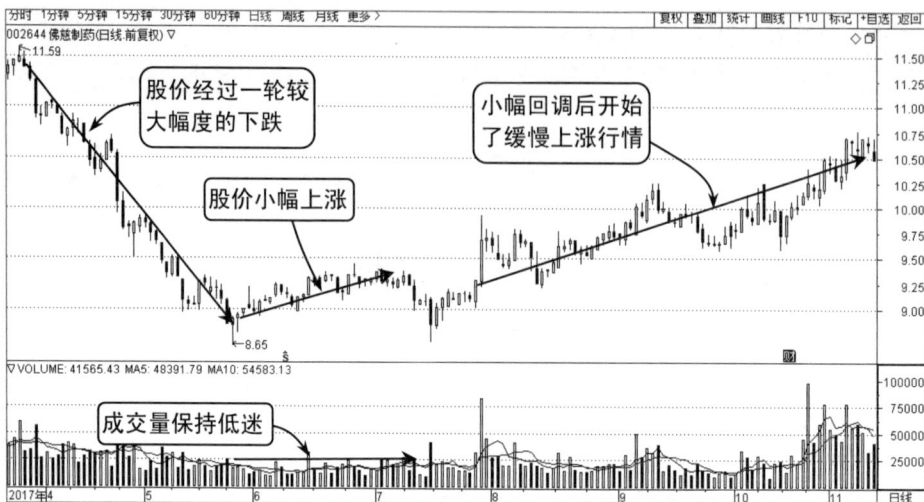

图 6-20　佛慈制药日 K 线图

▼**盘面解析**

从上图能看出，佛慈制药从 2017 年 3 月底开始了一轮快速的下跌行情，股价从 11.59 元附近快速下跌到 8.65 元附近。5 月 24 日，股价以很小的涨幅收出一根带长下影线的小阳线，形成类似金针探底的形态，随后股价开始反转向上。

观察成交量可以发现，当 K 线收出长下影线的小阳线后，成交量并没有随着股价的上涨而放大，反而保持在一个相对平稳的水平持续向前。这就与股价形成了价增量平的行情，而此时股价经过了一轮大幅下跌，因此可以视为一个低位筑底信号，投资者可以适当买入。

到达 7 月份时，股价出现了一轮回调行情，但回调的低点也是以一根带长下影线的中阴线结束，下影线的最低价与 5 月 24 日的长下影线最低价非常接近，说明此处是一个非常重要的支撑位，在反弹开始的时候，就是最佳的买入时机。

随后股价开始了一波非常不错的上涨行情，虽然上涨速度不是很快，但持续时间较长，直到 2017 年 11 月，上涨速度才有所减缓。

第73项　价增量减

『**形态特征**』

价增量减是指股价在上涨的过程中，成交量却在不断缩小，与股价的发展形成背离的形态，如图 6-21 所示。

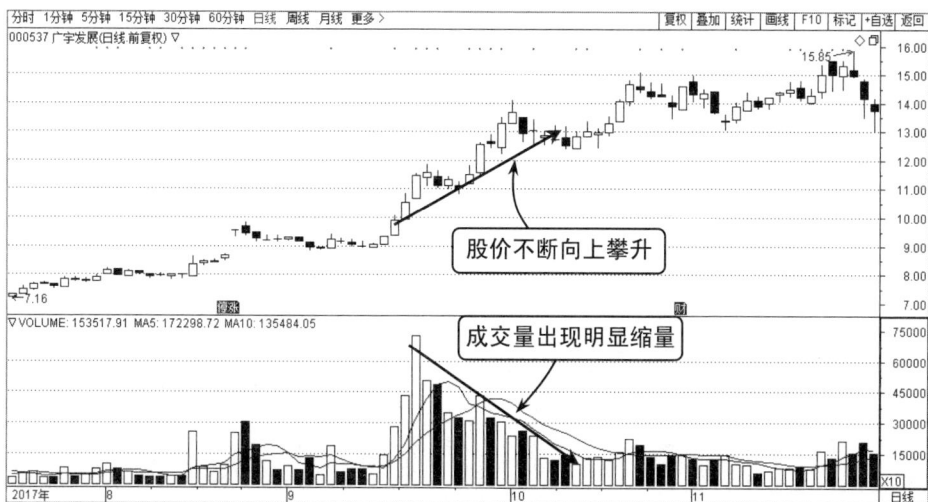

图 6-21　价增量减

『操作策略』

价增量减现象很多时候都出现在反弹行情中，显示出场外资金多为观望而场内成交低迷的情形。价增量减通常是行情不被看好的表现，但也需要根据实际的K线走势进行分析。

◆　如果价增量减是因为涨停板所致，表示多方意愿非常强烈，且已持股者非常惜售，场外资金无法进入，短期必有上涨。

◆　如果价增量减出现在普通行情中，则表示股价上涨乏力，投资者不宜盲目跟进，采取观望态度为佳。

◆　如果价增量减出现在相对高位，表示很多人已意识到超买现象，高位无人追涨，行情续涨无力，很可能出现反转。

『分析实例』

东北制药（000597）——高位价增量减后股价反转下跌

▼实战图谱

如图 6-22 所示为东北制药在 2017 年 1 月至 6 月的 K 线图。

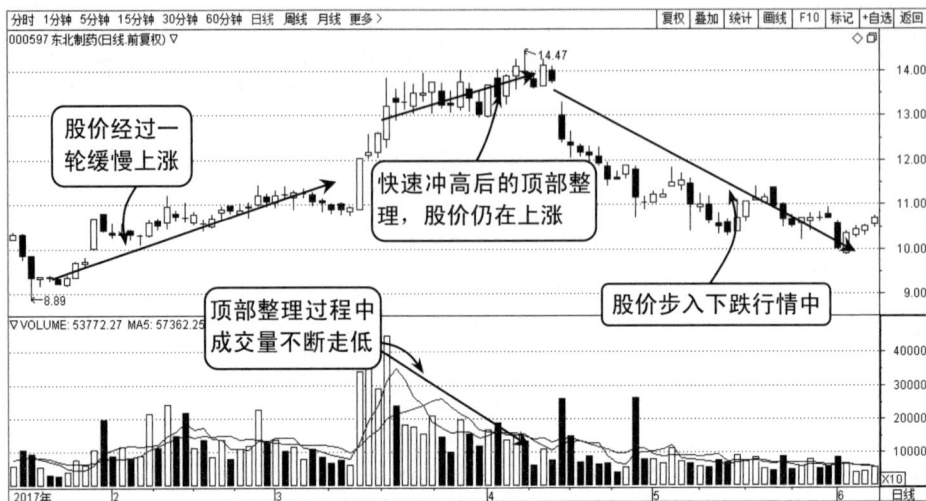

图 6-22　东北制药日 K 线图

▼盘面解析

从上图中可以看出，东北制药从 2017 年 1 月起股价步入了上涨行情中，前期上涨比较温和，成交量也同步温和放量，是一种很好的牛市表现。3 月 14 日，股价突然放量涨停，随后不断放量收阳，出现一种加速冲顶的形态。

随后股价维持在高位缓慢上行，虽然涨幅不大，但始终处于上涨行情中，而此时我们发现，股价在加速冲高以后，成交量开始快速缩减，与股价形成了价增量减的情况。

根据前期加速放量拉升可以判断，庄家在放量拉升的过程已经大量出货，后期的高位缩量整理已经将货出完，后市将迎来一波下跌行情。而该股随后的走势也证明我们的判断是正确的。

三、股价下跌的成交量分析

股价在下跌过程中，成交量也可能出现缩量、平整和放量的情况，不同的情况对股价后市的影响也有一定的判断力。

第74项　量增价减

『形态特征』

量增价减与放量下跌有相似之处，股价在下跌的时候，成交量却不断放大，如图 6-23 所示。

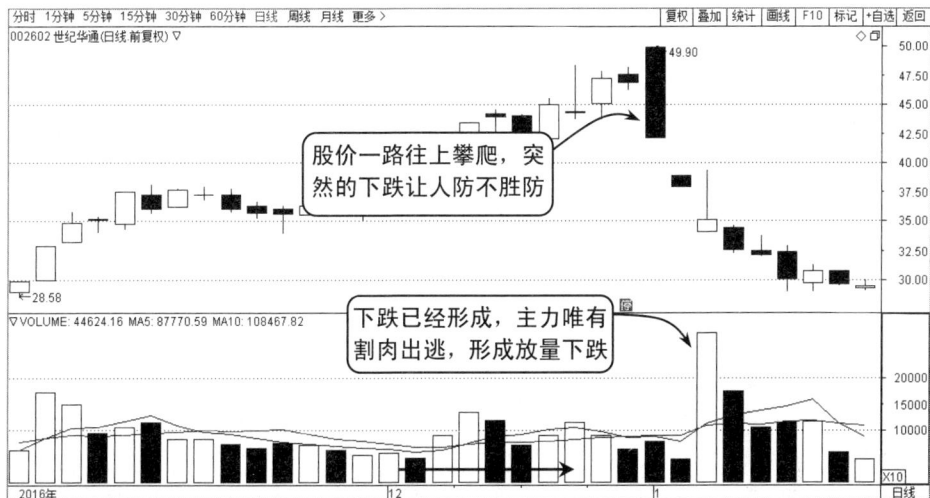

图 6-23　量增价减

『操作策略』

　　量增价减现象多出现在股价下跌的初期，说明价格的下跌被有些投资者认可，所以在下跌的过程中建仓买入，表现出买卖双方分歧的加大。散户和投资者遇到量增价减的情况，可按以下方法操作。

◆　如果量增价减出现在股价上涨的高位区，很可能是主力疯狂出逃所致，后市继续下跌的可能性大，散户应提前清仓出局。

◆　如果在长时间的缓慢下跌后突然出现量增价减情况，可能是低位主力入场所致，由于空方力量过强，主力不会立即拉升，短线继续看跌或盘整，散户应以观望为主。

◆　如果长期缓慢下跌之后，成交量有明显放大，但价格仍然在缓慢下跌，此时多为低位筑底行情，散户可择机买入。

『分析实例』

　　东方时尚（603377）——下跌低位的量增价减是行情反转信号

▼实战图谱

　　如图 6-24 所示为东方时尚在 2017 年 7 月至 12 月的 K 线图。

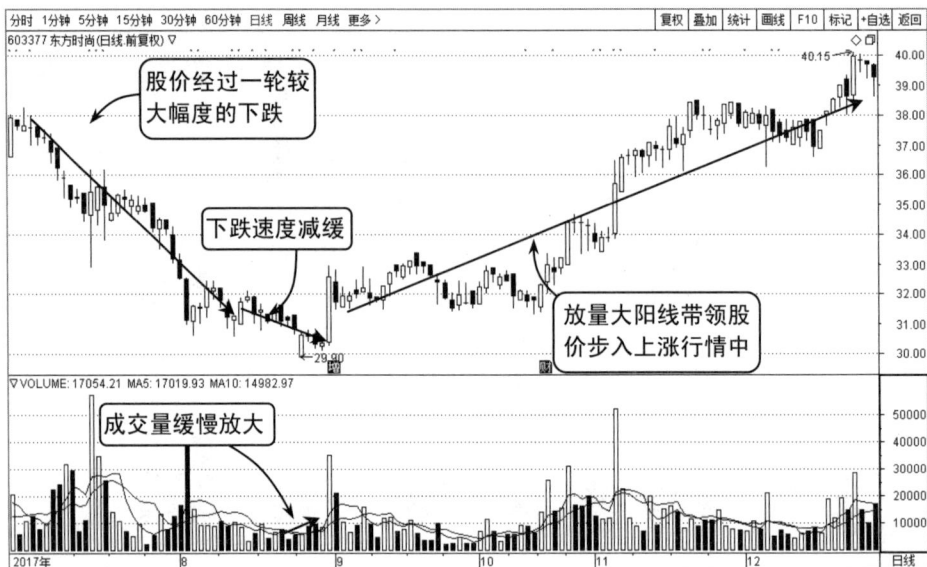

图 6-24　东方时尚日 K 线图

▼ **盘面解析**

　　从上图中可以看出，东方时尚从 2017 年 7 月开始步入了一轮下跌行情中，整个 7 月股价下跌的速度和幅度是非常大的，特别是 7 月底 8 月初的放量下跌，更是将股价进一步拉低。

　　随后股价下跌速度有所减缓，在整个 8 月，股价处于缓慢下跌过程中。细心的投资者可以发现，到 8 月下旬的时候，成交量已经在缓慢增加了，与下跌的股价形成了背离行情。

　　股价在加速探底后形成缓慢下跌且成交量温和放量，属于一种典型的筑底行情，投资者可以在此入场。

　　8 月 31 日，股价收出一根放量大阳线，一举收回了 8 月份缓慢下跌的失地，由此拉开了新一轮上涨行情的序幕。

第75项　　量平价减

『**形态特征**』

　　量平价减是指股价在运行过程中不断创出新低，但与之对应的成交量却并没有缩量或增量，而是保持在一个稳定的水平，如图 6-25 所示。

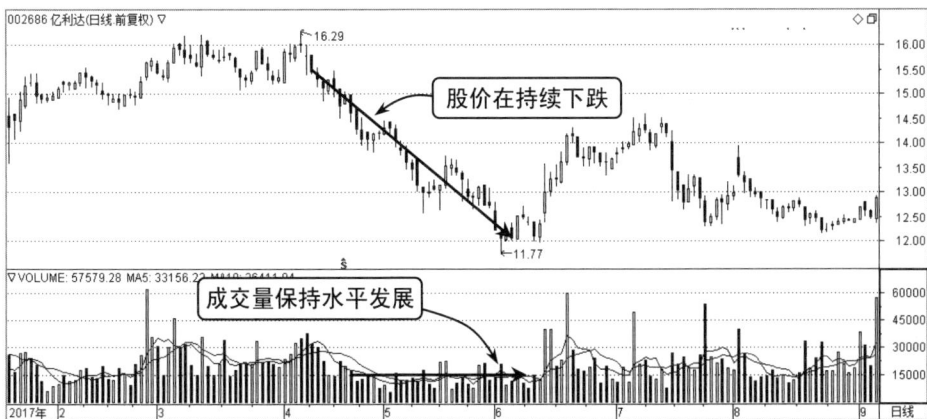

图 6-25　量平价减

『操作策略』

　　量平价减通常出现在股价下跌开始或下跌中途，稳定的成交量显示出对后市看空的投资者与看好的投资者差距不大，但不断下跌的股价则代表了市场的意愿还是偏向于空方，属于一种看跌形态。

『分析实例』

利欧股份（002131）——下跌途中的量平价减导致股价继续下跌

▼实战图谱①

　　如图 6-26 所示为利欧股份在 2016 年 6 月至 2017 年 1 月的 K 线图。

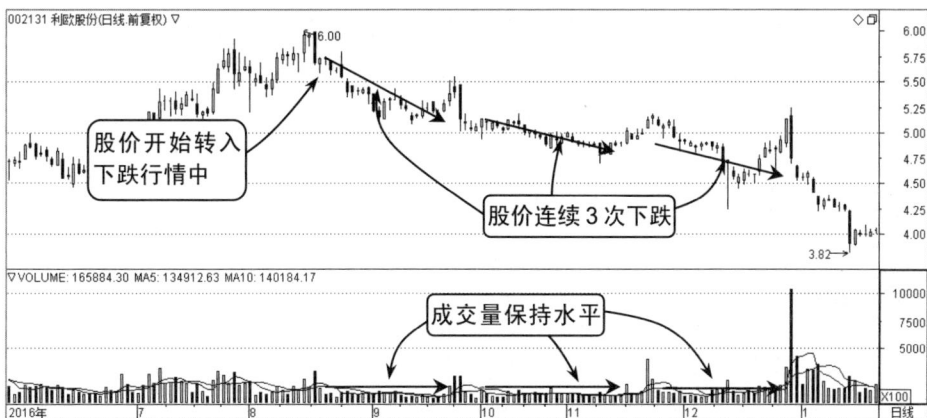

图 6-26　利欧股份日 K 线图

▼盘面解析①

从上图可以看出，利欧股份在 2016 年 8 月中旬达到了一个历史高点，随后开始步入了下跌行情中。在这段下跌行情中，可以看出有 3 次较为明显的反弹，但反弹的力度都不大，而在这 3 次反弹的过程中，股价都处于缓慢下跌过程中。

我们研究这段时间的成交量可以发现，在 3 次股价下跌的过程中，成交量都保持在一个稳定的水平位置发展，形成了 3 次量平价减的行情，这是非常明确的熊市看跌信号，投资者应以清仓出局，观望为主。其后市走势如下。

▼实战图谱②

如图 6-27 所示为利欧股份在 2016 年 12 月至 2017 年 9 月的 K 线图。

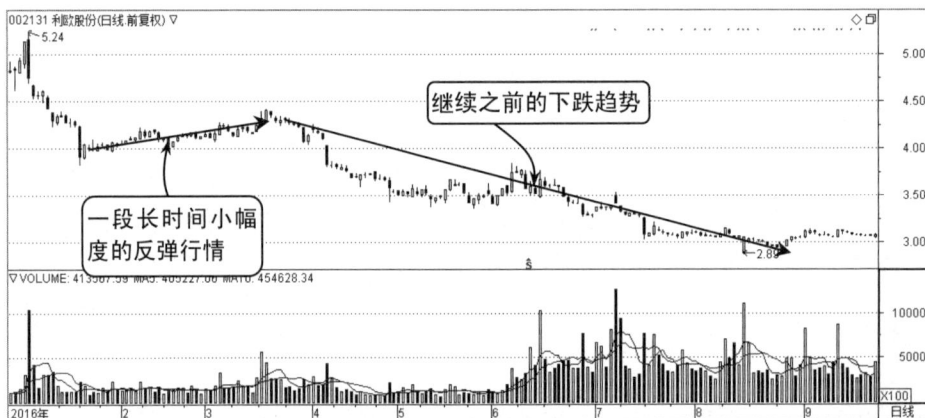

图 6-27　利欧股份日 K 线图

▼盘面解析②

从上图中可以看出，在连续 3 次的量平价减后，股价迎来一波小幅度的反弹行情，但反弹并没有成交量的配合，因此不能改变整个下跌趋势。

3 次的量平价减为后市的长期下跌"奠定了基础"，股价的下跌趋势一直持续到 2017 年 9 月，漫漫熊途展现得淋漓尽致。

第76项　量减价减

『形态特征』

量减价减指股价在不断下跌的过程中，成交量也随之缩小，属于一种量价同步的现象，与缩量下跌相似，如图 6-28 所示。

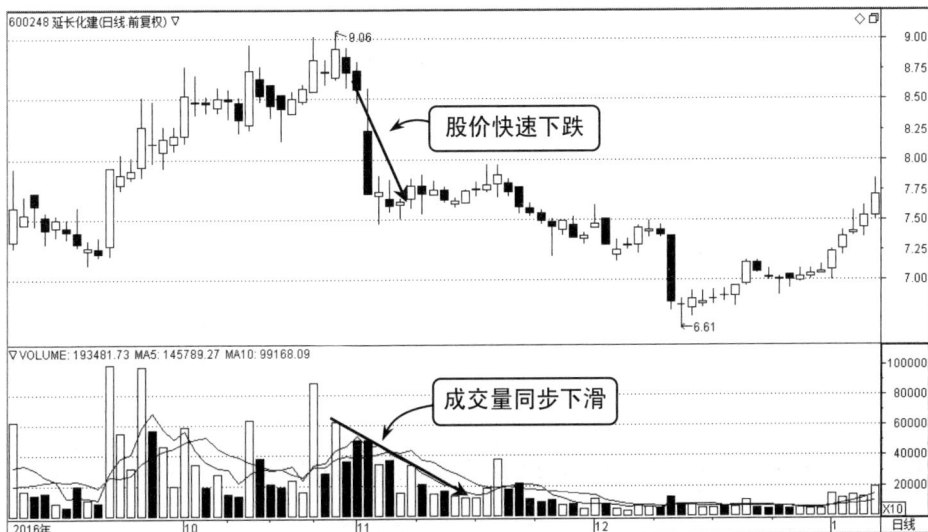

图 6-28　量减价减

『操作策略』

　　量价齐减是一种很常见的量价配合现象，大多数情况下对股价的发展没有太多的研究意义，但如果其出现在某些特定的位置，或以某种特殊形式出现，也可以作为买卖股票的参考。

　◆　如果量减价减出现在股价上涨刚启动的时候，属于正常的回档，投资者可以逢低补仓。

　◆　如果量减价减现象出现在股价下跌到一定低点时，显示出卖方惜售和买方顾虑的心态，但上方抛压已收敛，行情止跌回暖的可能性大。

　◆　当个股出现量减价减现象时，投资者都应关注大盘变化，如果大盘有上升空间，则个股上涨的可能性高，否则个股下跌的可能性较大。

『分析实例』

康恩贝（600572）——低位的量减价减是正常回档

▼实战图谱

　　如图 6-29 所示为康恩贝在 2017 年 1 月至 10 月的 K 线图。

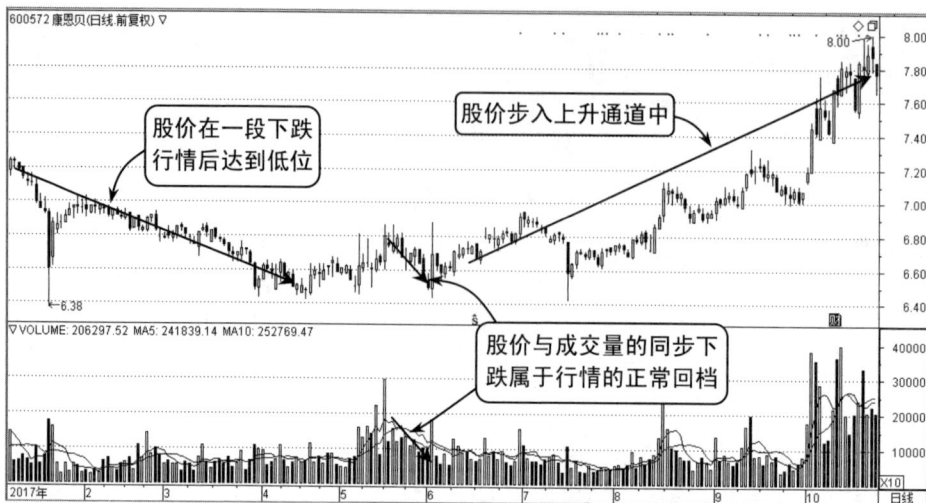

图6-29　康恩贝日K线图

▼**盘面解析**

从上图中可以看出，康恩贝在经过一轮下跌后，在1月16日收出一根带长下影线的大阴线，阴线的最低价远低于正常价位，可视为一次探底行为。随后股价在小幅反弹后继续向下，但始终未能突破该阴线探到的底部。

从4月份开始，股价一直徘徊在大阴线探出的底部附近，可以看出这里确实有很强的支撑。5月初股价开始有了向上的势头，但在5月中下旬，股价再次向下，同时成交量也同步下滑。

根据股价此时所处位置在前期探到的底部附近，可以认为此时的价减量减是一个正常的回档行为，股价启动在即，投资者可以伺机买入。

6月2日的一根带长上影线的大阳线，结束了本轮的回档行情，将股价正式带入了上升通道中。

第7章

K线与均线的综合分析

对于波段操作者来说，仅凭前面的K线及形态，不太容易把握到大的上涨波段，而通过移动平均线则可抓住较大的上涨波段，回避大的下跌，再结合K线形态，可以在波段底部及时进场，在波峰附近及时出局，锁定利润。

- ✧ 体现平均成本
- ✧ 确认和预测趋势
- ✧ 支撑助涨
- ✧ 压力助跌
- ✧ 均线交叉

- ✧ 均线缠绕
- ✧ 均线发散
- ✧ 银山谷、金山谷与死亡谷
- ✧ 烘云托月与乌云密布
- ✧ 蛟龙出海与断头铡刀

一、均线对 K 线的作用

移动平均线（或简称均线）是分析价格变动趋势的一种方法，是在 K 线图中与 K 线走势紧密结合的一种技术指标，它对股价具有支撑和压力作用，能够助涨助跌。此外，通过移动均线还可以确认和预测股价在未来一段时间内的运行趋势。

第77项　体现平均成本

移动平均线是以道·琼斯的平均成本概念为理论基础，采用统计学中的"移动平均"原理，将一段时期内的股票价格平均值连成曲线，用来显示股价的历史波动情况，进而反映股价指数未来发展趋势的技术分析方法。

股价平均值是取指定样本日期（移动平均线的周期）内的股票收盘价作为计算参数。如某只股票在最近 5 个交易日中，收盘价分别为 14.29 元、14.10 元、14.74 元、15.85 元和 16.22 元，则该股票最近 5 个交易日的股价平均值为（14.29+14.10+14.74 +15.85+16.22）÷5=15.04 元。

移动平均就是在算术平均的基础上加入移动因素，保持计算平均数的样本数量不变，逐步以新样本代替旧的样本参与计算。比如在第 6 个交易日收盘出来之后，就在刚才的计算样本中去掉 14.29 元，用第 6 个交易日的收盘价代替它来计算当前的 5 日平均价。以此类推，每个交易日都用新的收盘价代表倒数第 6 天的收盘价，得到当前的 5 日平均价，然后用平滑的曲线将得到的这些平均价连接起来形成的曲线，就是 K 线图的 5 日移动平均线。

同理，10 日移动平均线就是每次取 10 个交易日的收盘价作为样本计算当前的平均股价，再用平滑曲线连接起来得到的曲线。大多数炒股软件的 K 线图上默认会显示 5 日、10 日、20 日和 60 日股价移动平均线，如图 7-1 所示。

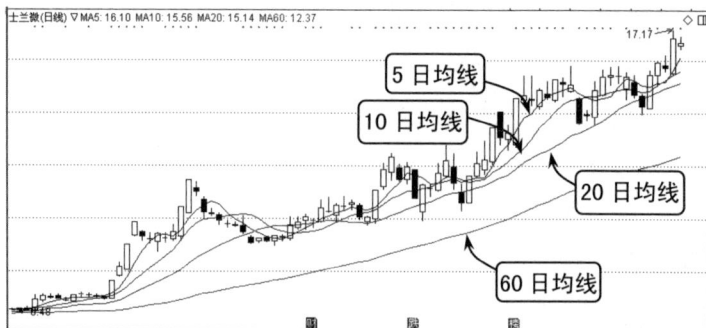

图 7-1　股价移动平均线

根据移动平均线周期的不同，可将其分为短期移动平均线（SMA）、中期移动平均线（MMA）和长期移动平均线（LMA）3类，划分范围大致如下。

◆ **短期移动平均线**：一般都以 5 天及 10 天为计算期间，代表一周的平均价，可作为短线操作的依据。

◆ **中期移动平均线**：大多以 20、30 或 60 天为准，20 或 30 日均线称为月移动平均线，代表一个月的平均价或成本；60 日移动平均线俗称季线，另外还有以 55 或 72 日移动平均线作为中期平均线的情况。

◆ **长期移动平均线**：在欧美股市，技术分析所采用的长期移动平均线多以 200 天为准。在国内，则以半年以上的时间样本作为长期移动平均线，通常以 120 日移动平均线代表半年线，250 日移动平均线代表年线。

重点提示：根据自身操作风格设置移动平均线

在通达信软件中，系统内置了两套股价移动平均线，单击 K 线图中的任意 K 线，输入 "MA" 后按【Enter】键将在主图中显示的是 5、10、20 和 60 日 4 条股价移动平均线的平均线系统指标；输入 "MA2" 后按【Enter】键将在主图中显示 5、10、20、60、120 和 250 日 6 条股价移动平均线的平均线系统指标。在任意一条均线上单击鼠标右键，在弹出的快捷菜单中选择 "调整指标参数" 命令，在打开的 "[MA]指标参数调整" 对话框中即可将各条均线设置为自己想要的周期。

第78项　确认和预测趋势

『形态特征』

通过移动平均线能够看出股票价格的运行趋势，股价追随这个趋势，不轻易改变。如图 7-2 所示为下降趋势的股票的移动平均线。

由于股价移动平均线是连续若干天的收盘价的算术平均，因此它能消除偶然因素对股价的影响，具有以下特征可用于确定和预测趋势。

◆ **趋势性**：移动平均线与趋势线的大方向保持一致，从而消除中间股价在这个过程中出现的起伏，周期越长的移动平均线，越接近趋势线的方向。

◆ **稳定性**：从移动平均线的计算方法可以知道，要在单日较大地改变 MA 的数值是非常困难的，除非当天的股价有很大的变动。因为 MA 是几天的平均值的变动，一天的变动被数个交易日分摊下来，变动就会显得很小了，因此移动平均线具有稳定性。周期越长的移动平均线稳定性越好，其方向越不会轻易改变；周期越短的移动平均线，稳定性越差，随股价的变化也越灵敏。

◆ **滞后性**：凡事有利就有弊，移动平均线有其优点，也有其缺点，那就是滞后性。当股价的原有趋势发生反转时，由于移动平均线具有追踪趋势和稳定的特性，因此它的逆转速度将落后于实际变化，移动平均线发出反转信号时，股价跌幅或涨幅可能已经比较大了。

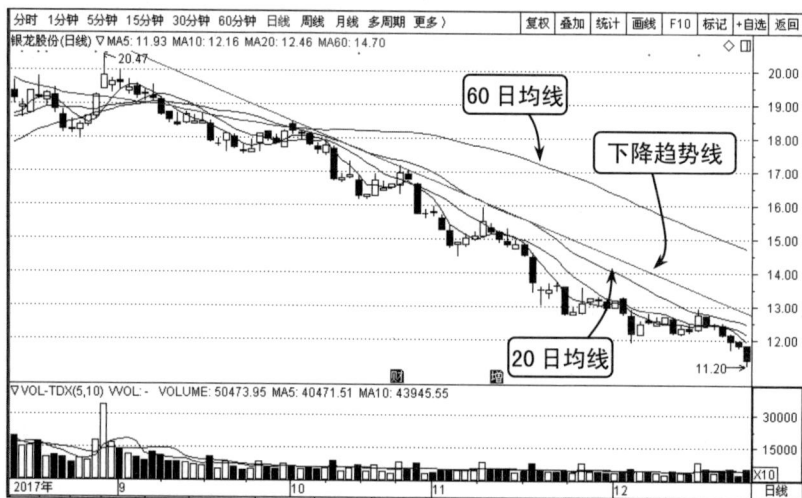

图 7-2　移动平均线与趋势线方向趋同

『操作策略』

由于移动平均线具有上述特点，因此适合做较大波段的投资者利用，不适合短线投资者。在实际操作中，为了克服移动平均线的滞后性这个缺点，还应结合趋势线、K线形态和成交量等来综合判断。

◆ 如果股价大幅下跌后逐渐震荡横盘，中短期移动平均线走平，并渐渐抬头向上，此时可结合K线形态来判断。如果K线形态也出现底部形态或低位启动组合，并伴随着成交量的温和放量，说明股价可能出现反转，投资者介入后可一直持仓到出现顶部反转迹象再卖出。

◆ 如果股价大幅上涨后回落，再上涨也不超过前期高点，中短期移动平均线走平并渐渐拐头向下，此时如果K线形态也出现顶部形态，成交量增加而股价却不能创新高，说明股价可能出现反转，投资者应及时出局，锁定利润。

『分析实例』

台海核电（002366）——均线配合见底信号抓上涨波段

▼实战图谱

如图 7-3 所示为台海核电在 2016 年 12 月至 2017 年 8 月的 K 线图。

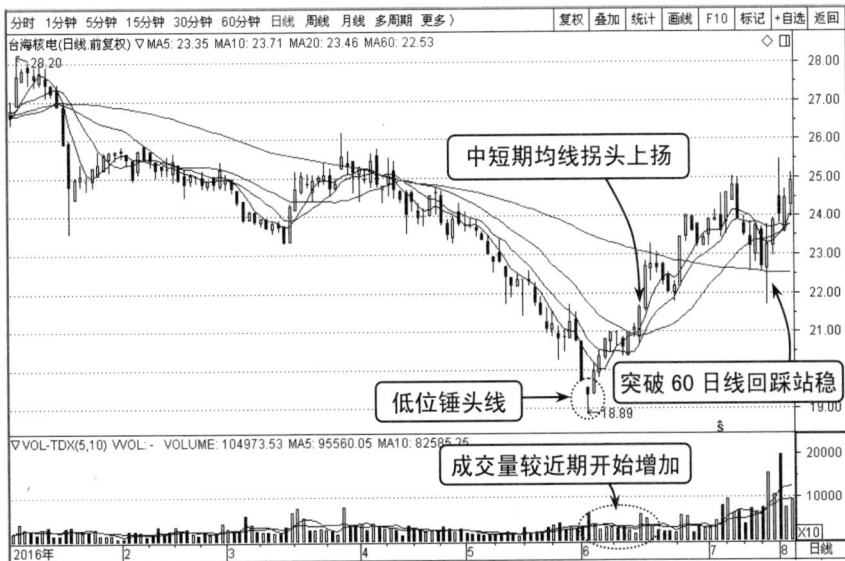

图 7-3　台海核电 2016 年 12 月至 2017 年 8 月的 K 线图

▼盘面解析

在图 7-3 中可以看到，台海核电从 2017 年 1 月开始，经过长达半年的下跌后，在 6 月 2 日出现低位放量锤头线，股价开始稳步上攻，不久后中短期均线均开始拐头上扬，加上前面锤头线的见底信号，成交量也比前期有温和放大之势，可以确定该股将出现一波上涨。随后该股中短期均线突破 60 日均线，股价回踩并站稳后继续上涨，走出一波涨幅超 75%的波段行情。

神火股份（000933）——均线配合见顶信号回避下跌

▼实战图谱

如图 7-4 所示为神火股份从 2017 年 6 月至 12 月的 K 线图。

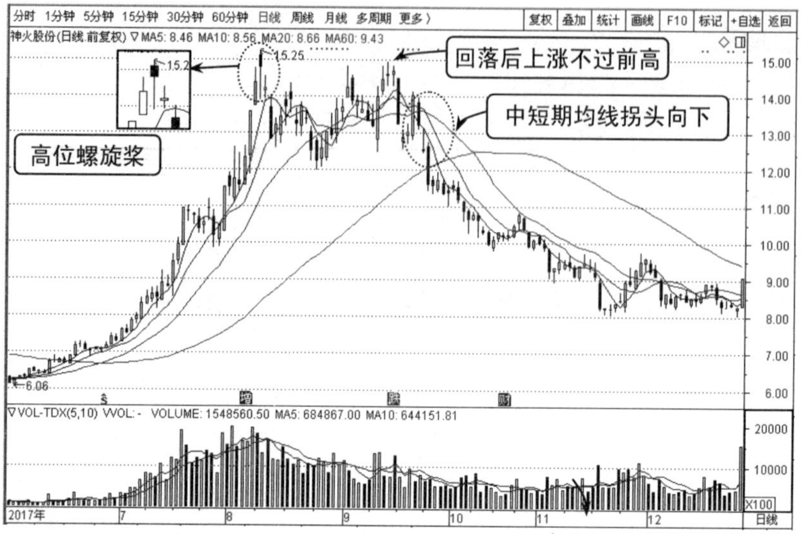

图 7-4　神火股份 2017 年 6 月至 12 月的 K 线图

▼**盘面解析**

　　神火股份从 2017 年 6 月开始出现一波大幅上涨，在 8 月 9 日出现高位螺旋桨见顶 K 线图形，回落之后再次上涨，但没超过高位螺旋桨 K 线的高点，并且中短期移动平均线走平并逐渐拐头向下，说明股价可能出现反转，持有该股的投资者应果断出局，锁定利润。随后该股股价跌破 60 日均线并一路向下，到 12 月底，跌幅超过 40%，若做好了均线和 K 线的见顶判断，至少可回避 30% 以上的下跌。

第79项　支撑助涨

『形态特征』

　　前面我们知道一些 K 线具有支撑和压力的作用，均线同样也具有。当股价从某条移动平均线下方向上突破，移动平均线也开始向右上方移动时，可以将该移动平均线看作是多头的支撑线，以后股价回跌至该均线附近就会产生支撑力而继续向上移动，如图 7-5 所示。

> **重点提示：被突破的均线的方向很重要**
>
> 　　切记，向上突破某条移动平均线后，还必须要求该移动平均线也开始向右上方移动，即该时间周期的趋势向上，如果突破后该移动平均线还是向下的，则很难产生支撑作用，通常股价会很快回到该移动平均线下方，如图 7-6 所示。

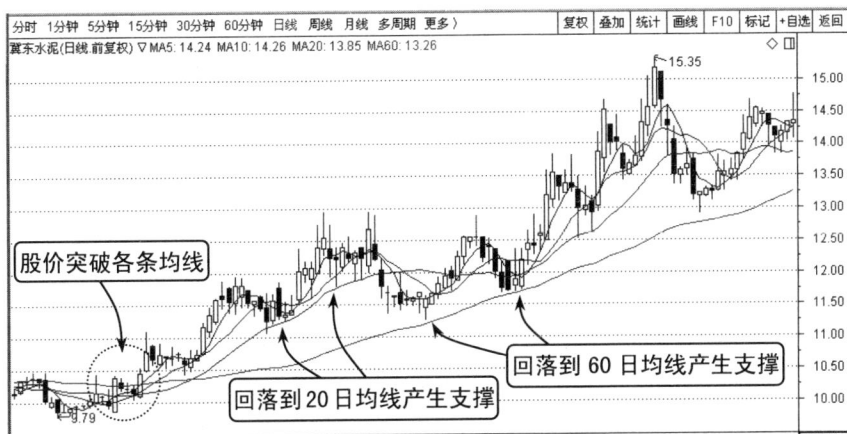

图 7-5　平均线的支撑助涨作用

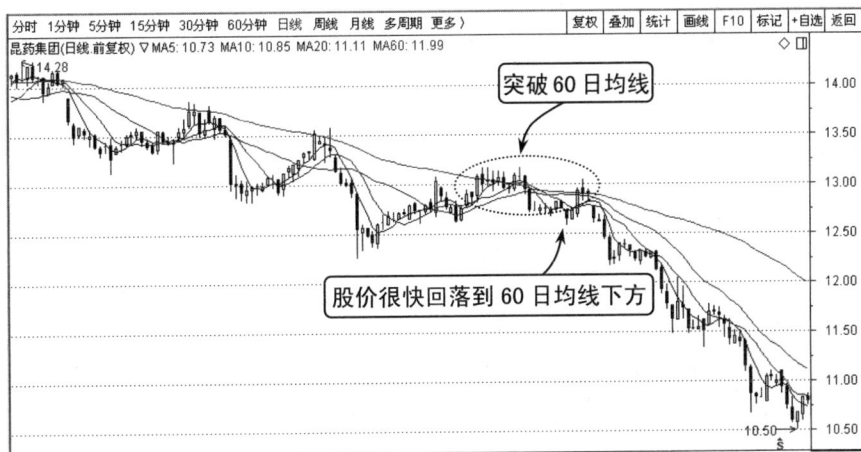

图 7-6　被突破的 60 日均线明显向下，无支撑作用

『操作策略』

　　移动平均线的这个特性通常应用在中长周期上，因为 5、10 日短期移动平均线被向上或向下突破是常见的情况，如果不是短线操作，则不必理会短期移动平均线，如在 60、120 或 250 日均线，此法则应用较为有效。

　　虽然短期移动平均线向上移动的速度较快，中长期移动平均线向上移动的速度较慢，但都表示一定期间内平均成本的增加，如果在均线上方远离均线，积累的获利盘过多，卖方力量逐渐强于买方力量，之后股价产生一定回落，当股价回档至均线附近时就是买进时机。

需要注意的是，当经过较长时期的大幅上涨后，股价上升变得缓慢或回跌，均线的移动开始减速甚至走平，股价也回到均线附近，此时均线失去助涨效力，有重返均线下方的趋向，最好不要再买进，如图7-7所示。

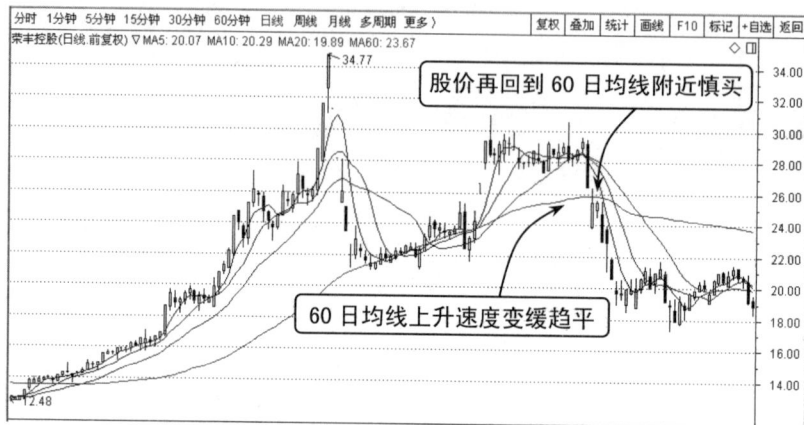

图 7-7　移动平均线变缓趋平有可能发生趋势的转变

『分析实例』

中材科技（002080）——中短期均线配合获取波段利润

▼实战图谱

如图7-8所示为中材科技2017年5月至10月的K线图。

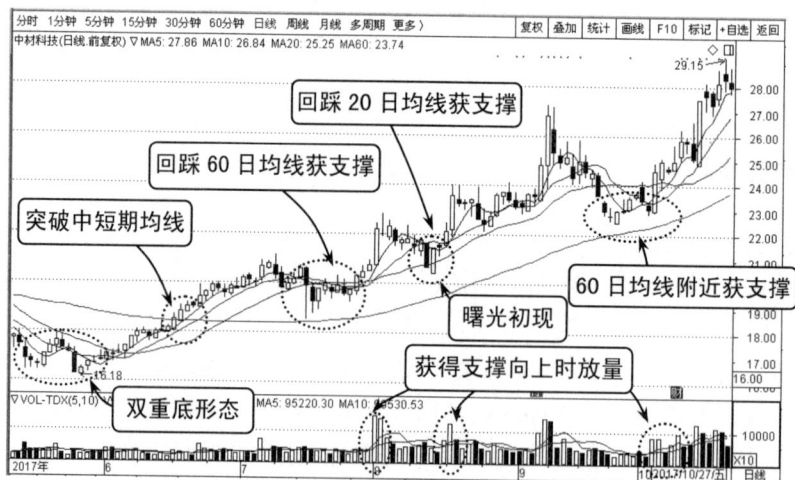

图 7-8　中材科技 2017 年 5 月至 10 月的 K 线图

▼盘面解析

　　从图中可看到,股价经过一段时间的下跌后于2017年5月出现双重底形态,后逐渐向上突破中短期均线,且60日均线也开始从下跌转为走平,有转势迹象,加上前面双重底的确认,因此股价突破并站稳60日均线时便可适当建仓。在7月中旬,股价回落至60日均线止跌,收出长下影线并企稳回升,短期均线粘合后重新向上,可以看作是60日均线的支撑作用发生效力,此时便可加仓,稳健的投资者也可以在前面突破60日均线时暂不入场,在此处才进场。之后股价震荡向上,每次回落至20或60日均线附近获得支撑时,结合前面学的K线形态(如8月14回落到20日线获得支撑并出现曙光初现K线组合),判断是加仓点。

　　同时还可以观察成交量,可以看到在股价回落至这些位置处时成交量都处于萎缩状态,获得支撑向上时均出现放量现象,属于价升量增,投资者更可大胆持有。如果是短线操作者,还可以结合其他方法,在这些位置获得支撑时作为高抛低吸的低点买回或加仓该股。

第80项　压力助跌

『形态特征』

　　当股价从某条移动平均线上方向下突破,并且该均线也开始向右下方移动时,就形成了空头阻力线,以后当股价回升至该均线附近时便会产生阻力,均线此时具有助跌作用,如图7-9所示。

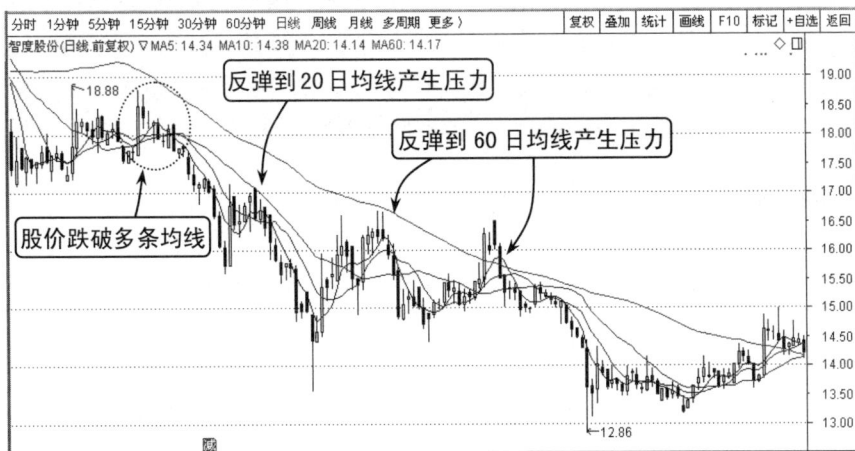

图7-9　移动平均线的压力助跌作用

同样，向下跌破某条移动平均线后，还必须注意观察该均线的方向，如果是上涨趋势的移动平均线被首次跌破，但该均线是明显向上的，则股价再上升到该均线处时很难产生压力作用，通常股价会很快回到该条均线上方，如图7-10所示。

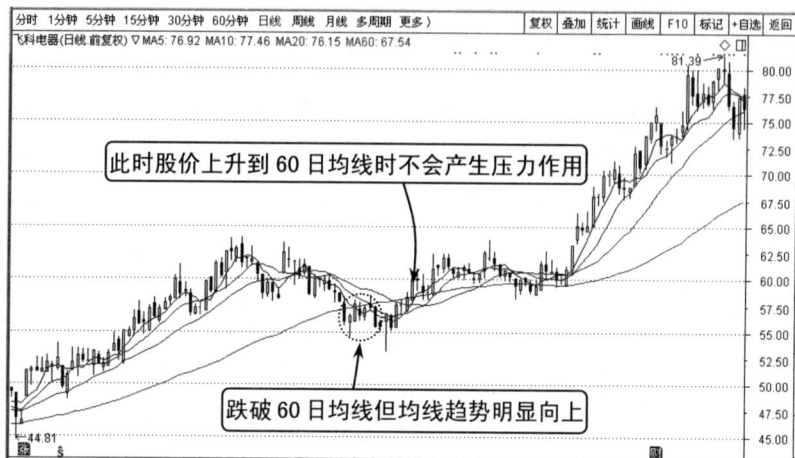

图 7-10 上升趋势的均线被跌破不会产生压力作用

『操作策略』

压力作用一般也应用在中期均线上，当股价跌破均线并远离均线时，通常会产生一个反弹行情，买方力量逐渐强于卖方力量出现短期上涨，因此如果股价跌破参考的均线并且该均线变成向下移动时，投资者应该果断卖出；如果当时没有出局，当股价回升至该均线附近时就是又一次最好的卖出时机。

需要注意的是，经过长期大幅下跌后，股价下跌趋缓或出现震荡回升，均线向下的移动明显减速后，当股价再度接近均线时，均线便容易失去助跌意义，如果股价有重返均线上方的趋向，此时最好等股价向上有效突破均线后再买入。

『分析实例』

天宝食品（002220）——中期均线拐头向下尽快出局

▼实战图谱

如图 7-11 所示为天宝食品在 2016 年 9 月至 2017 年 5 月的 K 线图。

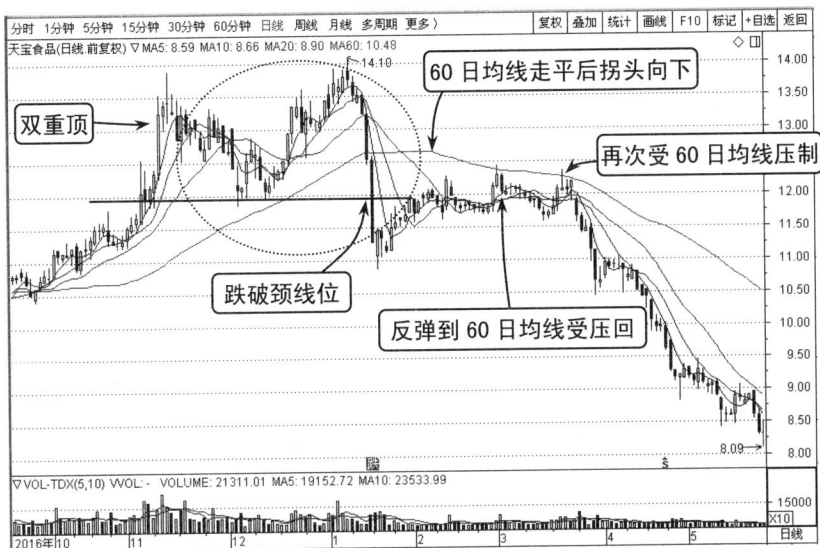

图7-11 天宝食品2016年9月至2017年5月的K线图

▼**盘面解析**

从图中可以看到，天宝食品在2016年经过长时间的大幅上涨之后，在11月到2017年1月之间走出一个双重顶形态，导致短期均线反复粘合纠缠，60日均线也出现放缓趋向。从2017年1月12日开始出现3根中到大阴线跌破颈线位，确认了双重顶形态的结束，由于这3根阴线来得非常迅速，特别是最后跌破颈线的K线以跌停报收，会导致一些中线持有者反应不及时未能及时出局。

之后股价出现一小波回升，并缓慢震荡反弹至60日均线附件，但此时的60日均线已经拐头向下，加上M头的确认，可以判断股价转势下跌的概率非常大，因此反弹至60日均线受到压制回落时便是绝佳的逃命时机。而且该股受压后还进行了二次测试60日均线，再次遇60日均线回落，并出现倒转锤头线的波段顶K线，此时再不卖出就会错失最后的机会。之后股价出现一波幅度较大的下跌。

二、均线变化与K线分析

行情软件中通常都会显示多根不同时间周期组成的移动平均线系统，由于时间周期的不同，因此随着股价的波动，各条均线也会形成不同的形态变化，常见的形态有均线转折、均线交叉、均线缠绕和均线发散（即均线排列）。均线转折即该均线趋势的转折，向上或向下，一目了然，非常简单，下面主要分析均线交叉、均线缠绕和均线发散3种变化情况。

第81项　均线交叉

『形态特征』

由于不同时间周期的股价移动平均线随股价变化的灵敏度不同，因此当股价持续发生较大的波动，或者原有趋势发生转变时，短期移动平均线就会率先出现转折，中、长期移动平均线后出现转折，这样就会形成不同周期的移动平均线相互交叉的情况，即均线交叉。均线交叉分为黄金交叉和死亡交叉两种情况，如图 7-12 所示。

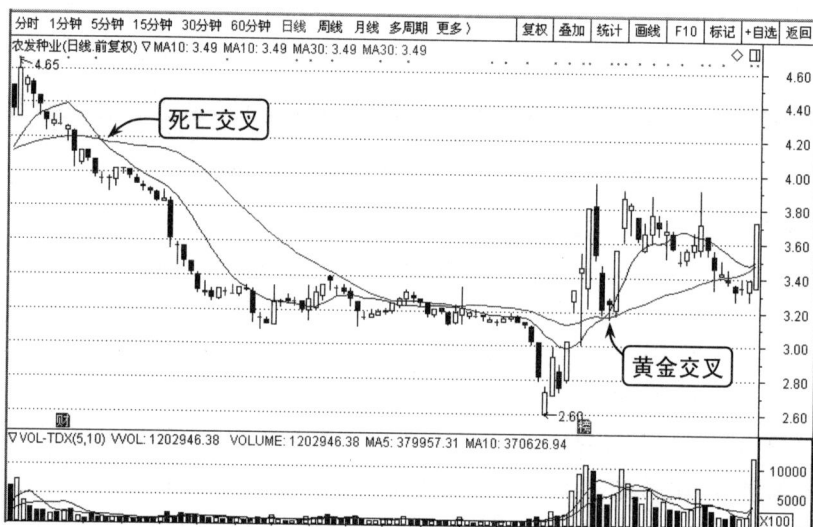

图 7-12　均线交叉

黄金交叉和死亡交叉的特征如下。

◆ **黄金交叉**：当上升中的短期股价移动平均线从下向上突破上升中的中长期股价移动平均线时所形成的交叉被称为黄金交叉，简称金叉。

◆ **死亡交叉**：当下降中的短期股价移动平均线自上而下穿越下降中的中长期股价移动平均线所形成的交叉被称为死亡交叉，简称死叉。

『操作策略』

黄金交叉和死亡交叉是许多股市投资者看重的信号之一，其在操作上的指导意义如下。

◆ **黄金交叉**：均线形成黄金交叉时，压力线被股价向上突破，预示着将继续上涨，后市行情看好。因此，黄金交叉被很多投资者作为买入信号。

◆ **死亡交叉**：均线形成死亡交叉时，支撑线被股价向下突破，预示着将继续下跌，后市行情看空，因此许多投资者将死亡交叉看作卖出信号。

需要注意的是，股价移动平均线在反映股价突变时具有明显的滞后性，因此股价移动平均线形成的黄金交叉和死亡交叉只能作为买卖时机的一个参考，不能完全依赖它来决定买卖。

在实际应用中，各周期的移动平均线经常会不断形成各种交叉，短期移动平均线形成的黄金交叉或死亡交叉的可信度不高，中长周期的移动平均线形成的交叉的可信度较高，如20日均线或30日均线和60日均线形成的交叉。比如在股价大幅下跌后，5日均线和10日均线形成金叉，只能表明股价短期有继续上涨的能力，当股价继续上升遇到60日均线时有可能再次受到阻力而重新下跌。

另外还需要注意长期趋势是向上还是向下，如果长期趋势向下，即使形成金叉，后市下跌的概率也较高；反之，形成死叉仍可能上涨。

『分析实例』

中兴通讯（000063）——30日均线和60日均线低位金叉买入

▼实战图谱

如图7-13所示为中兴通讯在2015年9月至2017年10月的K线图。

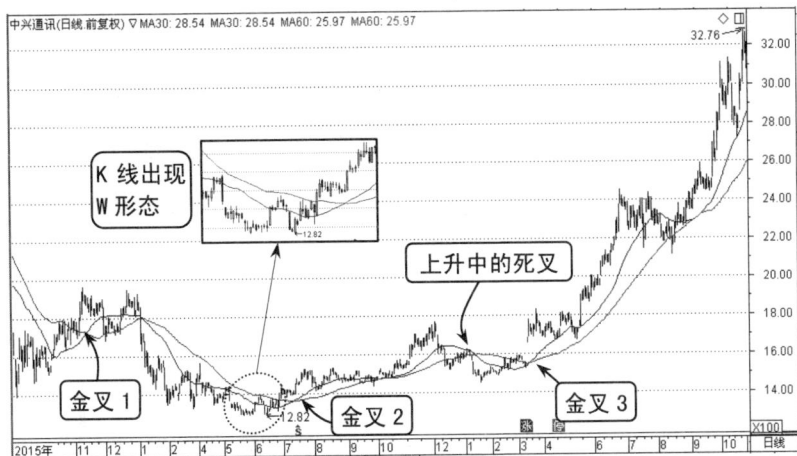

图7-13　中兴通讯2015年9月至2017年10月的K线图

▼**盘面解析**

从上图中可以看到该股经过一段时间的下跌后，在 2015 年 11 月中旬，30 日均线和 60 日均线形成了一次金叉，但此处虽然形成金叉，60 日均线还是明显向下的趋势，因此有效性不高。之后股价小幅上升后进行了新一波下跌。

在 2016 年 7 月中旬，30 日均线和 60 日均线又一次形成了金叉，经过前面的一段缓跌震荡期，60 日均线已经走平，并开始有拐头向上的趋向，同时在这之前，K 线形成了一个小 W 底形态，因此这里股价转势的可能性极高，可以轻仓介入。

在 2017 年 1 月上旬，30 日均线回落死叉 60 日均线时，60 日均线明显向上，可以持股不动（或做防御性减仓），之后两条均线第 3 次形成金叉，此时由于 60 日均线明显向上，因此这里的金叉可靠性更高，可以加仓买入，之后股价一路上涨，利润丰厚。

胜利股份（000407）——30 日均线和 60 日均线高位死叉卖出

▼**实战图谱**

如图 7-14 所示为胜利股份在 2016 年 12 月至 2018 年 3 月的 K 线图。

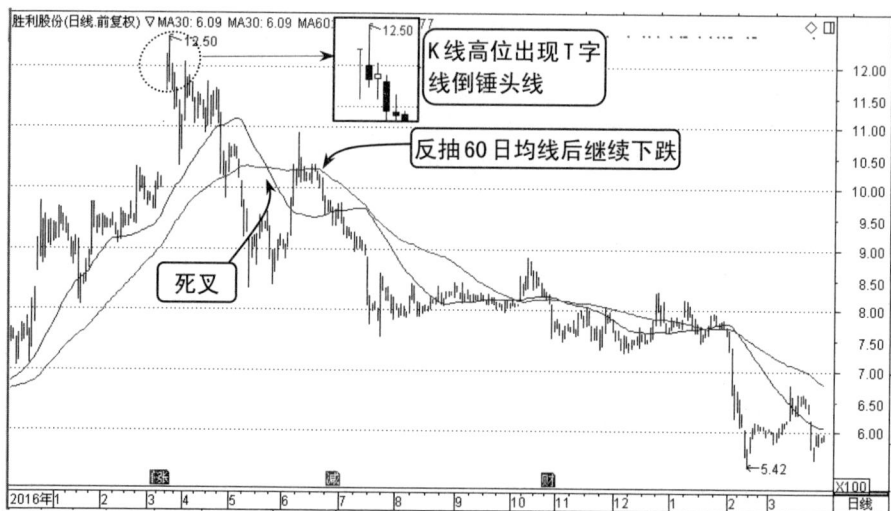

图 7-14　胜利股份 2016 年 12 月至 2018 年 3 月的 K 线图

▼**盘面解析**

从图中可以看到该股经过较长一段时间的上涨后，在 2017 年 5 月中旬，30

日均线和 60 日均线形成了死叉形态,并且 60 日均线已经出现向下拐头的迹象,同时,该股价前面大幅上涨出现过顶部 T 字线和倒锤头线这两根见顶 K 线,所以判断该股转势下跌的概率大,持有该股者应及时出局。特别是后面反抽 60 日均线未能站稳再次下跌时,一定要坚决出局。

第82项　　均线缠绕

『形态特征』

　　股价行情并不总是有运动方向的,有时候股价会在某一时期内出现长时间的来回震荡,这会慢慢拉近不同周期的移动平均线,使其来回交叉形成缠绕状态,即均线缠绕,如图 7-15 所示。

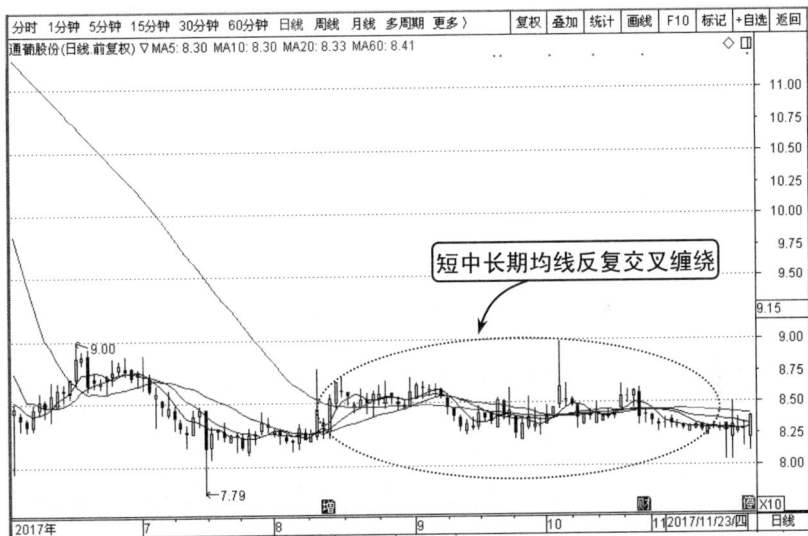

图 7-15　均线缠绕

　　均线缠绕本质上就是不同周期均线反复交叉,因此在形成时一定是中短期均线先聚拢,反复缠绕,中长期均线慢慢靠近,最后短中长期均线均反复交叉缠绕,这必须要在一个较长时期的横盘震荡才可能形成。

『操作策略』

　　由于均线缠绕形态是股价长期横向震荡形成的,因此对于波段操作者来说很难有投资机会。如果是宽幅震荡,则对于波段操作者来说还有少许机会,但不易把握，需要使用布林线等指标辅助判断。

横向震荡通常发生在较大幅度的下跌之后（或者较大幅上涨后的中期整理），人气较为低落，成交量较前期萎缩。

对于普通的横向震荡，可以手动绘制震荡箱体的上下轨，在股价接近上轨位置处卖出，在股价接近下轨位置处买入，或者用布林线指标辅助操作。但必须注意的是，这种方法只能轻仓操作，因为确定将走震荡行情（最好同时结合大盘来判断）时，至少已经震荡了一段时间，未来股价有可能再次选择运行方向，在选择方向时，高抛低吸的方法就会出现错误，因此仓位不能重。

如果长期震荡后股价选择向上发展，由于之前是在震荡高位卖出，因此可能错过一段行情，可以在突破回踩站稳之后再次进场；如果震荡行情选择向下发展，由于之前是在震荡箱体低位买入，此时就会出现亏损，这时一定要果断止损出局，即使后面行情很快又涨回来，这里也应严格按照纪律止损，这是防止被深套的必要措施。

『分析实例』

高伟达（300465）——震荡行情高抛低吸

▼实战图谱

如图 7-16 所示为高伟达在 2017 年 4 月至 2018 年 2 月的 K 线图。

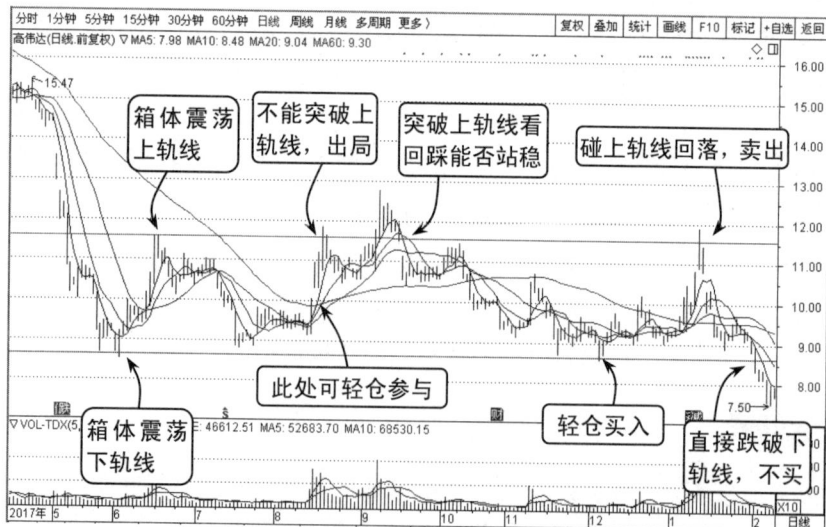

图 7-16 高伟达 2017 年 4 月至 2018 年 2 月的 K 线图

▼ 盘面解析

从上图中可以看到，该股经过一段大幅度的下跌后，在 2017 年 6 月初止跌并出现一波反弹，之后回落，7 月底到 8 月初期间股价没有再创新低，出现短期均线上穿 60 日均线的走势，此处虽然形成金叉。但 60 日均线还有向下的趋势，因此这里并不能判断为行情会发生反转（通常大幅快速下跌后都会经过长期震荡，直接反转的行情并不多见），但在几条中短期均线上穿 60 日均线，且 60 日均线也出现走平迹象时，可以轻仓参与。

此时可以经过第一波反弹的高点绘制一根水平线作为震荡箱体的上轨线，经过前面反弹的最低点绘制一根水平线作为震荡箱体的下轨线。之后股价接近该上轨出现回落便应卖出。如该股在 2017 年 8 月 17 日触及上轨线回落，此时就可卖出该股，静待回落。

之后看到该股回落不多并再次上涨，突破了上轨线，此时不要急于进场，耐心观察股价回踩上轨线后能否站稳。

随后看到该股未能站稳，很快回落至上轨下方，应耐心等待，2017 年 11 月底到 12 月初，该股两次回落至下轨线均止跌收出较长的下影线，特别是第 2 次获得支撑后出现较大的阳线，此时可以再次轻仓买回该股待涨，在 2018 年 1 月 11 日，股价触及震荡箱体上轨线，回落时卖出，如果当天没有卖出，次日出现下跌阴线时一定要果断卖出。

2018 年 2 月 1 日，该股下跌至箱体下轨线时，没有出现止跌迹象，而是一根中阴线直接跌穿下轨线，因此这里不能买回该股，应耐心等后市发展再作研判。

第83项　均线发散

『形态特征』

均线有聚拢的情况，自然就有发散的情况，当股价从震荡行情再次选择方向时，就会出现均线的发散形态，均线发散有向上发散和向下发散两种情况。

◆ **向上发散**：经过一段时间的震荡之后，股价选择向上突破发展，原来反复缠绕的多条均线将逐渐拉开距离，整体上保持向右上方发展的趋势，形成均线向上发散态势，如图 7-17 所示。

◆ **向下发散**：经过一段时间的震荡之后，股价选择向下发展，原来反复缠绕的多条均线将逐渐拉开距离，整体上保持向右下方发展的趋势，形成均线向下发散态势。

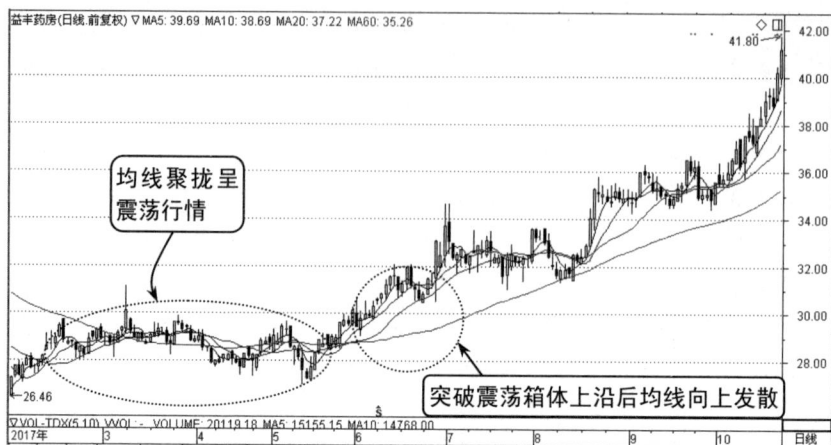

图 7-17　均线向上发散

『操作策略』

均线发散就是股价从原来方向不明的震荡状态转变为有方向趋势的运行，因此操作也变得明了。

◆ **向上发散**：对于只能做多的 A 股市场来说，只有均线向上发散才有操作意义，等股价突破原来的震荡区域，不同周期均线出现向上发散之势时介入即可。如果不是突然爆发的急速行情，稳妥的投资者可以等股价突破箱体后回踩站稳时再介入。

◆ **向下发散**：均线向下发散态势表示股价将进一步下跌，因此最好的操作便是耐心等待。如果之前在震荡区间低位介入，在均线出现向下发散形态之时一定要果断止损出局。

均线发散后，如果行情发展温和，则通常是短期和中期均线来回交叉，但中、长期均线会一直保持同一方向发展，直到一波行情结束；当股价长时间持续上涨或下跌并且没有较大波动时，不同周期的股价移动平均线会形成并排上行或下行的形态，称为多头排列或空头排列。

◆ **多头排列**：当均线并排上行时，多条不同周期的股价移动平均线保持一定距离向右上方运行，股价位于所有移动平均线上方，不同周期股价移动平均线从上到下依次按短期、中期和长期移动平均线的顺序排列，这称为多头排列。当形成多头排列时，表示牛市行情已经形成，无论是短线、中线还是长线投资者都应持股待涨，直到以后股价出现见顶信号时再出局。

◆ **空头排列**：多条均线并排下行称为空头排列，如图 7-18 所示。当形成空头排列时表明股价做空意愿极其强烈，股价还将持续下跌较长一段时间，投资者应持币观望。

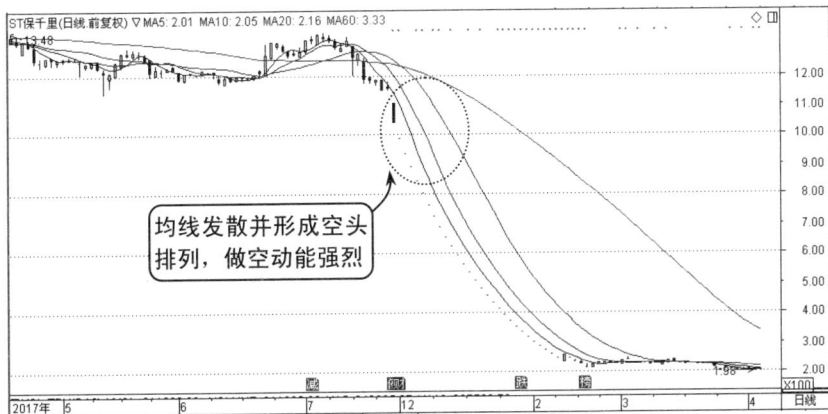

图 7-18　空头排列

『分析实例』

步步高（002251）——均线向上发散及时介入

▼**实战图谱**

如图 7-19 所示为步步高在 2017 年 6 月至 2018 年 2 月的 K 线图。

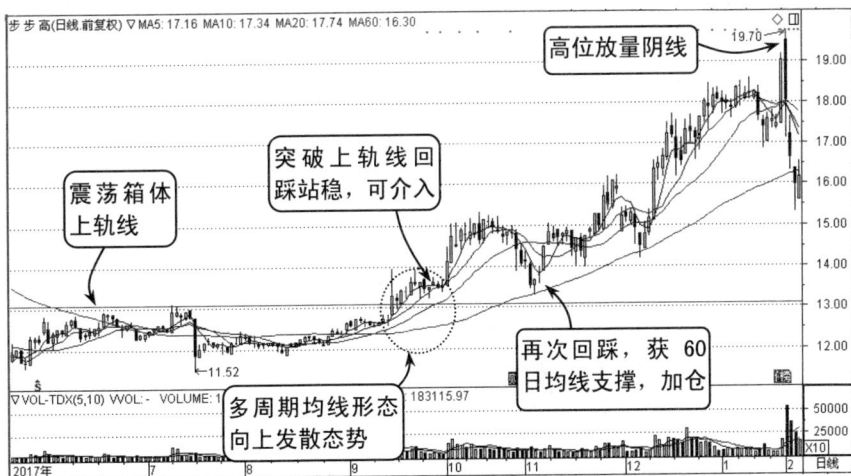

图 7-19　步步高 2017 年 6 月至 2018 年 2 月的 K 线图

▼盘面解析

从上图可以看到，步步高在 2017 年 6 月至 9 月初出现一段震荡行情，9 月 14 日股价放量突破震荡箱体上轨线，之后小幅回落，震荡数日，均位于箱体上轨线上方，同时多周期均线呈现向上发散的态势，表明股价站稳箱体上轨线，并且在均线向上的托举作用下将会延续上涨态势，因此可以在此介入。

之后股价出现小幅上涨后回落至箱体上轨线附近，同时受到向上运行的 60 日均线的支撑，更加确认行情将上涨，投资者可以加仓买入，持股待涨。

此处介入后可一直持股，到 2018 年 2 月 26 日出现高位放量大阴线时出局，如果当天未能及时卖出，在 2 月 28 日跌破 60 日均线时则一定要坚决卖出。

三、均线与 K 线的形态分析

均线被许多投资者在实际炒股中使用，并且以不同的均线形态结合 K 线总结出一些概率比较大的看涨和看跌经典形态，下面介绍几种常见的组合形态。

第84项   银山谷、金山谷与死亡谷

『形态特征』

◆ 银山谷：该形态通常出现在上涨初期，由 3 根不同周期的均线组成，短期均线由下向上穿过中期和长期均线，中期均线由下向上穿过长期均线，形成一个尖头向上的不规则的三角形，这个三角形就称为"银山谷"，又叫"价托"，如图 7-20 所示。

◆ 金山谷：出现银山谷后，股价上涨一段时间回落下来，然后再次上涨，再次出现短期均线由下向上穿过中期和长期均线，中期均线由下向上穿过长期均线，再次形成一个向上的不规则的"三角形"，这个银山谷后面出现的第 2 个山谷，叫做金山谷。金山谷和银山谷构成方式相同；金山谷可处于银山谷相近的位置，也可高于银山谷。

◆ 死亡谷：与银山谷相反，通常出现在大幅上涨后的下跌初期，短期均线下穿中期和长期均线，中期均线下穿长期均线，从而形成了一个尖头朝下的不规则三角形，这个三角形就称为"死亡谷"，如图 7-21 所示。

图 7-20　"银山谷"形态

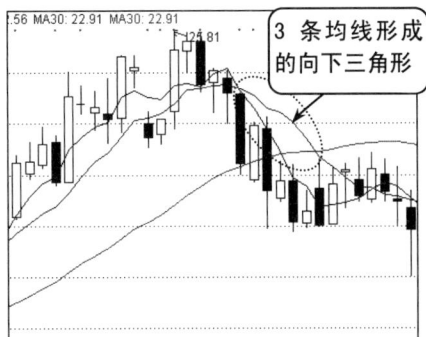

图 7-21　"死亡谷"形态

『操作策略』

◆ **银山谷的操作策略**：形成银山谷表明多方市场已经聚集了一定的上攻能量，后市看涨。银山谷形成之后，个股或大盘的涨幅一般在 20% 以上。 银山谷买入信号的均线组合设置一般由 5 日均线、10 日均线和 30 日均线组成，30 日均线作为短线操作系统的趋势线，在使用时需要注意，30 日均线由下跌走平才能操作。由前面均线形态的知识可以知道，银山谷形成时，更长周期的均线如 60 日均线有可能还没走平，因此该形态并不是稳健的买入点，只适合短线投机者使用，需快进快出，一般 1~3 天出局，不可恋战。同时还要注意成交量是否逐渐放大，呈现量增价升的结构最佳。

◆ **金山谷的操作策略**：与银山谷相比，金山谷是对银山谷做多信号的确认。一般金山谷出现的位置高于银山谷，金山谷离银山谷的距离越远，位置越高（说明长期均线也拐头向上），则上涨信号越准确，上升潜力越大。

◆ **死亡谷的操作策略**：死亡谷是典型的卖出信号，它的出现表明空方积聚了相当大的杀跌能量。据统计，在股价经过较大涨幅的情况下出现死亡谷形态后，股价下跌和上涨的比例是 4:1，而且如果下跌，幅度一般在 20% 以上。所以投资者遇见死亡谷应赶快出逃，走为上策。死亡谷的均线组合有 5 日均线、10 日均线和 20 日均线；10 日均线、20 日均线和 30 日均线；20 日均线、30 日均线和 60 日均线等，均线周期越长的组合形成"死亡谷"，意味着调整的天数越长，跌幅越大。

重点提示：银山谷和金山谷适合不同风格的投资者

银山谷、金山谷是底部或阶段性底部的信号。银山谷带有试探性质，可靠性较低，而金山谷的出现则能确认主力向上攻击的意愿，其可靠性相对而言大大提高。因此银山谷可作为激进型投资者的买进点，金山谷则可作为稳健型投资者的买进点。当然也有可能在银山谷形态出现后，股价就直接涨上去了，并不会出现金山谷，这就可能错过一波行情。

『分析实例』

桐昆股份（601233）——利用银山谷和金山谷掘金揽银

▼实战图谱

如图 7-22 所示为桐昆股份从 2017 年 5 月至 11 月的 K 线图。

图 7-22　桐昆股份 2017 年 5 月至 11 月的走势

▼盘面解析

从图 7-22 能看到，桐昆股份经过一段时间的下跌后，在 2017 年 6 月初止跌进行一波小幅反弹，5 日均线先后上穿 10 日均线和 30 日均线，到 6 月 22 日，10 日均线上穿 30 日均线，形成了银山谷形态，对于短线投机者来说，这里便可适当介入（由于这里 30 日均线刚趋向走平还无拐头之像，因此只能轻仓参与），并且一旦 5 日均线和 10 日均线出现拐头迹象就应立即卖出，在 7 月中旬短期均线有拐头之像，此处即应短线抛出，从银山谷位置处买入的话，获利 10% 左右。

之后股价继续小幅震荡走高，3 条均线都拐头向上，并展示出发散形态，同时成交量也比前期逐步放量，表明股价有转势的可能。

之后股价在 8 月中下旬出现小幅回落，5 日均线和 10 日均线下穿 30 日均线。此处 30 日均线虽然再次走平，但此时更长周期的 60 日均线也已经拐头向上，因此不一定会转为下跌，静待观察。

之后股价并未大幅回落，很快重拾升势，并在 8 月底 9 月初，5 日均线再次先后上穿 10 日均线和 30 日均线，10 日均线上穿 30 日均线，形成了金山谷形态，并且此金山谷高于银山谷较多，相距也较远，可靠性大增，应重仓买入该股。

买入后该股并没有立即快速上涨，而是缓慢震荡扬升，在 10 月中旬再次出现回落，此处由于已经有金山谷的确认信号，因此只要未有效跌破前一个金山谷的位置，都可以持股不动（短线投机者也可以减仓，但极有可能被洗出局）。

果然该股并没有回调太多，在 11 月中旬重新开始上涨，并再次形成金山谷形态，二次确认，重仓介入。之后股价涨速明显加快，可一直持有到波段见顶信号发出时再卖出，获利超过 30% 以上。

第85项　　烘云托月与乌云密布

『形态特征』

◆ **烘云托月**：股价沿着短期、中期均线震荡或缓慢震荡向右上方移动，长期均线在下面与短期、中期均线保持着一定的距离，犹如一个托盘始终向上托着中短期均线横向运行或缓慢震荡向上，如图 7-23 所示。

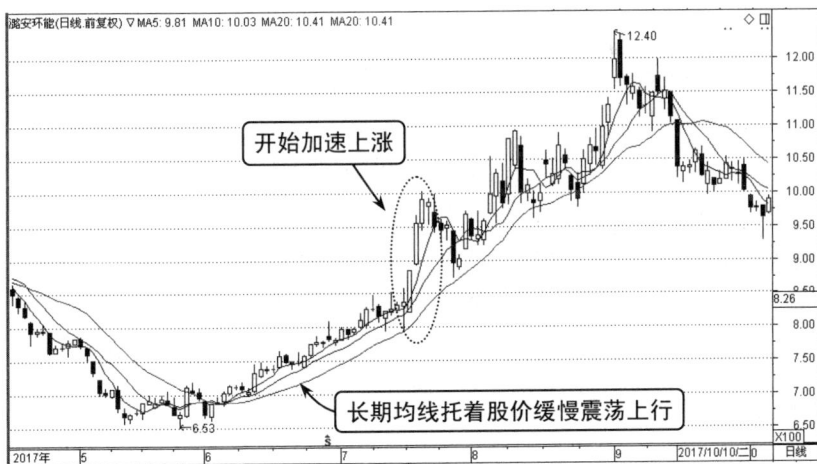

图 7-23　烘云托月形态

◆ **乌云密布**：与烘云托月相反，股价沿着短期、中期均线震荡或者缓慢震荡向右下方移动，长期均线紧紧跟在上方压着短期与中期均线，像乌云压在头顶一样，使得股价逐步走低，如图 7-24 所示。

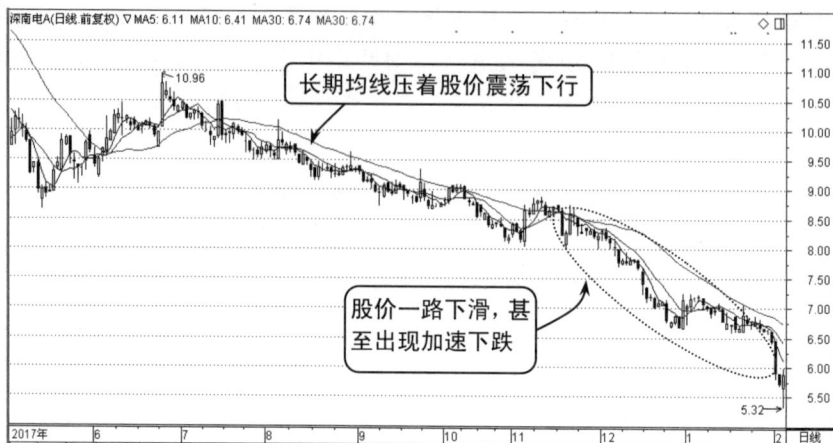

图 7-24　乌云密布形态

『操作策略』

◆ **烘云托月的操作策略**：烘云托月是积极的看涨信号，表明主力实力雄厚，稳步推进股价，用缓慢推进的方式来消磨短线投机者的耐心，同时保持股价不回落过多，以免丢失筹码，稳中有进，因此后市看好。可在股价回踩10日均线时分批买进，待日后股价往上拉升时再加仓。如果周K线出现这种信号，日后股价上涨空间更大。

◆ **乌云密布的操作策略**：乌云密布是看跌信号，后市看淡，表明主力资金已经撤退，任其阴跌。一般见到此图形应尽早退出，以免"温水煮青蛙"，在不知不觉中被套牢；当周K线出现这种信号，日后股价下跌空间更大。

在实际行情中，标准的烘云托月形态并不多见，因为在上涨过程中，主力通常会通过不断的回调进行洗盘，因此短、中期均线很难一直与长期均线保持着均衡的距离。只要代表短、中期的均线大多数时候都保持在长期均线之上，股价偶尔回落至长期均线下方又立即收回，都可以看作是烘云托月形态。

『分析实例』

中路股份（600818）——出现烘云托月，中线持股待涨

▼实战图谱

如图 7-25 所示为中路股份在 2014 年 10 月至 2015 年 5 月的 K 线图。

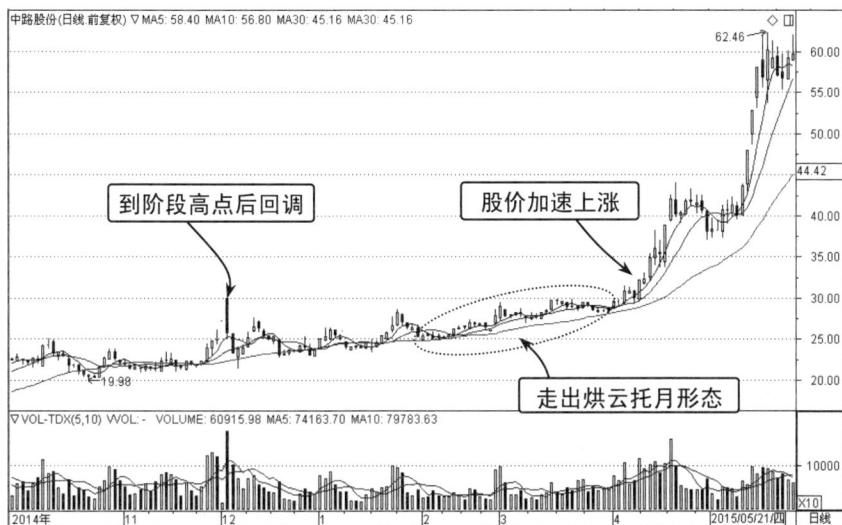

图7-25　中路股份2014年9月至2015年5月的走势

▼**盘面解析**

从上图中可以看到，中路股份在2014年9月之前出现过一波小幅上涨，然后经过一段时间的震荡，在12月初小幅拉高试盘后回落继续震荡。从2015年2月开始，震荡幅度缩小，3条均线从缠绕状态逐渐开始向上发散，股价保持小幅震荡上扬，30日均线托着股价缓慢上行，形成了烘云托月形态，后市看好。

由于这是中线持股信号，因此可以在烘云托月形态出现之后小仓位分批买入，一般在股价回落至10日均线或30日均线附近受到支撑时买入，持股待涨。由于不知道这个形态要持续多长时间，有时候横向盘整时间会很长，因此对于偏短线风格的操作者来说这里适合小仓位买入。

之后股价在2015年4月初开始上涨速度明显加快，同时成交量也逐步放量，如果前面小仓位买入，此处可以加仓买入，持股待涨。可以看到该股后面加速上涨，虽然也有回调，但很快又重拾升势，与出现烘云托月位置处相比，股价出现了翻倍行情。

第86项　蛟龙出海与断头铡刀

『**形态特征**』

◆　**蛟龙出海**：股价处于一段横盘整理行情中，3条均线反复来回缠绕聚合，处于均线下方的股价突然某天以一根大阳线的方式向上穿越3条均线(一般是5日均线、10日均线和30日均线,周期相差过大的均线很难出现这种走势),因此又叫"一阳穿三线"或"出水芙蓉"。简单来描述就是小阴小阴整理之后出现一根放量大阳线突破前期重要的平台,如图7-26所示。

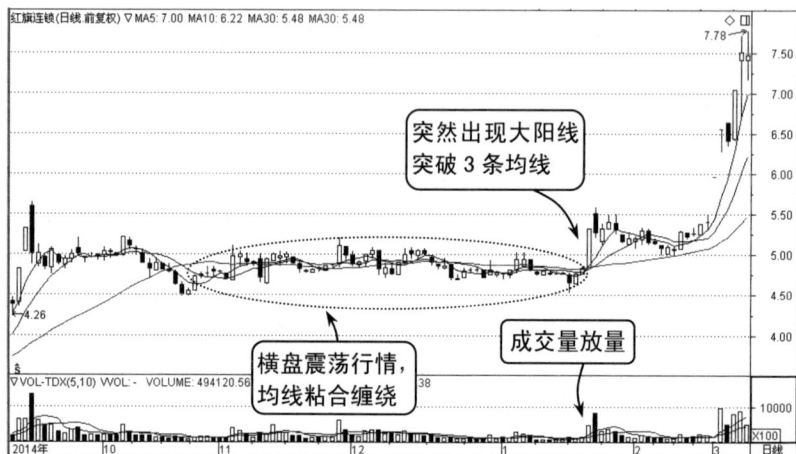

图7-26　"蛟龙出海"形态

◆ **断头铡刀**:与蛟龙出海形态相反,当股价经过一段时间的盘整后,3条均线呈现收敛状态,某天突然出现一根大阴线跌破3条均线,形成一阴断三线的情况。简单来描述就是小阴小阴整理之后出现一根放量大阴线跌破前期震荡平台,如图7-27所示。

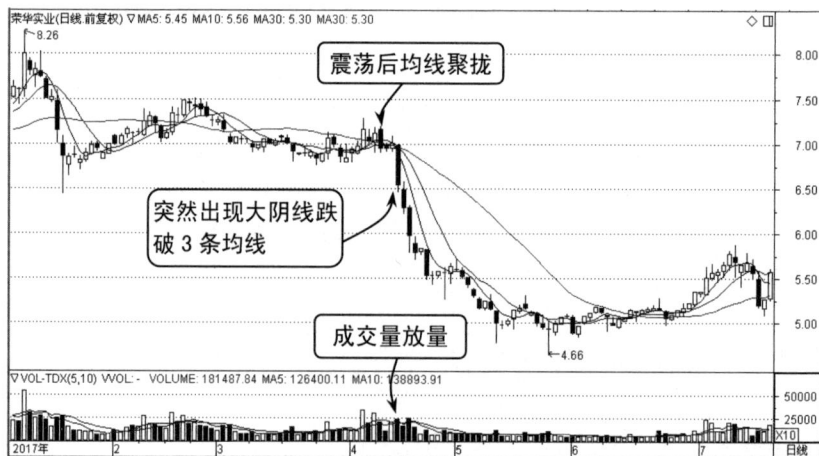

图7-27　"断头铡刀"形态

第87项　老鸭头

『形态特征』

老鸭头形态也是一种经典的上涨形态，它是由主力建仓、洗盘、拉高等一系列活动形成的 K 线组合形态，主要从 5 日均线、10 日均线和 60 日均线的位置来判断，其示意图如图 7-28 所示。

从图中可以看出，老鸭头形态主要由鸭颈、鸭头、鸭鼻和鸭嘴这 4 个部分组成，其形态特征如下。

◆ **鸭颈**：股价由跌转涨，开始缓慢上升，5 日、10 日均线放量上穿 60 日均线，形成鸭颈部分。

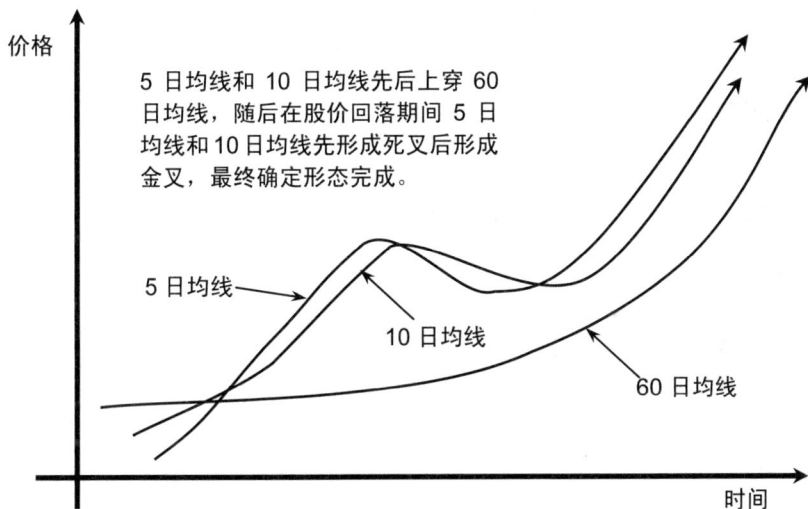

图 7-28　老鸭头形态示意图

◆ **鸭头**：股价冲高回落，其高点形成鸭头。

◆ **鸭鼻**：股价回落一段时间后再次向上，5 日均线上穿 10 日均线形成金叉，与前一次死叉之间形成了一个孔，在实战操作中鸭鼻孔越小越好。

◆ **鸭嘴**：从鸭头到鸭鼻形成的过程，即回落后再次形成金叉的时候，这段区间即为鸭嘴。

『操作策略』

老鸭头形态完整地展现了庄家建仓到洗盘再到拉高的全过程，这也是一个寻找强势庄家股的经典形态。

当5日均线和10日均线强势上穿60日均线形成金叉时，如果成交量有明显的放量，此时激进型投资者可以开始入手，这也是量价关系分析中最常见的买入时机。

当股价放量拉升后的回落时期，成交量应相对缩小，但也不会过度缩量。此时是庄家洗盘的最常见形态，如果已经入手的投资者一定要保持稳重，不要被轻易洗出局。

当5日均线再次上穿10日均线形成金叉时，也是入手的最好时机。如果没能把握此机会，那么股价在强势上涨达到鸭头高度时，就是最后的买入时机了，失去此机会后建议投资者不要盲目追涨。

『分析实例』

依米康（300249）——经典老鸭头带来可喜的上涨

▼实战图谱

如图7-29所示为依米康2016年6月至11月的K线图。

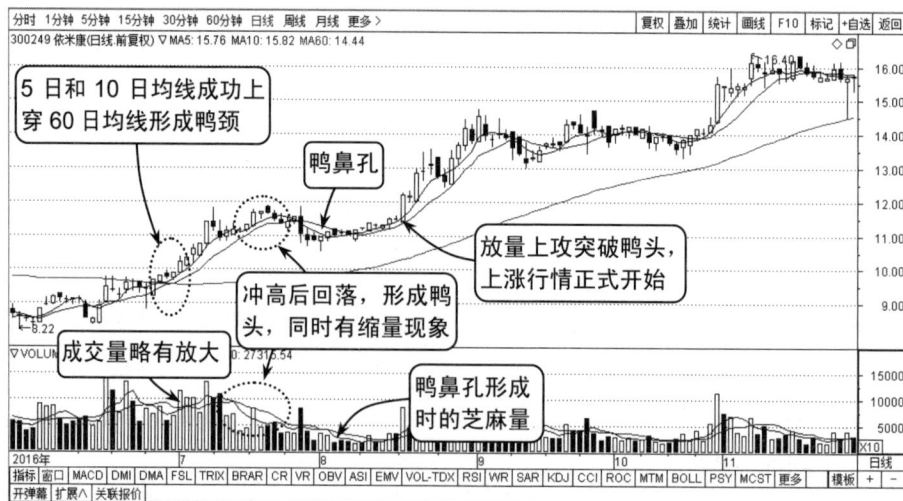

图7-29 依米康2016年6月至11月的K线图

▼盘面解析

从图中可以看出，该股在 2016 年 6 月底时，5 日均线和 10 日均线强势上穿 60 日均线，同时伴随有成交量放大的现象，可视为第一个买入时机，此时的价格在 9.8 元附近，可以在 10 元附近建仓。

随后股价维持高成交量的上涨，到 7 月 19 日以后，连续出现 3 根小阴线，股价开始回落，形成一个短期顶部，在此期间伴随的是成交量的同步缩减。

当股价回落到 11 元附近时再次向上，随后 5 日均线上穿 10 日均线形成金叉，与前一个顶部时的均线死叉之间形成一个不大的孔，并且在形成这个孔的时候出现了这段时间中的成交量低点。

至此，老鸭头形态的 3 个形态特征已经出现，可以判断该股有庄家在操作，其后的上涨已经可以预测，此时为最佳的买入时机，建仓价格可以控制在 11 元。

在 8 月 17 日时，股价放量上冲，以 6.27% 的涨幅和超过 3% 的换手率，强势突破了鸭头位置，形成鸭嘴，至此老鸭头形态已完全形成。而从图中可以看出，此时的价格在 12 元附近，这也是投资者最后的买入机会。

随后该股迎来了长达 3 个多月的上涨行情，到 11 月中旬的时候，价格已上涨到 16 元以上。如果我们把握住了最后的 12 元入场机会，在 3 个月时间内也能获得 30% 以上的收益。

重点提示：老鸭头的鸭嘴必须通气

在老鸭头形态中，鸭嘴的通气性是很重要的一点。即在鸭头形成后股价开始回落，但回落的低点不能低于 60 日均线，使 60 日均线与 5 日均线和 10 日均线之间保持有一段距离，就像鸭子张大嘴巴出气一样。如果回落时 5 日均线或 10 日均线达到了 60 日均线位置，则形态失败。

第88项　妙高台

『形态特征』

妙高台是主力在前期高点附近横向整理，等待拉升时机而形成的一种 K 线形态，其示意图如图 7-30 所示。

价格

股价在前期高点附近横向整理，形成一个相对高的平台，价格运行在60日和120日均线之上，随后向上突破整理区继续上涨。

20日均线

5日均线

10日均线

60日均线

120日均线

时间

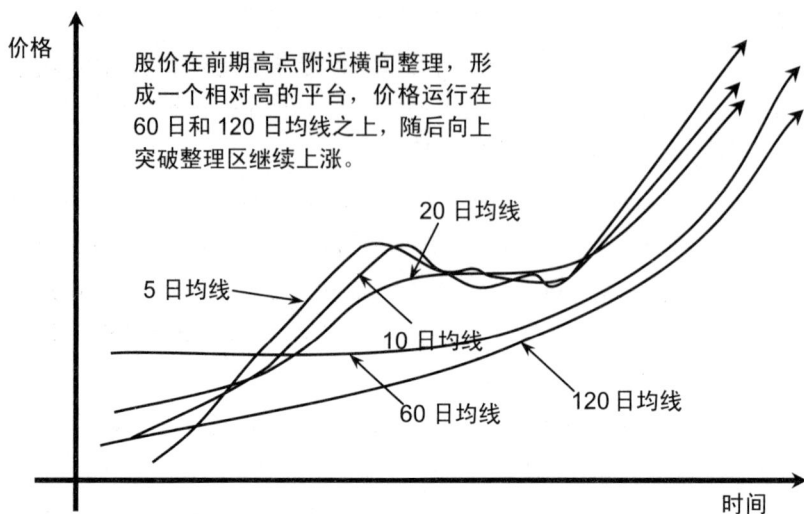

图 7-30　妙高台示意图

　　妙高台的一个最大特征是股价经历一段时间的上涨后，在某个高点附近横向整理，但在整理期间，股价必须运行在 60 日均线和 120 日均线之上。在整理开始的时候，均线最好能形成多头排列。

　　其次，在整理期间，成交量应该适当萎缩，不能有异常的突然放量或过小的地量成交。

　　最后，股价在经历这个平台整理后，最终会以放量上攻的形式突破整理区间，开始加速上涨。

『操作策略』

　　判断妙高台形态的时候，可以添加第 5 条移动平均线，其周期为 120，即 120 日均线。添加后即可使用 2+3 理论来判断，妙高台指的是 K 线进入 2+3 区间后的第一个小平台。

重点提示：2+3 理论的简单描述

　　这里的"2"表示 60 日均线和 120 日均线，而"3"则表示 5 日、10 日和 20 日这 3 条均线。2+3 区间指的是 5 日、10 日和 20 日线运行在 60 日和 120 日均线之上时的价格区间。根据多年来的市场表现来看，大多数牛股的上涨都出现在这个区间。

妙高台是庄家建仓和洗盘的一种表现，在实战操作的时候，需要注意以下几点。

- ◆ 股价在进入妙高台之前的上涨过程应该有较大的成交量，这表示庄家吸入的筹码较多，后续操作较为方便。

- ◆ 在妙高台形成时的整理区间，股价波动不宜过大，且成交量相对于进入高台前要有明显的缩量，但不要有太过异常的成交量表现。

- ◆ 股价在突破妙高台的时候，必须要有放量拉升的大阳线，一举突破前期的最高点，此时为最佳的买入时机。

- ◆ 妙高台整理时间持续越久，后期的上涨幅度越大。

『分析实例』

中兴通讯（000063）——经典妙高台后的长时间大幅度上涨

▼实战图谱

如图 7-31 所示为中兴通讯在 2017 年 2 月至 2017 年 10 月的 K 线图。

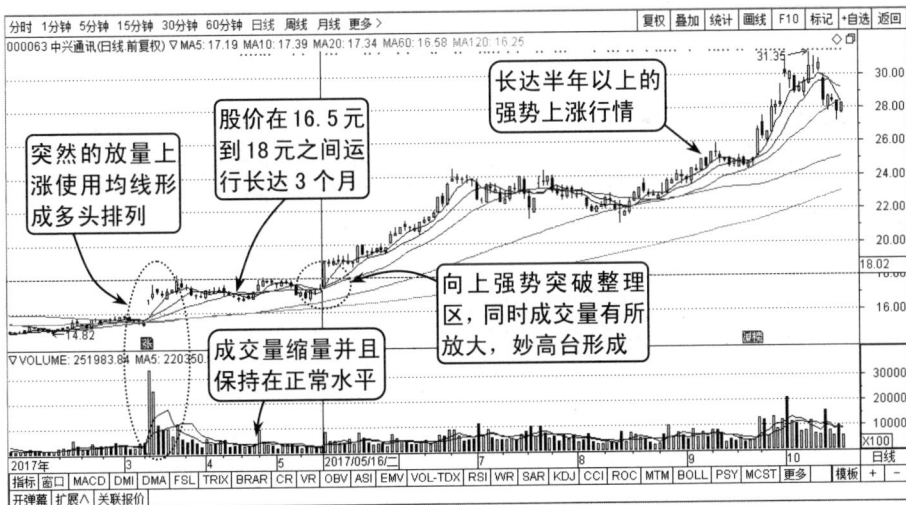

图 7-31　中兴通讯妙高台经典形态分析

▼盘面解析

从图 7-31 中可以看出，该股在 3 月 16 日当天突然放量上冲，当日成交量出现天量，最终以涨停板收出一个 T 字型。异常的上涨使得该股成交开始活跃起来，随后继续保持上涨势头，虽然成交量有所下降，但相对于前期而言仍然较大。

短短一周时间的上涨后，股价开始进入横向整理区间，而在股价开始放量上冲时，5 日、10 日和 20 日均线都快速运行到了 60 日和 120 日均线之上，进入了 2+3 区间，这是形成妙高台的第一个必备条件。

同时这一周的上涨，使得这段时间的换手率超过 30%，表示庄家在这一波上冲行情中得到了足够多的筹码。

随后股价保持在 16.5 元至 18 元的价格区间横向整理，维持时间长达 3 个月，而成交量也缩量至上冲之前的水平，表示庄家洗盘较为成功。

在 5 月 16 日这天，股价再次放量上攻，最终以 8.6% 的涨幅收出一根大阳线，强势突破了长达 3 个月的横向整理行情，至此妙高台形态终于形成。

当股价上冲突破 18 元的整理区间时，就是最佳的买入时机。假设能够把握此时机以 18 元的价格买入，当股价第二次进入盘整时，已上涨到 24 元附近。

这一次的盘整时间较长，幅度较大，很多意志不坚定者很有可能在此被淘汰出局，但最终股价在 60 日均线处获得了有力支撑，使得该股拥有了继续向上的动力。截止到 10 月底，股价上涨到 30 元以上，不到半年的持股时间将获利 60% 以上。

第89项　青龙取水

『形态特征』

青龙取水是一种庄家洗盘的形态，洗盘后就将迎来最后的拉升。图 7-32 所示为青龙取水形态的示意图。

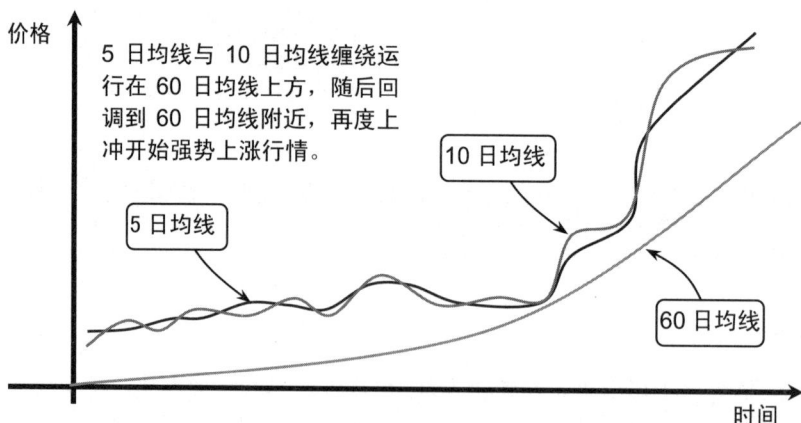

图 7-32　青龙取水示意图

青龙取水形态与前面讲过的老鸭头形态有一些相似的地方，庄家在吸筹完成后，需要进行一个洗盘过程，在 K 线上体现出来的大多数都是横向整理或缓慢向上，但成交量都非常小。具体而言，青龙取水具有如下特征。

◆ 5 日均线和 10 均线在 60 均线以上不断纠缠，时间可长达数月之久。

◆ 股价回调到 60 日均线时，形成龙头，犹如在此取水，而此时成交量会出现一个缩量圆底，犹如取水后留下的坑。

◆ 有时候龙头会出现多次"取水"现象，K 线呈现出波浪形态，但只要趋势仍是向上的，形态就仍然成立。

『操作策略』

青龙取水形态判断起来非常容易，把握好 3 条均线的位置关系以及"取水"时的成交量变化即可。只要确定是青龙取水形态，可按如下方法操作。

◆ 当股价回落到 60 日均线时，如果成交量出现缩量圆底，则逢低介入。

◆ 当"取水"完毕开始上冲达到前一高点时，就是最后的买入时机。

『分析实例』

京东方 A（000725）——青龙两次取水带来的上涨行情

▼实战图谱①

如图 7-33 所示为京东方 A 在 2016 年 9 月至 2017 年 5 月的 K 线图。

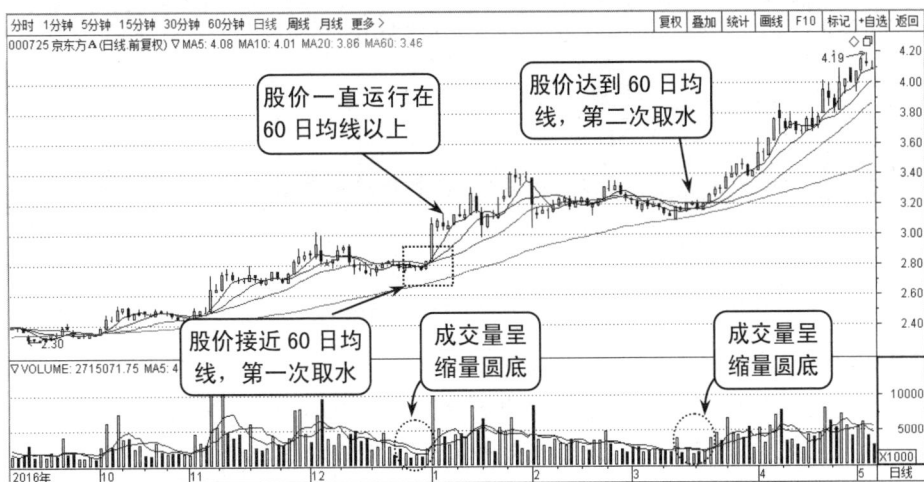

图 7-33　京东方 A 在 2016 年 9 月至 2017 年 5 月走势图

▼**盘面解析①**

从图 7-33 中可以清楚地看到，股价在经历了长时间的低位横向发展后，开始步入了向上的轨迹中，5 日均线与 10 日均线一直交替变换，但均保持在 60 日均线之上运行。

2016 年 12 月底时，股价接近 60 日均线，并且成交量也呈现了缩量的小圆底，这就是一个非常明显的青龙取水形态。2017 年 1 月 3 日，股价强势放量冲高，单日涨幅达到 8.48%，一举突破前期整理的高点，成为第一个买入时机。

随后股价继续缓慢上涨，在 2017 年 3 月中旬，股价再次达到 60 日均线，同时成交量也再度符合了缩量小圆底的形态，这是更加经典的青龙吸水形态，也是第二次吸水现象。

在 3 月 24 日和 3 月 25 日时，二次取水后的青龙再次突破了前期的高点，形成第二个买入机会。我们再来看看其后面的暴发状态。

▼**实战图谱②**

如图 7-34 所示为京东方 A 在 2017 年 1 月至 7 月的 K 线图。

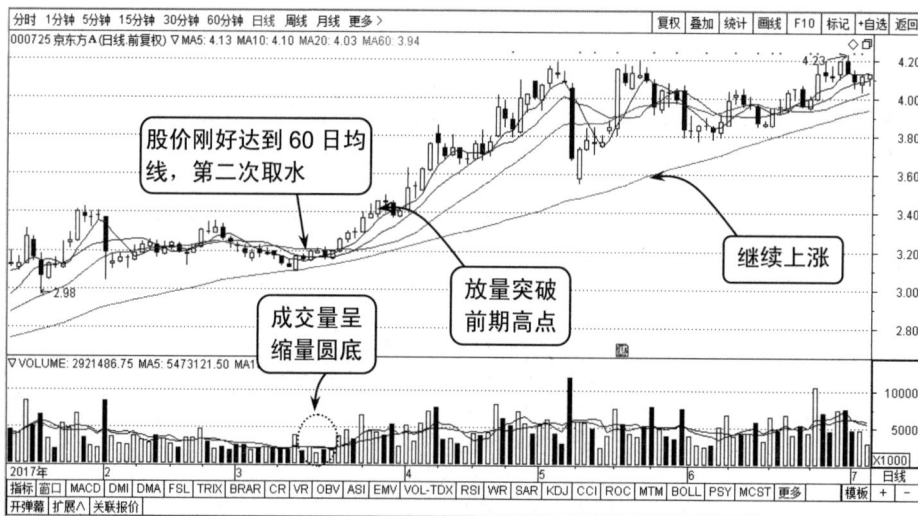

图 7-34　京东方 A 在 2017 年 1 月至 7 月走势图

▼**盘面解析②**

从图 7-34 中可以看出，该股在青龙第二次取水以后，有放量上涨的趋势，连续几天收阳就是最好的表现，此时如果还在犹豫的投资者，就应该抓住机会跟进了。

在 3 月底 4 月初的时候，股价取水后回升到了前期高点 3.4 元附近，虽然受到了一点小小的阻力，让上涨势头有所改变，但最终还是多方占优，有效突破此阻力位继续向上，而这也将是投资者最后的买入时机了。

当股价突破了 3.4 元的阻力位以后，开始了快速拉升的过程，在 5 月初时，股价已上升到 4 元以上，一个月整体涨幅超过 17%。

『操作策略』

◆ **蛟龙出海的操作策略**：当股票走出蛟龙出海形态，后市股价继续上攻将是大概率事件。后市股价向上攻击的高度，与这段横盘整理时间的长短有很大关系，3 条均线横向盘整时间越长，股价一旦穿越 3 条均线向上攻击，后市股价上涨的时间周期往往较长，上涨幅度往往也相对较大；另外，穿越 3 条均线的那根 K 线涨幅越大，后市的爆发力度越强；通常伴随着该 K 线还会出现成交量相对于近期放大量。因此遇到该形态，可以在当天追进，或者后面逢回落买进，不过很多时候股价会连续大涨几天才出现回落。

◆ **断头铡刀的操作策略**：断头铡刀通常是新一轮跌势的开始，特别是带有较大成交量的大阴线，则后市下跌的可能性更大，因此见到该形态一定要果断出局。由于该形态的形成通常是突然暴发，下跌迅速，往往令人猝不及防，因此在长期下跌趋势中，应尽量避免持有长期震荡不涨的股。

> **重点提示：使用形态时应注意长期趋势的方向**
>
> 蛟龙出海形态通常出现在上涨后的整理行情中，如果是长期下跌趋势中出现这样的形态，后市上攻的概率也比较低；股价经过长时间的大幅下跌，再经过长期横盘整理后也有可能出现这种形态，这时上攻的有效性就会高很多，相当于筑底后反转。
>
> 断头铡刀通常出现于下跌途中的整理行情末期，有很多主力在整理末期还会伴拉股价诱多，然后突然砸出一根大阴线贯穿 3 条均线，手法非常凶狠。断头铡刀形态也有可能出现在长时间大幅上涨后，股价完成震荡筑顶后的突然下跌。

『分析实例』

西部建设（002302）——遇上蛟龙出海尽快买，良机一失难再来

▼**实战图谱**

如图 7-35 所示为西部建设在 2016 年 12 月至 2017 年 5 月的 K 线图。

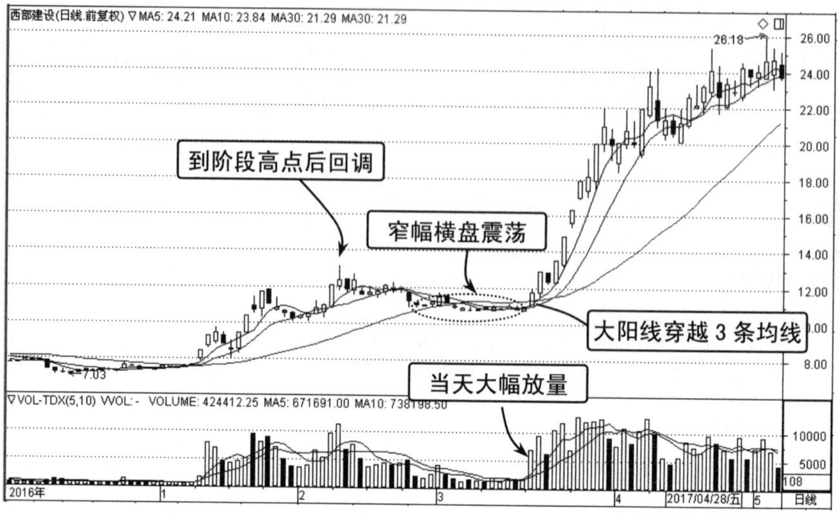

图 7-35　西部建设 2016 年 12 月至 2017 年 5 月的 K 线图

▼盘面解析

从上图可以看到，西部建设经过长期震荡筑底后，从 2016 年 1 月初开始出现一波上涨走势，2017 年 2 月中旬到达波段高点出现回落震荡走势，从 2 月下旬到 3 月中旬，震幅越来越小，成交量大幅萎缩，5 日均线、10 日均线和 30 日均线逐渐粘合缠绕。由于此时长期均线均转为向上，因此判断后市上涨的概率比较大，但尚不知道整理时间会有多久，因此需耐心等待。

2017 年 3 月 17 日，一根大阳线从下方穿越 3 条均线，盘中一度触及涨停，收盘涨幅达 7.12%，同时成交量比起盘整期大幅增加，符合蛟龙出海形态，可以在当天收盘附近买入。

次日该股小幅低开（这时也是进场良机）后快速走高，最终以涨停收盘。如果稳健的投资者这两天没有介入，后面出现阴线和回踩到 5 日均线时都是入场良机。可以看到该股之后一路快速上涨，涨幅超过 120%。

第8章

K线与技术指标关系分析

在股市中,主力为达到某种目的,往往会利用一些经典形态设计一些技术陷阱,让技术不深的投资者上当。因此,在实战分析时,一定要配合其他一些指标进行综合分析,才能提高买卖信号的准确性。比较受大多数投资者青睐的指标主要有MACD、KDJ、BOLL和RSI等指标,本章将介绍MACD和KDJ结合K线进行实战操作的方法。

- ✧ MACD金叉
- ✧ MACD死叉
- ✧ K线与MACD底背离
- ✧ K线与MACD顶背离

- ✧ KDJ金叉
- ✧ KDJ死叉
- ✧ K线与KDJ底背离
- ✧ K线与KDJ顶背离

一、K 线与 MACD 指标的结合

MACD 称为"指数平滑异同移动平均线",简称为"指数差离指标"。其基本原理是运用快速和慢速的两条移动平均线的聚合与分离特征加以平滑计算,用于研判股价的趋势,判断股票的买进和卖出信号。

指数平滑异同移动平均线来源于股价移动平均线,因此它具有与股价移动平均线相似的特性。经过技术改进,MACD 指标剔除了股价短期上下波动的影响,主要反映市场中长期趋势,对股价短期走势的反映较为滞后,远不如 K 线形态那样及时。因此,在运用这一指标时最好与 K 线配合使用,提高准确性。

第90项　MACD 金叉

『形态特征』

MACD 指标的 DIF 线向上突破 DEA 线呈现出来的形态,称之为 MACD 的黄金交叉,简称 MACD 金叉,如图 8-1 所示。

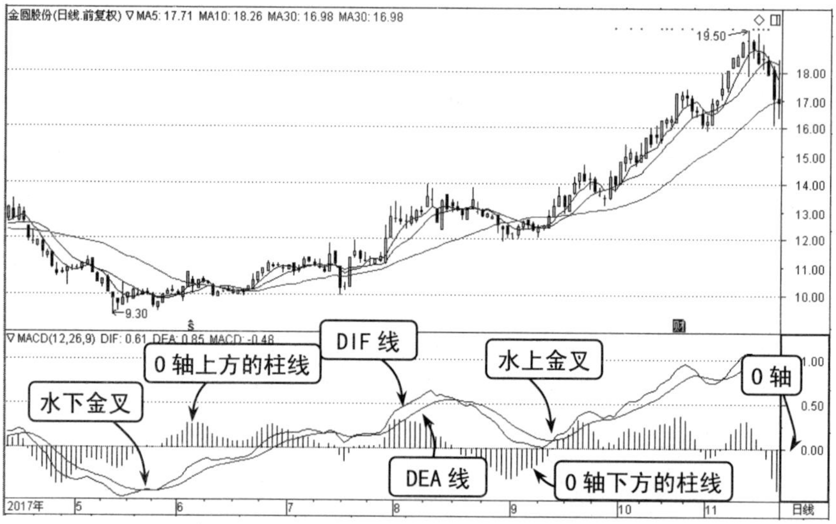

图 8-1　MACD 金叉

MACD 由 DIF、DEA 两条曲线和一个柱线组成,其意义如下。

◆ DIF 线:是 12 日 EMA 和 26 日 EMA 的差值,12 日 EMA 是快速移动平均线,26 日 EMA 是慢速移动平均线。

- ◆ **DEA 线**：它是 DIF 线的 9 日平均线，也就是说快速移动平均线减去慢速平均线的 DIF 在 9 个交易日的平均值构成的平滑曲线。

- ◆ **柱线**：DIF 线和 DEA 线的差值用柱线来表示，差值为正显示在 0 轴上方，用红柱线表示，差值为负显示在 0 轴下方，用绿柱线表示。

由于 DEA 是 DIF 的 9 日平均线，因此它的变化肯定慢于 DIF 线，当股价变化时，这两条曲线就因变化快慢不同而出现同向或交叉等形态。由于位置的不同，又分为水上金叉和水下金叉。

- ◆ **水上金叉**：当 DIF 线与 DEA 线同时位于 0 轴上方（即 DIF 与 DEA 的值都为正）时，DIF 从下向上突破 DEA 时形成的交叉称为 0 轴上方黄金交叉，可简称为水上金叉。

- ◆ **水下金叉**：当 DIF 线与 DEA 线同时出现在 0 轴下方时，如果 DIF 从下向上突破 DEA 形成交叉，称为 0 轴下方黄金交叉，可简称为水下金叉。

『操作策略』

MACD 是一种市场的强弱表现，预示着多空双方的力量变化。当柱线在 0 轴以下，表示空方力量暂时强大，柱线在 0 轴以上，说明多方力量暂时控盘。

当 MACD 出现金叉形态，必须是 DIF 线向上变化的速度大于 DEA 线，也说明当前股价处于上涨期，操作策略依不同情况而定。

- ◆ **水上金叉的操作策略**：0 轴上方的黄金交叉一般出现在一轮强势的上涨行情中，表明股价可能再次上涨，投资者可适时加码跟进或持股待涨。

- ◆ **水下金叉的操作策略**：DIF 线与 DEA 线同时出现在 0 轴下方时，表明股市当前处于一种下跌的弱势之中，此时的金叉只能表示弱势行情将暂时转强，股价可能会止跌反弹，只能作为短期反弹的买涨信号看待。

当 MACD 指标在较低位置出现二次金叉，即使位于 0 轴下方，则后市股价上涨的概率也将大大增加。两次金叉的时间间距以 20～60 个交易日左右为佳。

『分析实例』

⚡永安林业（000663）——水上金叉结合 K 线、均线擒牛股

▼实战图谱

如图 8-2 所示为永安林业在 2017 年 3 月至 12 月的 K 线图。

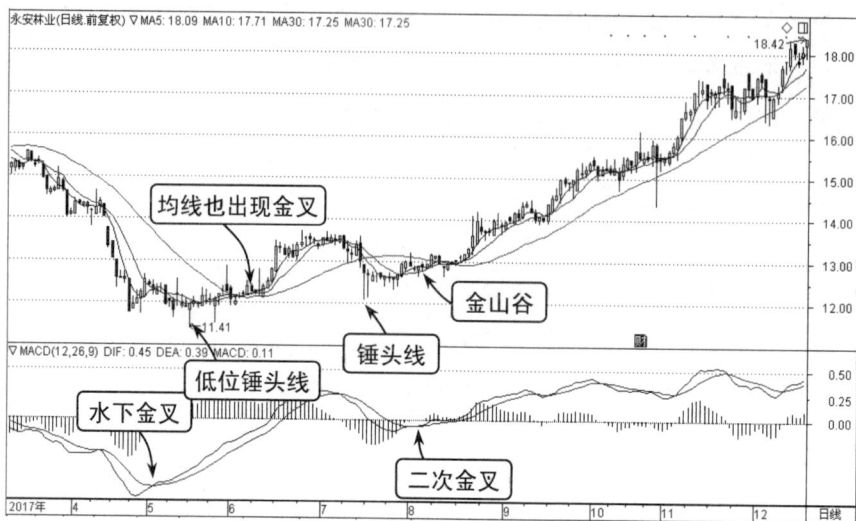

图 8-2 永安林业 2017 年 3 月至 12 月的 K 线图

▼盘面解析

从图 8-2 中可以看出,该股在 2017 年 3 月之前经历过一轮较大幅度的下跌,在 2017 年 5 月 4 日,MACD 指标在 0 轴下方出现了金叉形态,但此时只有短期均线有拐头迹象,只能预示股价可能出现反弹,不能作为买入信号。

之后股价在该位置横盘震荡,出现低位锤头 K 线,并且在 6 月 5 日后,短、中期均线向上突破 30 日均线,此处可视作短线上涨行情将展开,短线投机者可以适当买进,中线投资者按兵不动,进一步观察股价走向。

此波反弹小幅上涨后,于 7 月开始回落,在 8 月初,MACD 指标再次形成金叉,此处的金叉与前面第一个金叉跨度 64 个交易日,符合二次金叉的要求,同时在金叉形成前不久还出现了一根锤头线,之后的震荡股价未跌破锤头线低点,因此这里的看涨信号明确,投资者应及时买入或者加仓。

之后股价小幅上涨,并且均线形成了金山谷形态,有效性更高,重仓买入持股待涨,可一直持有到均线和 K 线出现反转为止。该股之后一路上涨,涨幅超过 60%。

重点提示:股价转势后的 MACD 二次金叉才有效

二次金叉是指转势后的二次金叉,如果一次是下跌中的反弹,之后不久又创了新低出现的金叉不能算作二次金叉。另外,如果两次金叉相隔的时间过长,有效性也会大幅下降。二次金叉出现的位置即使在 0 轴下方,但只要和 0 轴相隔不太远(如果在水下相隔太远说明股价又出现了较大的跌幅,甚至新低),日后大涨的概率也比较高。

第91项　MACD 死叉

『形态特征』

MACD 指标的 DIF 线从上向下穿越 DEA 线呈现出来的形态,称之为 MACD 的死亡交叉,简称 MACD 死叉,如图 8-3 所示。

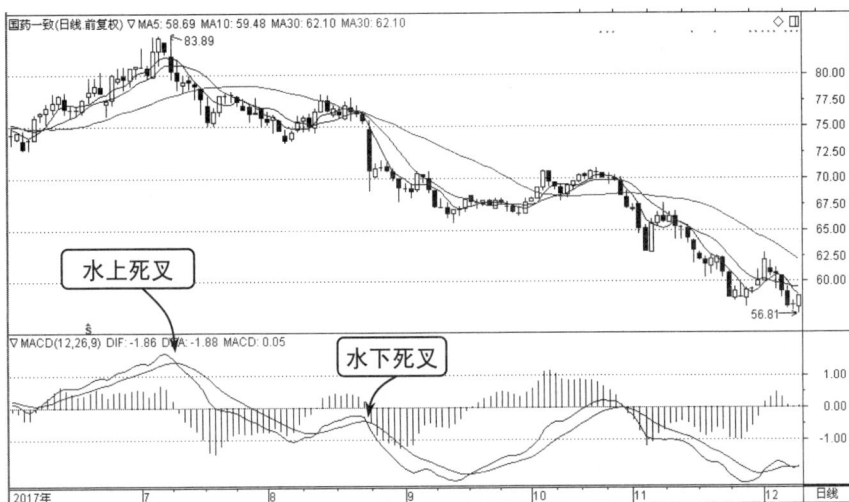

图 8-3　MACD 死叉

由于位置的不同,MACD 的死叉可分为水上死叉和水下死叉。

◆ **水上死叉**:当 DIF 曲线与 DEA 曲线同时位于 0 轴上方时,DIF 从上向下跌破 DEA 形成的交叉称为 0 轴上方死亡交叉,可简称为水上死叉。

◆ **水下死叉**:当 DIF 曲线与 DEA 曲线同时出现在 0 轴下方时,DIF 从上向下跌破 DEA 形成的交叉称为 0 轴下方死亡交叉,可简称为水下死叉。

『操作策略』

当 MACD 出现死叉形态,必须是 DIF 线向下变化的速度大于 DEA 线,也说明当前股价处于下跌期。它又分以下两种情况。

◆ **水上死叉的操作策略**:水上死叉出现在 0 轴上方,表示股价当前处在一种上涨的强势行情中,但此时若出现死亡交叉,表示强势即将转弱进行调整。如果是在高位(离 0 轴很远的上方)出现死叉,通常是股价经历大幅上涨后即将转势或深幅回调。因此,当在 0 轴上方高位出现死亡交叉时,投资者应适时减仓，并紧盯行情的发展，一旦转势信号出现则应全部出仓。

◆ **水下死叉的操作策略**：由于 DIF 线与 DEA 线同时出现在 0 轴下方时，表明股价本来就处于一种下跌的弱势之中，此时如果 DIF 从上往下穿过 DEA 形成交叉，说明前不久股价有过一次短暂的反弹或横盘整理行情，此时再次出现死叉，表示股价将再次走弱，股价继续下跌的概率很高，投资者宜斩仓出局，观望为主。

当MACD指标在高位出现二次死叉，两次死叉的时间在20～60个交易日左右，即使位于 0 轴上方，后市股价大幅下跌的概率也将大大增加。如果在 0 轴下方，则表示弱势格局将持续，投资者都应离场观望。

『分析实例』

▞ 华联控股（000036）——水上死叉结合 K 线、均线逃顶

▼**实战图谱**

如图 8-4 所示为华联控股在 2017 年 6 月至 12 月的 K 线图。

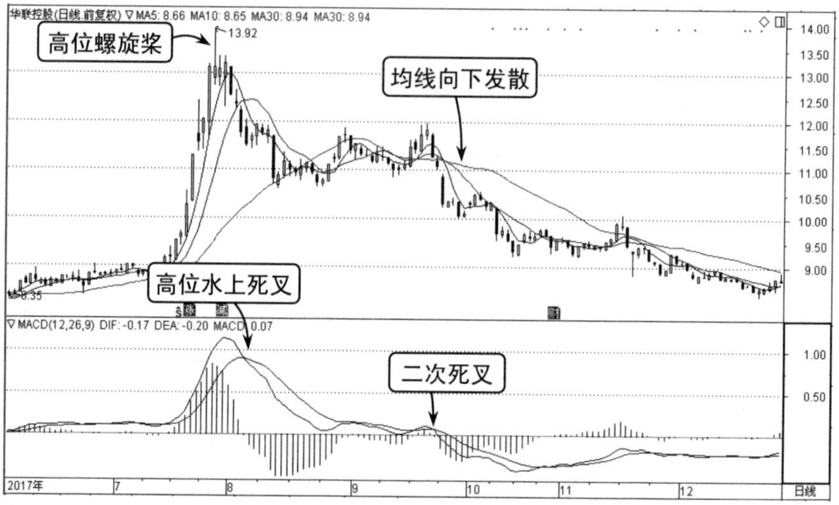

图 8-4　华联控股 2017 年 6 月至 12 月的 K 线图

▼**盘面解析**

从图 8-4 可以看出，该股在 2017 年 6 月走出一波上涨行情，特别是 7 月之后股价快速大幅上涨，均线和MACD指标都被快速拉高。在 8 月 4 日，MACD指标在高位出现了死叉形态，短、中期均线也在前一个交易日形成死叉，同时

在前面几个交易日还出现了一根高位螺旋桨的见顶 K 线形态，3 种信号预示股价可能出现反转或者深幅调整，持有该股者应立即卖出。

之后股价在跌到 30 日均线位置横盘震荡一段时间，30 日均线也逐渐拐头向下，在 9 月 22 日，MACD 再次出现死叉，虽然还在 0 轴上方，但和前一次死叉相隔接近 30 多个交易日，属于二次死叉范围，因此股价很可能再次下跌，如果在震荡期参与了买入操作，此处应果断出局。

之后股价跌破几条均线，均线出现向下发散形态，同时 MACD 指标也进入 0 轴下方，表明行情极弱，不宜操作，观望为上。证明此次逃顶是极为明智的抉择，回避了之后较大幅度的下跌。

重点提示：使用 MACD 金叉和死叉操作需注意长期趋势的方向

使用 MACD 指标仍然要注意长期趋势的方向，如果在周期级别的长期上涨趋势中，高位二次死叉可能只是带来一段幅度略深的回调，而不是转势。同样，在大周期的下跌趋势中，低位二次金叉也可能只带来一小段反弹行情，之后股价仍然会走低。

第92项　K 线与 MACD 底背离

『形态特征』

在股价出现大幅下跌后，股价创出新低，而 MACD 指标却不能再创新低，此现象即称为 MACD 底背离，如图 8-5 所示。

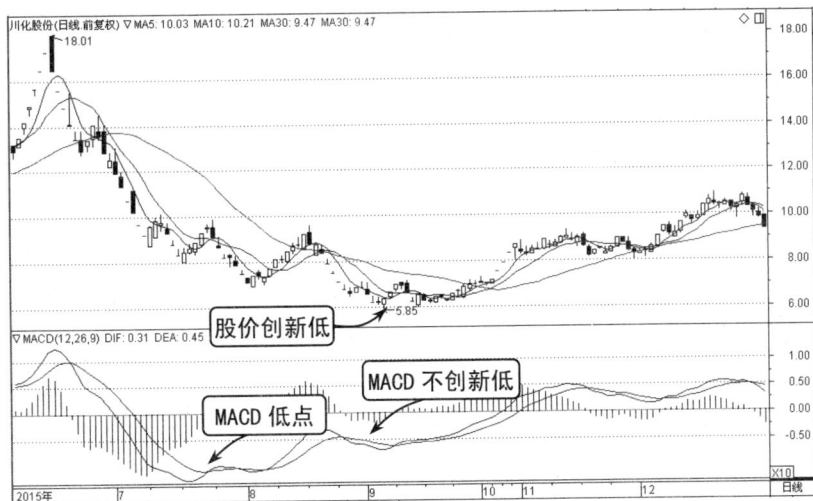

图 8-5　MACD 底背离

从图 8-5 中可以看出，该股前面出现一波下跌，MACD 随之跌至 0 轴之下并远离 0 轴，股价反弹后再次出现一波下跌，股价创了新低而 MACD 反而走高，虽然再次形成死叉，却并未创新低，和 K 线走势形成反差。

需要注意的是，这里和前面讲的 MACD 低位二次金叉是有区别的，MACD 低位二次金叉是指股价转势后 MACD 出现两次金叉，第二次出现金叉位置的股价也比前一次高，而底背离第二次 MACD 金叉的位置股价比前一次更低。

『操作策略』

股价终究是资金参与博弈的结果，MACD 背离反映的是一些资金动向，当一些大资金介入或撤退时就容易引起 MACD 出现和股价相背离的走势。

MACD 出现底背离，预示着股价很可能不会再继续下跌，行情可能会逆转上涨，是一个买进信号。如果再结合见底 K 线，则有效性更高。通常来说，MACD 底背离比 MACD 水下金叉有效性高得多，如果出现 MACD 底背离，即使均线上只出现银山谷形态，也可以大胆买入。

『分析实例』

三江购物（601116）——MACD 底背离结合银山谷形态抄底

▼实战图谱

如图 8-6 所示为三江购物在 2017 年 7 月至 2018 年 3 月的 K 线图。

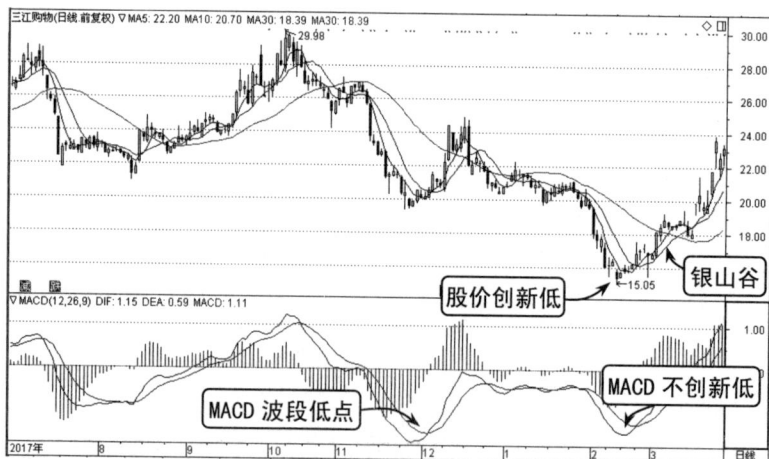

图 8-6　三江购物 2017 年 7 月至 2018 年 3 月的 K 线图

▼盘面解析

从图 8-6 能看出，三江购物从 2017 年 10 月中下旬开始出现一波下跌走势，在 12 月初第一波下跌结束，出现一波小幅反弹行情，均线和 MACD 均形成金叉，但此时长期趋势线仍是明显向下，属于下跌趋势，因此这里仍不能参与。

12 月中下旬该股展开一波新的下跌走势，到 2018 年 2 月中旬出现止跌反弹，于 2 月 26 日，MACD 又一次形成金叉，同时中短期均线也形成金叉，在前几个交易日，股价比起上一波底部明显创了新低，而 MACD 指标底部却明显高于上一波底部位置，属于 MACD 与 K 线的底背离，是看涨信号，因此可以在此处适当建仓待涨。

之后股价震荡几日后开始上攻，同时均线上出现银山谷形态，虽然此时 30 日均线只是趋缓，但方向还是向下，但底背离的有效性比较大，加上银山谷形态的确认，更加确定可以持股待涨。之后股价一路上涨，涨幅超过 40%。

第93项　K 线与 MACD 顶背离

『形态特征』

在股价出现大幅上涨后，股价创出新高，而 MACD 指标却不能再创新高，此背离现象即为顶背离，如图 8-7 所示。

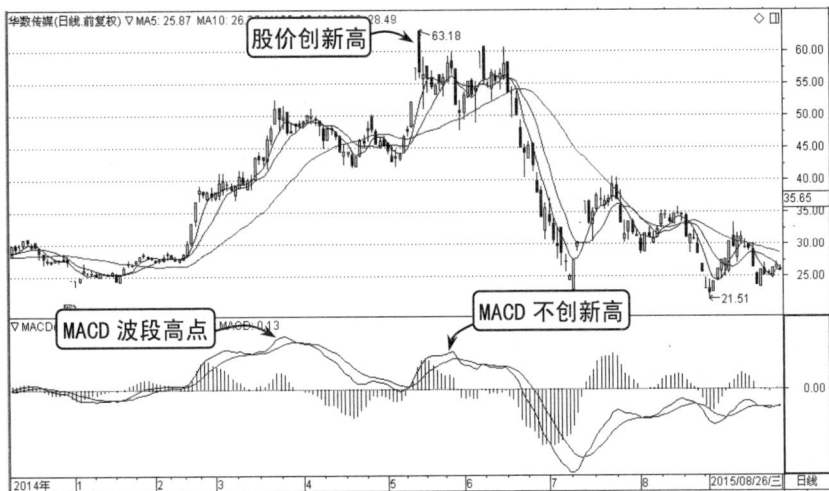

图 8-7　MACD 顶背离

同样，这里和前面讲的 MACD 高位二次死叉是有区别的，高位二次死叉是指股价转势后 MACD 出现两次死叉，第二次出现死叉位置的股价也比前一次低，而顶背离第二次 MACD 死叉的位置股价比前一次更高。

『操作策略』

MACD 出现顶背离，预示着股价不会再继续上涨，行情很可能会逆转下跌，是一个卖出信号。如果再结合见顶 K 线，则有效性更高。MACD 顶背离比 MACD 高位金叉的有效性高得多，当股价大幅上涨后，一旦出现 MACD 顶背离，应该先出局观望。

重点提示：用于比较背离的两个波段时间不能过长或过短

无论是顶背离还是底背离，用于比较的两个波段顶点或底点，最好相隔在 20～90 个交易日左右为佳，并且最好是明显的波段顶点或底点，有时候出现小幅震荡产生的极小波段顶点或底点不能作为比较对象。

『分析实例』

双林股份（300100）——MACD 顶背离结合见顶 K 线逃顶

▼实战图谱

如图 8-8 所示为双林股份在 2015 年 12 月至 2017 年 2 月的 K 线图。

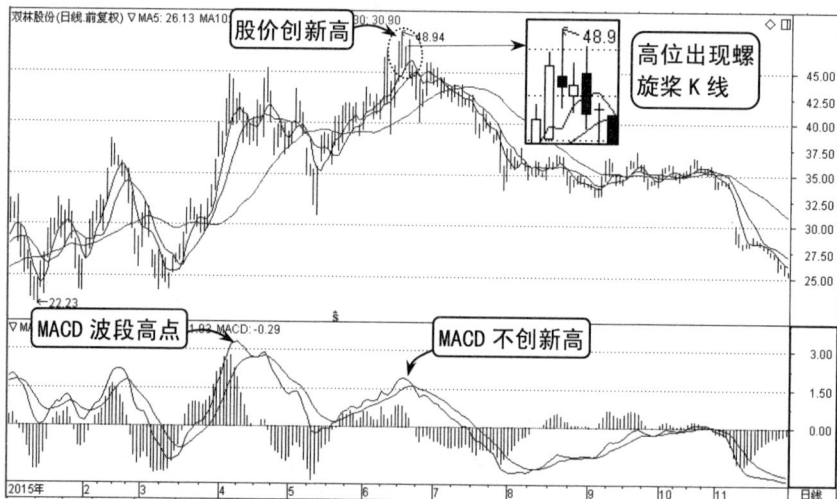

图 8-8 双林股份 2015 年 12 月至 2017 年 2 月的 K 线图

▼**盘面解析**

从图 8-8 可以看出双林股份在 2016 年 1 月之前有过一波上涨行情，在 4 月中旬之前虽然也有过几波回调后再形成上涨，但几波上涨的波峰对应的 MACD 也不断创出新高。而在 6 月 23 日 MACD 形成死叉时，这一波的股价高点明显高于 4 月中下旬的波段高点，此时 MACD 却明显低于该波段高点，形成明显的顶背离。

同时，在形成该死叉的前几个交易日，K 线在高位出现了螺旋桨见顶形态，加上该股前面有过长期的大幅上涨，因此判断该股极有可能转势下跌或深幅回调，持有该股者应及时卖出。

之后股价震荡下滑，行情发生逆转，展开了一波漫长的下跌走势。事实上，此轮下跌跌幅超过 50% 以上。证明此次逃顶极其正确，回避了之后的大幅下跌。

二、K 线与 KDJ 指标的关系

KDJ 指标全称为随机指标，一般用于市场中短期的趋势分析。它是根据统计学原理，对一个特定周期内出现过的最高价、最低价及最后一个计算周期的收盘价，通过一系列计算后得出 K 值、D 值与 J 值，并绘成相应的曲线图来研判股票走势。该指标在用法上与 MACD 指标有部分相似，但更加灵敏。

由于 KDJ 指标能够灵敏地反映股价短期内的波动，因此对于短线投资者来说，该指标具有很高的应用价值。但同时由于过于灵敏，也会导致 KDJ 指标经常发出一些无效信号，因此还必须结合 K 线来进行分析。

第94项　KDJ 金叉

『形态特征』

KDJ 指标由 K、D、J 这 3 条指标线构成，指标线 J 的波动最为灵敏，其次是指标线 K，指标线 D 的灵敏度最低。

当 KDJ 的 K 值由较小逐渐大于 D 值，在图形上显示为 K 线从下方向上突破 D 线形成的金叉称为 KDJ 金叉，如图 8-9 所示。

KDJ 指标的 K 值与 D 值永远介于 0 到 100 之间，J 值代表 K 与 D 之间的乖离程度，它既能大于 100 也能小于 0，具有提前预示顶部和底部的作用，但在实际使用中，一般主要看 K 线和 D 线的值与走势。

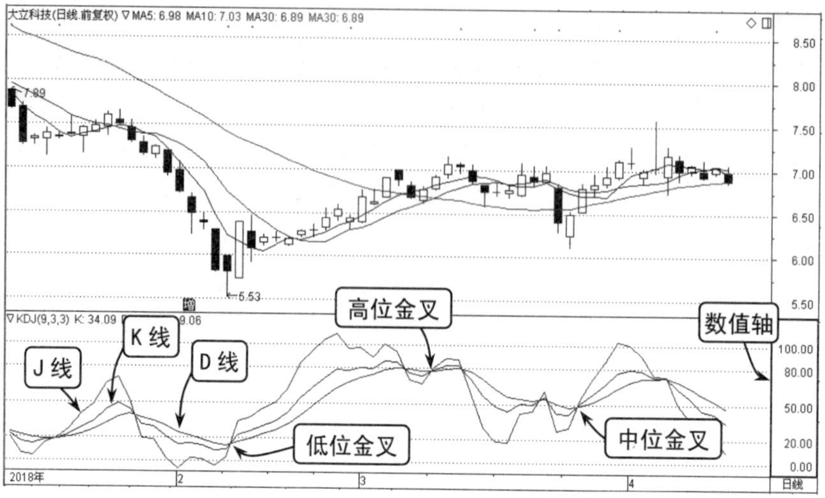

图 8-9 KDJ 金叉

KDJ 指标的 K 线和 D 线在 20 线附近形成的金叉称为低位金叉，在 50 线左右形成的金叉称为中位金叉，在 80 线左右形成的金叉称为高位金叉。

『操作策略』

KDJ 指标金叉是一个买进讯号，根据金叉出现的位置不同，其盘面意义也不同。操作策略如下。

◆ **低位金叉的操作策略：**低位金叉的短期买入信号较为准确，出现此形态说明短期行情即将逆转，投资者可考虑买入。也有的投资者将 KD 线上穿 20 线作为低位金叉，也具有买入意义。

◆ **中位金叉的操作策略：**当股价经过一段时间的中低位盘整后，KD 线在 50 线附近徘徊形成金叉，股价放量向上突破中长期均线，说明行情可能再次转强。如果 K 值在 50 线以下，由下往上接连两次上穿 D 值，形成右底比左底高的"W 底"形态时，后市股价可能会有不错的涨幅。

◆ **高位金叉的操作策略：**当股价较大幅度上涨后在中高位盘整，KD 线处于 80 线附近徘徊形成金叉，并伴随放量，说明股市处于强势之中，股价短期将再次上涨，短线投资者可介入获利。

重点提示：KDJ 指标不适用于小幅震荡行情

当股价处于小幅震荡行情中时，K 指标线和 D 指标线在 50 线左右会形成反复缠绕形态，此时形成的金叉和死叉就失去了买卖信号的意义。

『分析实例』

诺普信（002215）——KDJ金叉结合锤头线短线获利

▼实战图谱

如图 8-10 所示为诺普信在 2017 年 11 月至 2018 年 4 月的 K 线图。

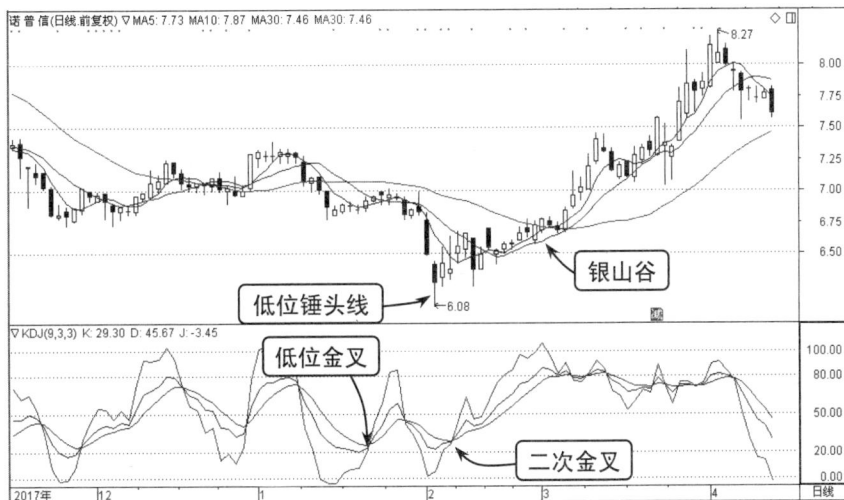

图 8-10 诺普信 2017 年 11 月至 2018 年 4 月的 K 线图

▼盘面解析

从图 8-10 中可以看出，该股在 2017 年 12 月之前有过一波较大幅度的下跌，经过近两个月的震荡后再次出现一小波下跌，在 2018 年 1 月 23 日，KDJ 指标在 20 线附近出现了一次低位金叉，但此金叉高于 20 线，并且当时几条均线还都处于向下方向，因此不能作为买入信号。

在 2 月 6 日，KDJ 指标再次出现了金叉形态，与前一次金叉形成右底高于左底的"W 底"形态，并且连续两次金叉都在 50 线之下，是极好的短线看涨形态，同时，在 2 月 2 日收出一根类似锤头线的见底 K 线，更加确认此信号的可靠性，应在 2 月 6 日及时买入。

之后股价震荡上扬，并在均线上形成了银山谷形态，行情有转势的可能，因此持股者可进一步持股不动。之后股价继续上涨，在一个多月时间里涨幅超过 20%。

第95项　KDJ 死叉

『形态特征』

当 KDJ 的 K 值由较大逐渐小于 D 值，在图形上显示为 K 线从上方向下穿过 D 线形成的死叉称为 KDJ 死叉，如图 8-11 所示。

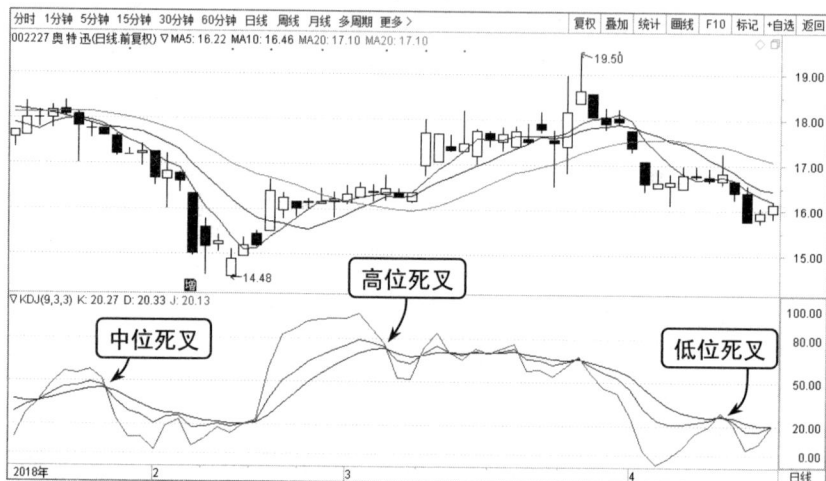

图 8-11　KDJ 死叉

KDJ 指标的 K 线和 D 线在 80 线左右形成的死叉称为高位死叉，在 50 线左右形成的死叉称为中位死叉，在 20 线附近形成的死叉称为低位死叉。

『操作策略』

KDJ 指标死叉是一个卖出讯号，根据死叉出现的位置不同，其盘面意义也不同。操作策略如下。

◆ **高位死叉的操作策略：**当股价大幅上涨运行到高位，KDJ 曲线处于 80 线附近形成死叉，说明短期上涨行情即将结束，当 KD 线在 80 线以上形成死叉，短期卖出的信号较为准确，投资者应逢高卖出。

◆ **中位死叉的操作策略：**当股价较长时间的下跌后，股价的反弹在中长期均线下方受阻，KDJ 向上未能突破 80 线，最终在 50 线附近形成中位死叉，说明行情处于极弱市，股价将继续下跌，投资者应离场观望；如果 K 值在 50 线以上由上往下接连两次下穿 D 值，形成右头比左头低的 "M 头"

形态时，后市股价可能会有较大的跌幅。

◆ **低位金叉的操作策略：** 当股价较大幅度下跌后在低位盘整，KD 线处于 20 线附近徘徊又一次形成死叉，说明股市处于极弱势之中，股价短期可能会再次下跌，应继续观望为主。

『分析实例』

安妮股份（002235）——KDJ 死叉结合十字线短线高抛

▼实战图谱

如图 8-12 所示为安妮股份在 2017 年 12 月至 2018 年 3 月的 K 线图。

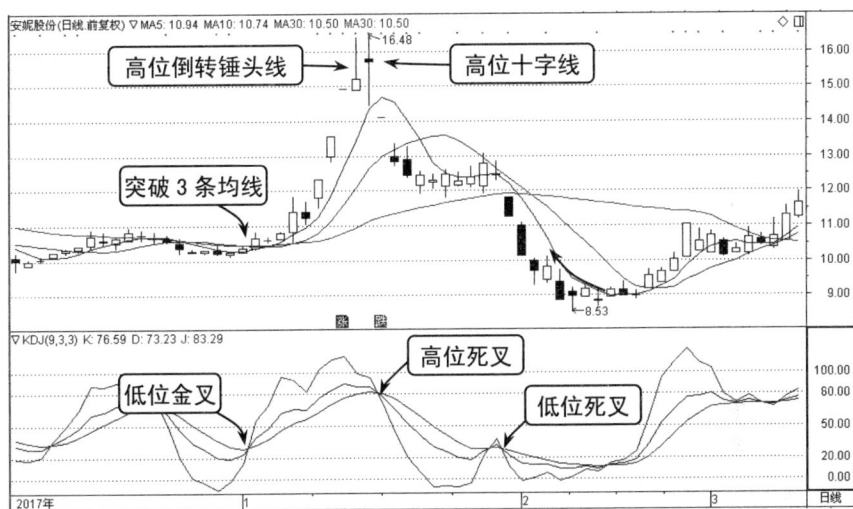

图 8-12　安妮股份 2017 年 12 月至 2018 年 3 月的 K 线图

▼盘面解析

从上图可以看出，安妮股份从 2017 年 12 月初出现一小波上涨行情后回调，于 2018 年 1 月 2 日，KDJ 指标在 20 线附近形成低位金叉，此金叉高于 20 线，并且此时几条均线还没出现方向的选择，因此应谨慎观察。

次日股价向上突破 3 条均线，加上前一天 KDJ 指标出现的低位金叉，判断可以短线买入，之后震荡两个交易日股价均没跌破均线，并且 KDJ 稳步向上，因此持股者可继续持股待涨。

之后股价出现一波快速拉升，在连续几个涨停之后，在 2018 年 1 月 15 日收出一根倒转锤头线，16 日出现一根十字线，两根 K 线均是强烈的见顶形态，因此投资者应及时卖出。次日该股一字跌停，同时 KDJ 也形成高位死叉，如果前一天没有果断卖出，该天无法卖出，只能在 1 月 18 日卖出。

之后股价继续小幅下跌后横盘，虽然 KDJ 在 1 月 29 日出现金叉，但是在 30 日又立即形成死叉，且在 20 线上方，说明股价可能下跌，如果前一天进场，此时应仔细观望。若 1 月 30 日股价下跌，则投资者可斩仓止损。

第96项　　K 线与 KDJ 底背离

『形态特征』

在股价出现一定幅度的下跌后，股价创出新低，而 KD 值没有创新低，此现象即称为 KDJ 的底背离，如图 8-13 所示。

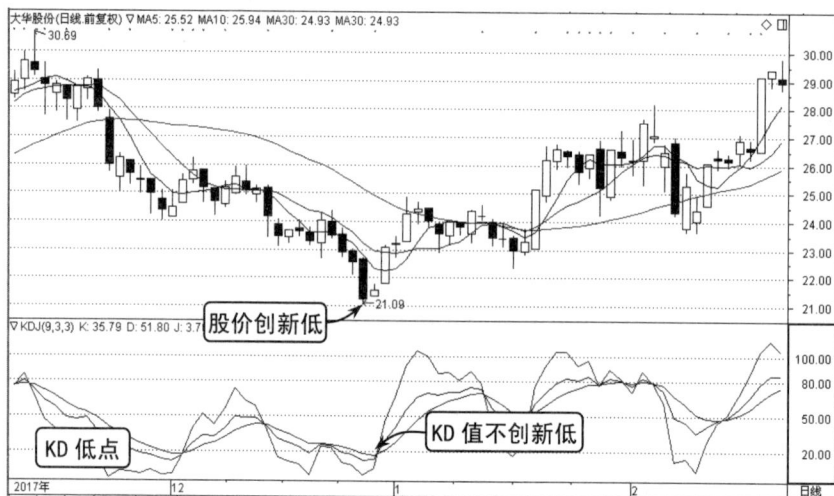

图 8-13　KDJ 底背离

从图 8-13 中可以看出，该股前面出现一波下跌，KDJ 随之下跌，之后股价出现小幅反弹后再次出现一波下跌，股价创了新低而 KDJ 此波的低点高于前一波 KDJ 低点，和日 K 线走势形成反差。

『操作策略』

KDJ 出现底背离，预示着股价短期内可能不会再继续下跌，行情可能会进行短期的上涨，是短线买进信号。如果再结合见底 K 线，则有效性更高。因此投资者应及时买进。

KDJ 的底背离与 MACD 的底背离相比，有效性低得多，因此必须结合 K 线形态进行买卖指导，并且仓位不宜过重。

『分析实例』

威华股份（002240）——KDJ 底背离结合十字线短线抄底

▼**实战图谱**

如图 8-14 所示为威华股份在 2017 年 12 月至 2018 年 4 月的 K 线图。

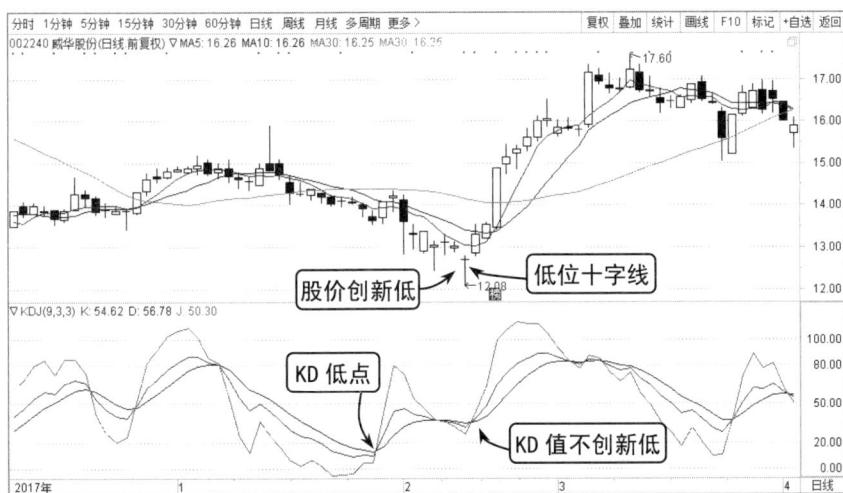

图 8-14　威华股份在 2017 年 12 月至 2018 年 4 月的 K 线图

▼**盘面解析**

从上图中可以看到，威华股份从 2017 年 12 月中上旬进行到阶段高位后，出现一波震荡下跌的走势，2018 年 1 月 29 日，KDJ 虽然在 20 线下方形成金叉，但此时 5 日均线和 10 日均线仍是明显向下，因此这里不能作为买入信号。

之后股价出现一波小幅下跌走势，于 2 月 12 日在 50 线下方 KDJ 再次形成金叉，此时可以明显看到，与上一次 KDJ 波段低点相比，此处的 KD 值明显高于上一次，而股价却明显低于上一次，形成了 KDJ 与 K 线的底背离。同时，在前一个交易日出现一根长十字线的波段见底 K 线形态，因此这里的看涨信号明确，短线操作者可果断介入。

之后股价开始上攻，突破 3 条均线并形成银山谷，涨幅超过 30%。

第97项　　K 线与 KDJ 顶背离

『形态特征』

在股价出现一定幅度的上涨后，股价创出新高，而 KDJ 指标却不能创新高，此即为 KDJ 与 K 线的顶背离，如图 8-15 所示。

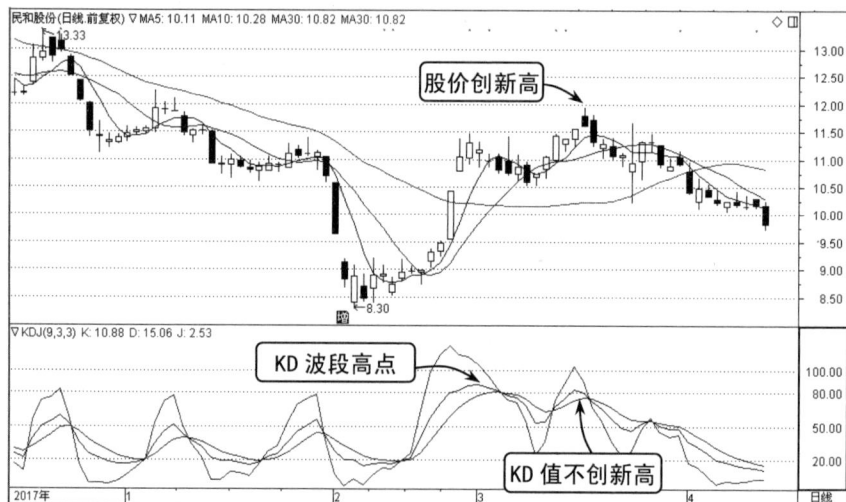

图 8-15　DKJ 顶背离

应注意的是，在判定 KDJ 顶背离和底背离时，只能和前一波高低点时的 KD 值相比，不能跳过去和更早时期的高低点相比较。

『操作策略』

KDJ 出现顶背离，预示着股价短期内可能不会再继续上涨，行情很可能会回调，是一个短线卖出信号。如果再出现见顶 K 线形态，投资者应果断卖出。

『分析实例』

▨ 海航基础（600515）——KDJ 顶背离结合高位倒转锤头线短线高抛

▼实战图谱

如图 8-16 所示为海航基础在 2017 年 8 月至 11 月的 K 线图。

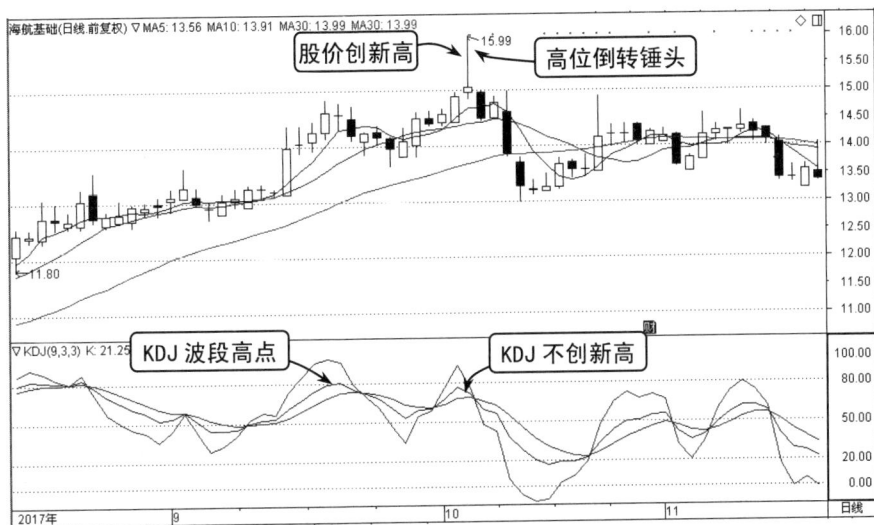

图 8-16 海航基础在 2017 年 8 月至 11 月的 K 线图

▼盘面解析

从上图中可以看到，海航基础在 2017 年 8 月之前有过一波上涨行情，在 9 月 22 日于 80 线附近 KDJ 指标出现死叉，股价出现几天小幅回调走势，但此时均线都明显向上，因此投资者可继续持股。

在 10 月 11 日，KDJ 指标又一次在 80 线附近形成死叉，这一波的股价高点明显高于前一波股价的高点，而 KDJ 值却明显低于前一波段高点，形成明显的顶背离，同时也属于 80 线附近 KDJ 出现的 M 头形态。同日的 K 线为类似倒转锤头的见顶 K 线（实际是收出该根 K 线才导致 KDJ 死叉），3 种短线见顶信号齐出，因此投资者当天应果断卖出，如果当天未能及时出局，次日低开下跌时信号更加明确，也应果断卖出。

之后股价出现几天幅度较大的回落，跌幅超过 10% 以上。证明此次逃顶很及时，回避了之后短期较大幅度的下跌。

重点提示：KDJ 指标的适用范围

KDJ 指标不适于发行量小、交易不活跃的股票。当行情处在极强极弱的单边市场时，KDJ 经常出现超买或超卖现象，此时无法用 KDJ 来判断单边行情是否结束。当 D 值大于 80 线时，行情属于超买现象，随时可能出现短线下跌，如图 8-17 所示为单边上涨的极端行情；当 D 值小于 20 线时，行情为超卖现象，随时可能出现短线反转，应随时注意有无见顶或见底 K 线出现，如图 8-18 所示为单边下跌的极端行情。当出现这种极端行情时建议不参与反向操作。

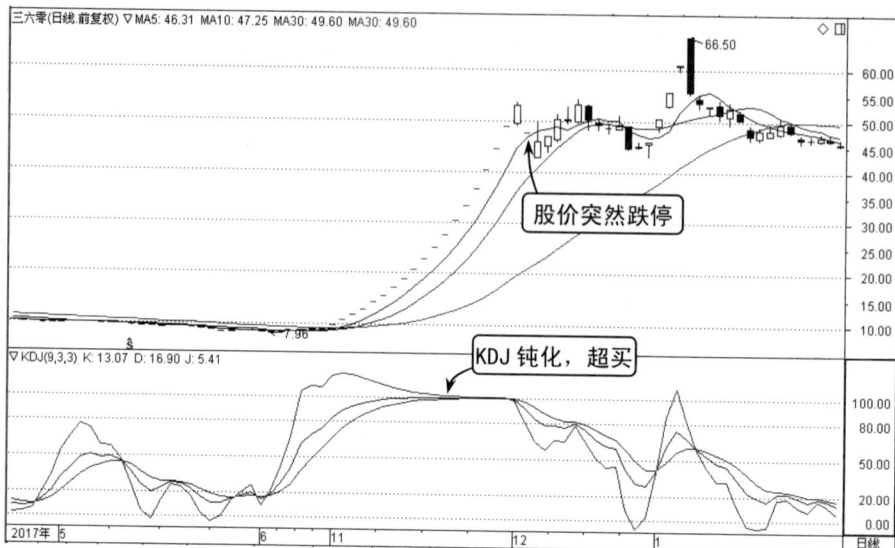

图 8-17　单边上涨行情的超买现象

图 8-18　单边下跌涨行情的超卖现象

第9章

从 K 线看主力操作

主力又称为庄家，因其持有巨额的操盘资金，因此对股市的影响非常大，也就有"股市无庄不活"说法。对于普通的散户投资者而言，如果能够跟庄成功，同样也能享受主升浪带来的收益。主力坐庄的手法是吸筹、洗盘、拉升和出货。一般的散户投资者在拉升阶段介入的危险性很高，因此在本章我们主要介绍如何通过 K 线来分析吸筹、洗盘和出货这几个过程。

- ✧　长期缩量横盘隐蔽吸筹
- ✧　反弹式吸筹
- ✧　打压式洗盘

- ✧　震荡式洗盘
- ✧　构筑平台出货
- ✧　拉高回落式出货

一、吸筹阶段的K线

主力吸筹阶段是指主力确定要操作某只股票，并向其中注入资金，购买筹码的阶段。在这段时间内，主力会通过不断地进行买卖操作，从而获得足够的筹码，为后期的拉升做准备。

一般情况下，主力进入一只股票后，要想在盘面上不留下痕迹是不可能的，因为买卖操作会促使股价改变，进一步体现在K线上，只要散户投资者能识别清楚吸筹阶段的K线形态，就能与主力共底。

第98项　　长期缩量横盘隐蔽吸筹

『形态特征』

长期缩量横盘是股价在大幅下跌后，主力惯用的一种吸筹手段，通过这种手段可以让主力在悄无声息的情况下就完成建仓。如图9-1所示为长期缩量横盘的示意图。

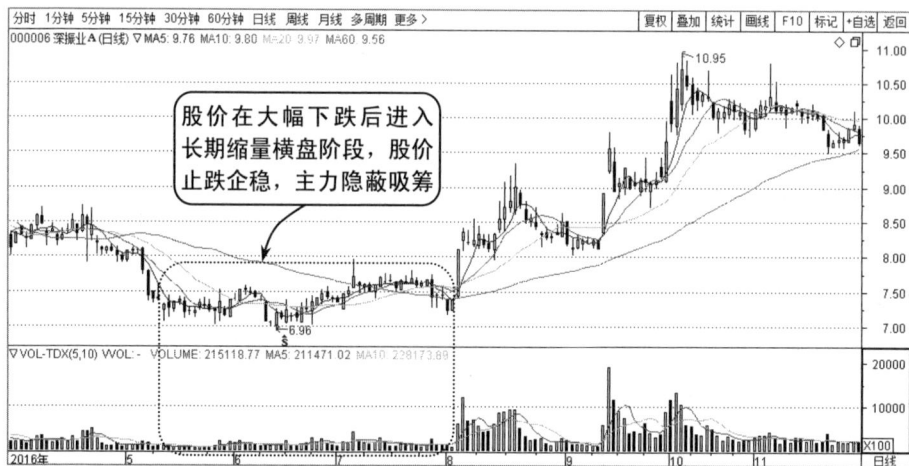

图9-1　长期缩量横盘吸筹示意图

长期缩量横盘是出现在股价大幅下跌后，股价止跌企稳的一种表现，这段时间K线的具体形态特征如下。

◆ 股价一定要经过一波深幅下跌行情，将股价拉至低位，而且此时也是散户最为恐慌的时候，因为担心股价继续下跌，于是纷纷抛售股票，这就形成了主力吸筹的最好时机。

- 因为主力的介入，改变了市场的供求关系，抵消了股价继续下跌的动力，此时股价会逐渐上升，但是上升速度不会很快，否则容易被散户发觉。在拉高到一定阶段后，主力会控盘，对股价进行快速打压，在下跌到某个低位后继续拉升股价，以此反复操作，将股价控制在一个价格范围内，让K线以N字形在箱体中变化。

- 在整个箱体变化中，股价的波动范围控制在15%以内，且对应的成交量都是缩量的K线形态才是有效的。

- 主力吸筹是希望在一天的交易中尽可能多地吸收低价筹码，通常会低开，而主动买入筹码势必会推高股价，因此当日多以阳线报收，在整个吸筹阶段，阴阳K线分布是阳线多，阴线少。

- 在整个缩量横盘过程中，还会夹杂许多的十字线、T线等K线，营造出利空的市场氛围，方便主力控盘和吸筹。

『操作策略』

大幅下跌末期出现的长期缩量横盘，是主力吸筹最常用的手法，为了避免被发现，主力都会通过拆分资金分批买入，这就会花费一定的时间才能完成。在这个阶段中，具体应该采取什么样的策略来操作呢？具体如下。

- 通常，如果股价在低位横盘的时间越长，说明股价未来的涨幅越大，当深幅下跌后有缩量止跌的行情出现时，投资者就可以密切关注该股了。

- 长期缩量横盘的时间通常都会持续几个星期的时间或者更长，稳健的投资者可以待形态基本确定后再介入，千万不要过早介入，避免承受庄家盘整之苦。因为过早介入，对于意志力不坚定的投资者而言，在盘整过程中很可能就会抛售筹码，从而为主力吸筹创造了机会，最终只能为主力做嫁衣。

『分析实例』

中金岭南（000060）——长期缩量横盘，主力隐蔽吸筹

▼实战图谱

如图9-2所示为中金岭南在2016年11月至2017年8月的K线图。

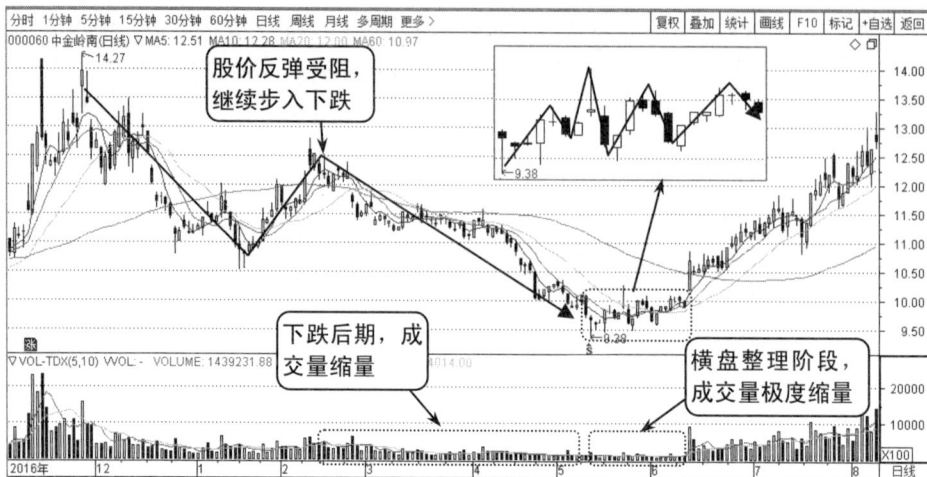

图9-2 中金岭南长期缩量横盘形态

▼ **盘面解析**

从图9-2中可以看出，该股在2016年11月底创出14.27元的高价后一路震荡下跌，虽然在2017年1月出现一波较大的反弹，股价最终抵挡不住下跌的趋势，在12.5元的价格附近反弹受阻重新步入下跌行情，整个下跌行情持续了近半年的时间。股价从最高的14.27元下跌到最低的9.38元，股价下跌了4.89元，跌幅接近35%。

在整个下跌行情中，观察成交量，却出现了明显的缩量，尤其在创出9.38元的新低后，成交量更是极度缩量。

随后股价出现缓慢的拉升，多次出现带长上影线的K线后，股价都出现回落，且股价都未跌破9.38元的最低价，上涨也始终在10元附近受阻，形成明显的区间波动整理变化。从股价波动的高点和低点来看，股价的波动范围在6%左右。

出现这种K线变化，说明主力介入的可能性很高，投资者可以重点关注该股。一旦形成明显的长期缩量横盘形态后，就可以确定主力在底部筑底。

从整个股价运行的K线来看，股价的上涨都是由阳线、十字星线和倒T线缓慢拉升，而在股价回落的阶段都是以大阴线或连续阴线来快速拉低的，形成典型的慢牛快熊K线变化（从图中的放大区域可以明显地看到）。而且从9.38元开始，直到6月中旬，股价在低位出现这种缩量横盘的时间已经近一个多月了，符合了主力在大幅下跌后在低位长期缩量横盘吸筹的条件。因此，投资者可以择机，逢低吸纳，紧跟主力，与主力共底，等待股价上涨。

第99项　反弹式吸筹

『形态特征』

反弹式吸筹是指在股价下跌到市场低点后，成交量萎缩，主力无法压低股价来吸筹而采取的一种吸筹方法。其示意图如图9-3所示。

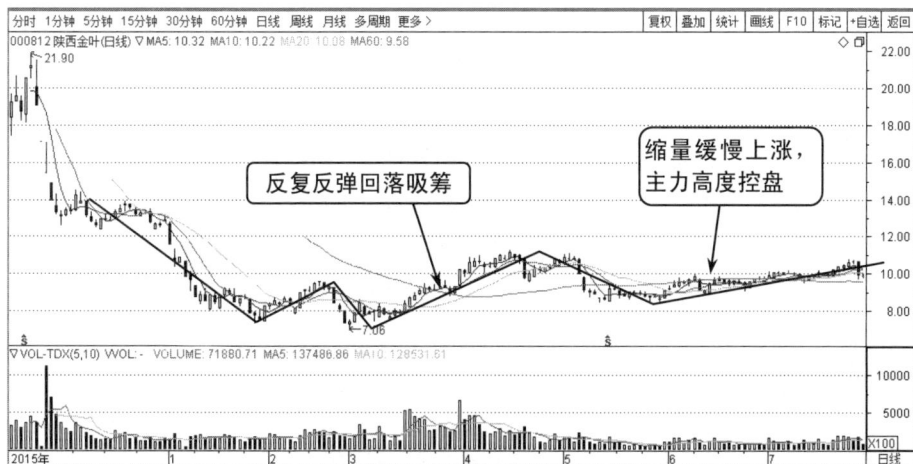

图9-3　反弹式吸筹示意图

在反弹式吸筹过程中，主力会通过两种方式来完成吸筹，因此K线形态也会出现两种情况。

◆ **K线反弹后回落**：主力为了引发更多抛盘，在将股价拉高反弹到一定高度后都会打压回来，经过几次反复后，散户就形成了"股价反弹到某一价位就要抛掉，等到低位再捡回来"的定势思维。但是最后一次反弹后，股价却不回落，而是拉升。有的反弹后回落一次就完成了建仓操作，而有的时候需要反复回落多次，但是每次股价的反弹高点都要高于前一次股价的反弹高点，且每次回落下跌的低点也会高于前一次股价回落下跌的低点。

◆ **K线反弹后横盘**：主力将股价反弹至某一价位后，并未随大盘的回调而出现回调，而是出现长时间的横盘整理走势。此时散户投资者看到大盘走势已经疲软了，便萌发了高抛低吸的念头。而这些被抛售出来的筹码却被主力全部吸收，促使其完成建仓操作。

『操作策略』

面对反弹式吸筹，散户投资者要如何具体操作呢？

◆ 由于在反弹式吸筹方式中，主力是借着散户"反弹出货"、"高抛低吸"的心理弱点大量吸收市场上抛售的筹码。如果散户判断出主力使用的吸筹手段，一定要多一点耐心，不要被主力反复的反弹打压给吓住。主力正是因为收集的筹码还不够，所以才通过这种方式来继续吸筹，这个过程也不是一瞬间就完成的。如果缺乏耐心，可能出现刚抛售，股价就上涨了。

◆ 如果主力是采用反弹后回落的策略来完成反弹式吸筹，则K线形成双重底、复合头肩底等底部形态的可能性很大，此时我们要判断底部形态的形成条件是否满足，如果条件满足，则当形态形成后，就可以择机买入。

◆ 如果主力是采用反弹后横盘的形态来进行吸筹，只要发现股价放量突破前期横盘整理的高点位置后，即可逢低吸纳，此时是最佳的买入时机。

『分析实例』

金圆股份（000546）——反弹后平台整理吸筹

▼实战图谱

如图 9-4 所示为金圆股份在 2017 年 3 月至 8 月的 K 线图。

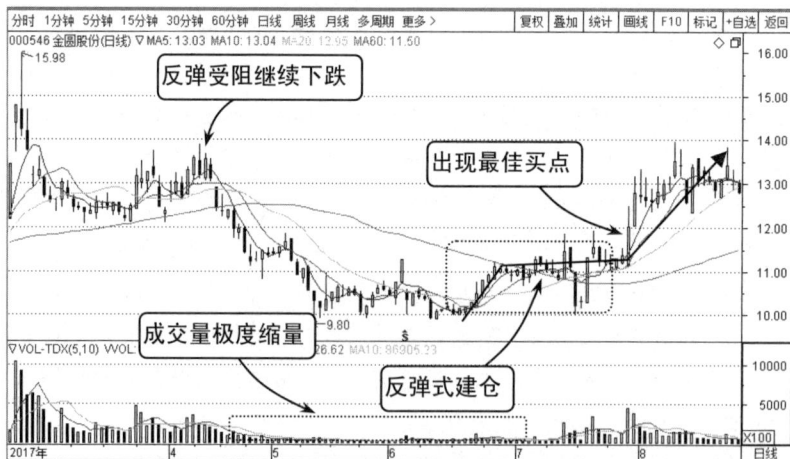

图 9-4　金圆股份反弹式吸筹形态

▼**盘面解析**

从图 9-4 中可以看出，该股在 15.98 元见顶后开始回落下跌，虽然有过短暂的反弹，但是市场中做空动力太强，导致股价最终在 14 元附近反弹受阻后继续下跌趋势。

在一路的下跌趋势中，成交量出现了缩量，尤其在 9.8 元探底后，股价便进入了横盘阶段，成交量出现了极度缩量，主力不能通过继续打压股价来吸筹，此时主力就采取了反弹式吸筹的方法来进行建仓。

从图中可以看到，股价在 6 月中旬时，在连续大阳线的作用下拉高股价，上探 11 元，随后股价在 11 元的价位区横盘整理，部分散户担心股价反弹受阻，后市会下跌，因此纷纷抛售筹码，这时正好中了主力设置的陷阱，主力将所有筹码全部吸收。

等待主力吸收到足够的筹码后，股价就会步入上涨行情。因此在横盘整理阶段，投资者要密切观察股价和成交量的变化，一旦发现股价放量突破盘整高点，即可逢低吸纳，买入该股，抓住上升行情。

二、洗盘阶段的 K 线

每位散户投资者都希望买入的股票能够快速上涨，实现赢利。但是在实际的操作过程中，却往往出现本来已经抓住了黑马，但是却因为 K 线走势的怪异，担心股价下跌而被套，因此清仓离场。当自己刚刚离场后却发现股价一路飙升，从而丢失了利润。

这里说的 K 线走势怪异其实是主力为了更好地进行拉升而采取的洗盘手法，其目的就是清理市场中意志不坚定的浮筹。只要散户投资者清楚主力的洗盘手段，认识洗盘阶段的 K 线形态，就可以避免被主力清洗出局。

第100项　打压式洗盘

『**形态特征**』

打压式洗盘是最为常见的一种 K 线形态，它是一种主力通过大单的方式急速地将股价打压下来，洗出恐慌和意志不坚定的散户的操盘方式。如图 9-5 所示为打压式洗盘的示意图。

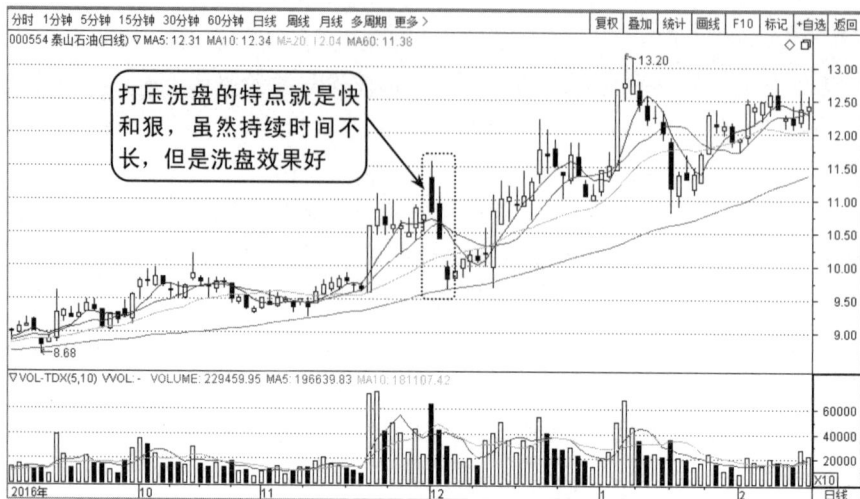

图 9-5　打压式洗盘示意图

打压式洗盘一般出现在股价上涨的途中，这种洗盘方法具有如下特点。

◆ K 线形态中经常会出现中阴线和大阴线打压股价，使得整个 K 线形态表现出极为恶劣的形态。

◆ 在打压股价的过程中，股价很容易跌破 5 日、10 日或 20 日等短期均线，造成趋势下跌的一种假象。

◆ 打压洗盘的特点就是快速，一般在 3~5 个交易日内，以快速下跌的方式打压股价，从而引诱持股者快速将持股抛售。也正是因为下跌速度是很快的，一些不仔细观察盘面的技术派人士就会误认为是主力在放量出货。

◆ 主力在进行打压洗盘时，不会只进行一次打压，因为通过一次打压不一定能够将浮筹全部清理出去，因此通常都是反复多次进行打压洗盘，以此动摇散户的持股信心，迫使更多的投资者抛售手中的筹码。

『操作策略』

在出现打压式洗盘时，散户投资者应该如何辨别其真伪呢？可以从如下几方面来进行分析和操作。

◆ 股价在打压过程中，若成交量缩量，说明主力高度控盘，未进场的投资者可以逢底吸纳，虽然买入不多，也会享受到后市拉升时带来的丰厚利润。

◆ 如果股价快速打压至均线支撑位后止跌，或者跌破后快速被拉升到支撑位上方，都是主力明显的打压洗盘手段。投资者可在止跌位，或者在上破均线的位置买入。

◆ 股价在打压过程中出现放量，但此时的放量不能太大，出现这种情况，只有两种可能，一种是主力采用对倒方式清理浮筹，二是主力在换庄。无论哪种可能，只要存在主力，散户投资者就应该有信心，持股待涨。

『分析实例』

▧ 英特力（000635）——多次打压洗盘，充分清理浮筹

▼**实战图谱①**

如图 9-6 所示为英特力在 2015 年 12 月至 2016 年 9 月的 K 线图。

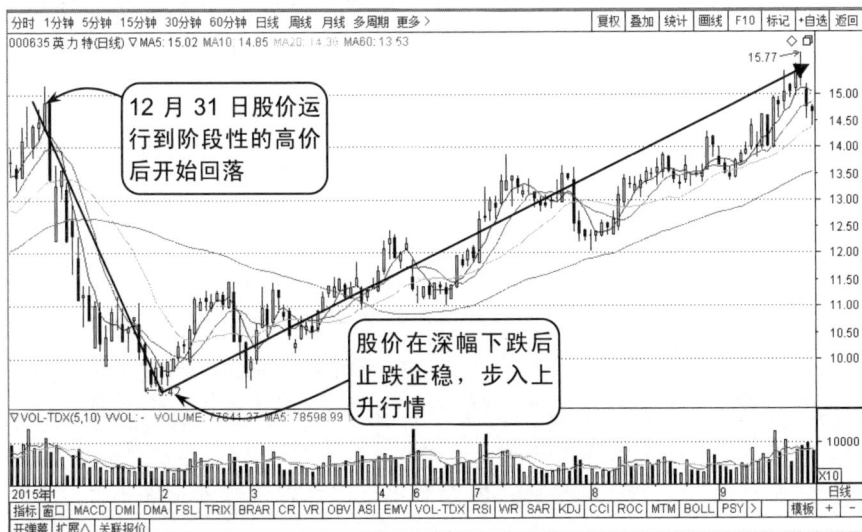

图 9-6　英特力在 2015 年 12 月至 2016 年 9 月的 K 线图

▼**盘面解析①**

从图中可以看出，在 2015 年 12 月 31 日，当天股价收出带长上影线的阳线后创出阶段性的高价，随后股价一路下跌，最终在 2016 年 1 月底，在 9.42 元的价位止跌后步入一波震荡上涨的上升行情中。为了达到更好的拉升效果，主力在拉升的前期阶段多次进行了打压式洗盘。

下面我们放大这段 K 线图来进行具体的分析。

▼**实战图谱②**

如图 9-7 所示为英特力在 2016 年 2 月至 9 月的 K 线图。

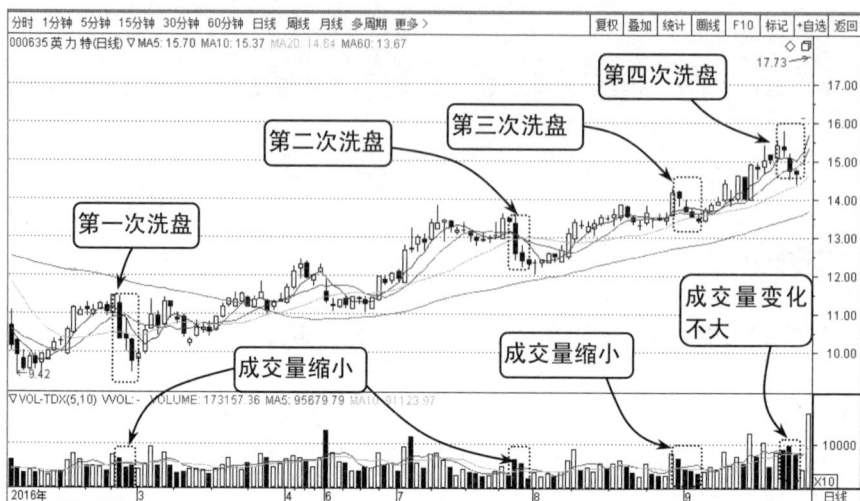

图 9-7　英特力打压洗盘走势

▼盘面解析②

从图中可以看出，在 2016 年 2 月底至 9 月底这个期间，该股出现了 4 次打压洗盘，可谓充分清理前期的获利盘。

第一次洗盘，以两根大阴线夹一根带长上下影线的阴线，在出现第一根大阴线的当天，股价就同时跌破 5 日、10 日和 20 日 3 条短期均线，造成一种恐慌性的下跌，而此时正是股价上升的初期，看不清局势的散户以为此时仍然还在下跌行情中，再加上随后连续两个交易日股价都出现阴线报收，快速将股价拉低至前期底部，于是很多人都会选择抛售筹码，避免被套。而在这种快速下跌的下降行情中，成交量出现了缩量形态，是一种典型的打压洗盘。从 60 日均线走平的趋势来看，也可以佐证此时继续出现下跌行情的可能性不大。

随后股价经历了一波长时间的上涨，在 7 月底，股价再次以一根大阴线拉低股价，再次跌破 3 条短期均线，并连续出现阴线报收拉低股价，此时股价已经上涨了很长一段时间，涨幅已超过44%。一些获利盘为了安全考虑，纷纷抛售手中的筹码，落袋为安。

观察这次快速下跌的成交量，发现连续 3 个交易日阴线报收拉低股价时，成交量却出现明显的缩量，第 4 个交易日出现的带上下影线的十字线，也在向上的 60 日均线上方得到有效支撑，而且 60 日均线企稳回升的时间并不久，因此，即使此时股价涨幅已超过44%，但是后市仍然可能出现继续上涨。

第三次洗盘的分析方法与第二次洗盘的分析方法是一样的。而且，第三次洗盘的股价是在 20 日均线附近就止跌了，更加可以坚定持股的信心。

第四次洗盘与前3次的洗盘有点不同，就是成交量不是缩量，相对于9月初的成交量而言，有所放大。在股价洗盘这几天，股价下跌，成交量变化不大，且股价在20日均线上方止跌，此时的均线系统呈明显的多头排列，因此此次的股价下跌，有两种情况，一是主力对倒，二是主力换庄，但是无论哪种情况，都是后市看好的依据。

第四次的洗盘也是最容易被清理出局的一次，因为此时股价相对于前期的9.42元的价格，涨幅已超过67%，很容易让散户认为是庄家在出货。而事实上，在第四次的洗盘后，随后该股以一字涨停K线跳空拉高股价，步入上涨的主升行情，从后市的行情来看，该股最高上涨到34.13元，股价出现翻倍行情，如果投资者在第四次洗盘时被清理出局，真的会后悔莫及。

由此可见，正确判断主力的洗盘方式，对于持股是很重要的。

第101项　震荡式洗盘

『形态特征』

震荡式洗盘是指主力在建仓完毕、小幅拉升后不久股价突然下跌，打破上升趋势，并在一定价格幅度内上下震荡的做盘方式。如图 9-8 所示为震荡式洗盘的示意图。

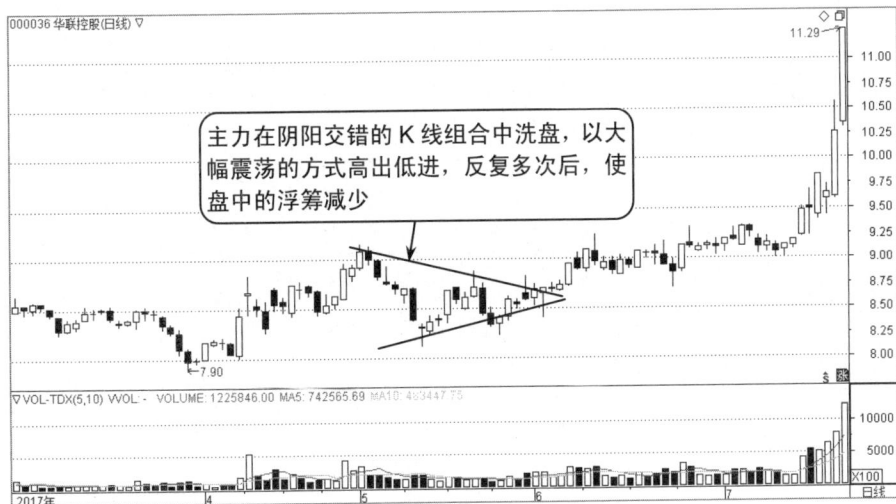

图 9-8　震荡式洗盘示意图

震荡式洗盘是主力通过盘中剧烈的震荡，让股价快速下跌和上涨来达到洗盘的目的，其K线形态出现矩形整理、上升三角形、上升旗形及对称三角形等的形态比较多。在整个震荡洗盘过程中，股价上下震荡，没有规律，下跌时比较迅猛，给投资者一种破位下跌的错觉，从而迫使在底部与主力同时进入该股的获利盘、持股信息不坚定的跟风盘以及前期的套牢盘纷纷抛售手中的筹码。

『操作策略』

震荡洗盘是股票市场极其普遍的一种盘整方式，当面对震荡洗盘走势时，散户投资者应该如何操作呢？具体如下。

◆ 洗盘是拉升的前奏，当发现股价的一段走势属于震荡洗盘后，散户投资者就可以逢低吸纳，介入该股，跟随主力一起享受拉升。

◆ 如果在震荡走势之前，股价已经出现了较长时间的横盘建仓过程，则此时的震荡走势为主力洗盘的概率就更大，此时介入该股，成功的把握也更大。

◆ 在股价出现震荡洗盘后，投资者一般在第二波下跌时就可以迅速介入，因为接着的一波上涨极有可能就是主力拉升股价的开始。

『分析实例』

华联控股（000036）——长时间震荡洗盘，彻底清理浮筹

▼实战图谱①

如图 9-9 所示为华联控股在 2017 年 3 月至 8 月的 K 线图。

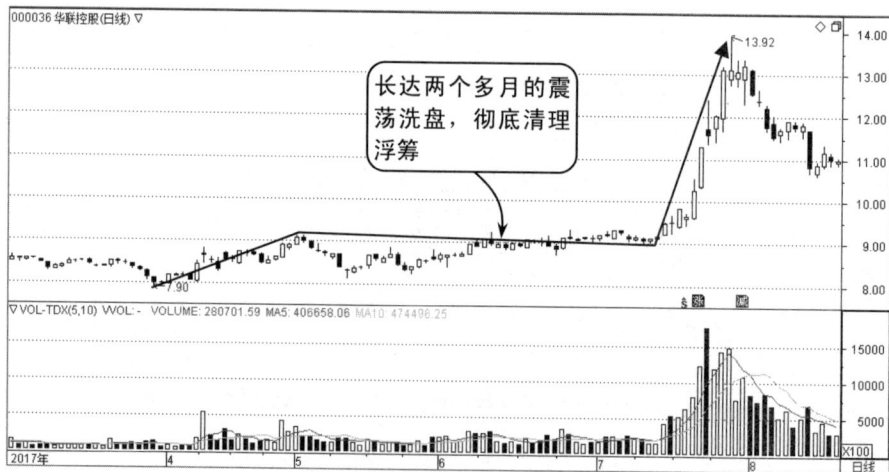

图 9-9 华联控股在 2017 年 3 月至 8 月的 K 线图

▼盘面解析①

　　从图中可以看出，股价在 2017 年 3 月底创出 7.9 元的新低后，股价出现了一波单边上涨行情，成交量明显增大，吸筹明显，但是这波上涨持续的时间不到一个月，股价最终在 9 元附近转入下跌，步入长达两个多月的洗盘阶段，彻底清除拉升压力。随后主力在 10 个工作日左右的时间，将股价快速拉升到 13.92 元的高价，涨幅接近 55%。散户如何抓住这波上涨，在两个多月的整理阶段不被清理出局呢？我们来具体观察主力洗盘的具体操作手法。

▼实战图谱②

　　如图 9-10 所示为华联控股在 2017 年 3 月至 7 月的 K 线图。

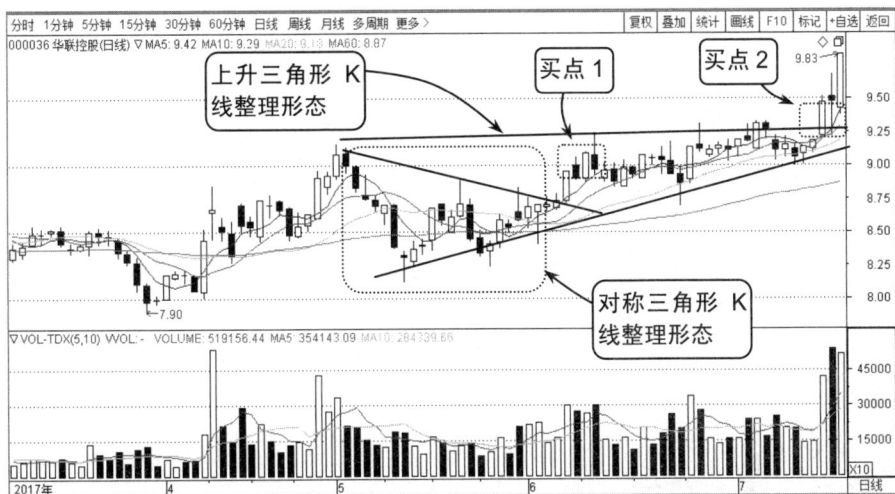

图 9-10　华联控股震荡式洗盘走势

▼盘面解析②

　　从图中可以看出，股价在 5 月初连续 4 根阴线将股价迅速拉低，在 5 月 10 日，股价以 3.68% 的跌幅大阴线跌破 60 日均线，造成恐慌性的下跌。此时整个股价下跌几乎跌去了前期上涨的一半，许多散户看到这种跌势，纷纷以为下跌会继续。

　　此时我们来观察这一波下跌的成交量，相比于前期上涨的成交量而言，成交量明显缩量，这种情况只能说明是主力在洗盘，意在清除前期获利盘和套牢盘，从次日的 K 线也可以发现，当日跳空低开，收出带长下影线的极小阴线，这是主力护盘的行为，随后成交量出现了震荡的上升下降走势，从整个 5 月来看，K 线形成了明显的对称三角形形态，在主力放量上涨突破对称三角形形态的上边线时出现买点 1。

随后股价并没有出现继续上涨的行情，而是小范围的震荡变化整理，从 5 月～7 月中旬的 K 线形态来看，股价始终在 9.25 元的附近上涨受阻，而回落的低点逐步向上，整个形态形成明显的上升三角形 K 线形态。

此时要密切关注成交量的变化，一旦成交量放量，且股价突破上升三角形整理形态的上边线，说明洗盘结束，此时出现买入机会，如图中的买点 2。

只要投资者分析出了这些形态和成交量变化，就能够读懂主力的洗盘手段，只需要持股等待上涨行情的到来。

三、出货阶段的 K 线

主力吸筹相对来讲要容易一些，只要有足够的资金，看准一只股票后就可以入手。但是出货就没有那么容易了，要有高超的操盘技术才行，如果出货动作太大，容易被散户察觉。因此，主力出货变得越来越隐蔽。

如果散户投资者对主力出货的手法不了解，则很容易掉进主力的陷阱中，在高位接盘，做主力出货的"助手"，从而让自己被套牢。

在实际的操作过程中，大部分投资者被套都是因为没有识别出主力出货，以为后面还有拉升，被主力出货时刻意做出的骗线伎俩给蒙蔽了。

那么，我们如何通过 K 线来辨别主力的骗线伎俩，寻找主力出货的痕迹，避免高位被套呢？这就是本节内容讲解的重点。

重点提示：什么是骗线

在股市的技术分析中，有非常多的分析方法，例如：K 线、均线、统计指标、形态……，通过这些分析方法，可以寻找到股价运行的变化趋势。而主力在洗盘和出货阶段，都会利用散户经常运用的一些分析方法，刻意营造出一些出货、买进信号的形态，进行反向操作，这就是骗线。

第102项　构筑平台出货

『形态特征』

构筑平台出货是指主力在股价的高位利用震荡行情让股价在高位横盘整理，然后利用散户没有察觉的有利条件达到出货的目的。如图 9-11 所示为构筑平台出货的示意图。

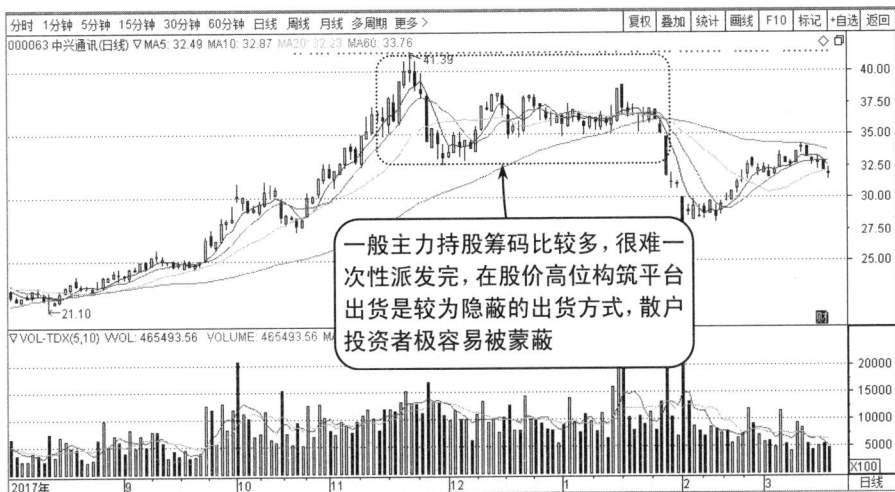

图9-11　构筑平台出货示意图

从上图中可以看到，在构筑平台出货过程中，主力会控制股价的上涨和下跌幅度，使得股价在一定的区间范围内波动变化，在这个期间，主力就慢慢派发手中的筹码，等到构筑的平台完成整理后，也就是主力完成了出货目标，随后迎来的就是股价逆转向下，步入下跌行情。

构筑平台出货是一种长期出货的方式，主力采用的是以时间换出货的方式，所以从K线图来看，在股价的高价位区，都会有一个长时间的平台整理形态。

『操作策略』

主力在高位构筑平台出货，对于散户而言是具有杀伤力的出货方式，平台整理的时间越长，意味着主力出货越彻底，后市暴跌的空间就越大。

因此，散户投资者更要准确识别出这种出货方式。具体可以从以下几个方面进行辨别。

◆ **结合涨幅观察**：股价一定是运行到上涨的高价位区，一般而言，主力从建仓到出货，股价要有一倍左右的涨幅，主力派发才会有利润。因此，当股价出现翻倍行情的上涨后步入平台整理阶段，投资者一定要谨慎持股。

◆ **结合成交量观察**：在上涨途中，主力也会通过平台整理来进行洗盘，如何判断是洗盘还是出货呢？比较有效的方法就是观察成交量。如果此时是放量平台整理，则主力出货的可能性就很大。

◆ **结合均线观察**：在高位平台整理，如果出现短期均线交错在一起，且多次出现死叉，同时，中长期均线也出现走缓，此时行情见顶的可能性很大，一旦主力出货完毕，行情立即反转。

『分析实例』

中远海能（600026）——高位构筑平台，主力隐蔽出货

▼实战图谱①

如图 9-12 所示为中海原能在 2014 年 7 月至 2016 年 2 月的 K 线图。

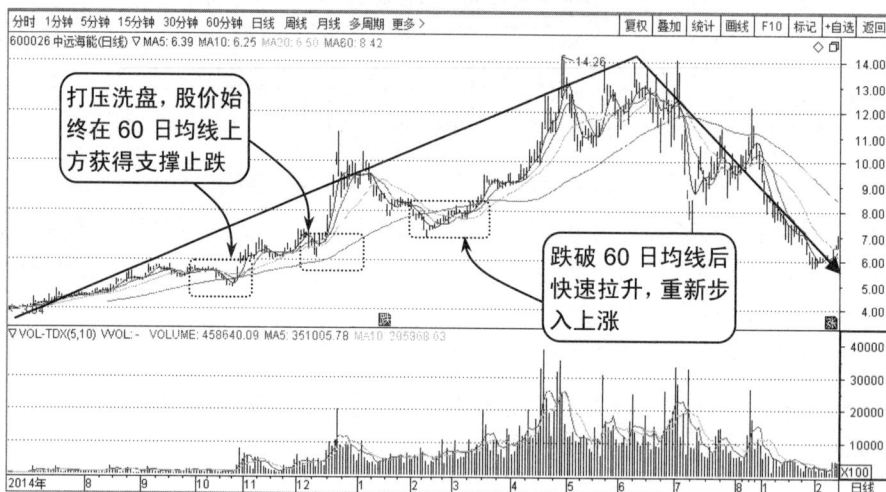

图 9-12　中远海能在 2014 年 7 月至 2016 年 2 月的 K 线图

▼盘面解析①

从图中可以看出，股价经历了一波完美的上涨→整理→出货的做庄过程，股价从最低的 3.94 元，上涨到最高的 14.26 元附近，股价涨幅超过 260%。

虽然在整个拉升过程中，主力进行了多次打压洗盘操作，但是股价最终都在 60 日均线上方获得支撑，即使跌破 60 日均线，股价也很快被拉升，主力护盘明显。

在此次做庄过程中，主力采取的出货方式就是典型的高位构筑平台出货，下面我们放大这段走势来进行具体分析。

▼实战图谱②

如图 9-13 所示为中远海能在 2015 年 3 月至 7 月的 K 线图。

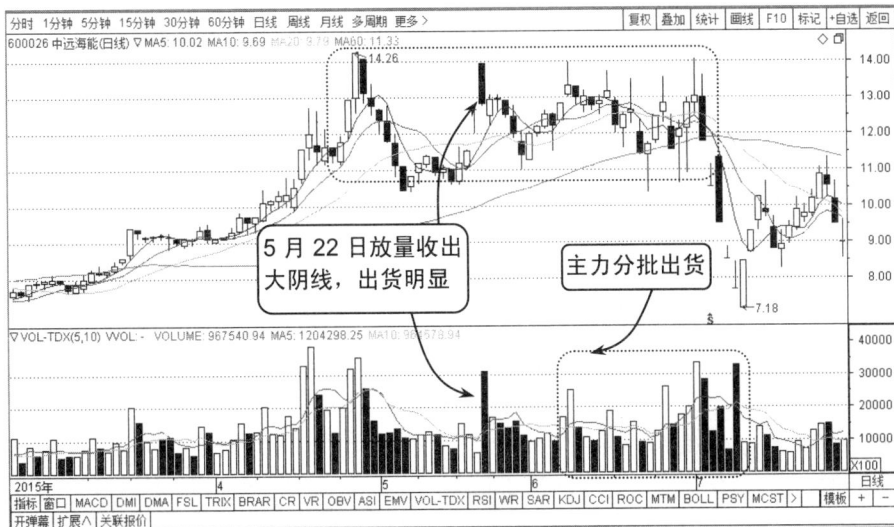

图 9-13 中远海能高位构筑平台出货走势

▼**盘面解析②**

从图中能看出，股价在 4 月 28 日以涨停板收出大阳线，将股价拉高创出 14.26 元的新高，随后股价连续 6 阴拉低股价，快速跌到 11 元的价格附近止跌。

相比于前几日的拉升阶段，成交量相对缩量，在 5 月 22 日，股价以涨停板放量开盘，但是当日以大阴线报收，当天成交量几乎达到 4 月 28 日放量涨停拉高股价的成交量，主力出货明显。

随后股价始终在 11 元~14 元的价格区间横盘整理，而且短期均线已经明显地杂糅在一起，60 日均线也逐渐趋于走平，在翻倍行情的高价位区出现这种整理情况，是明显的行情见顶、主力出货的表现。投资者应果断抛售，落袋为安。从这段时间的成交量来看，每间隔几个交易日，成交量就会出现放量的情况，此时正是主力在隐蔽出货的表现。

此轮平台整理的时间持续了近两个月，一旦主力出货完毕，后市的跌幅深不可测。而事实上，该股在 7 月初的放量跌破 11 元的价位线后，短短 3 个交易日，股价就跌倒 7.18 元的低价，跌幅也是翻倍。

第103项 拉高回落式出货

『**形态特征**』

拉高回落式出货是指主力在股价处于高位时，将股价再次拉高，让散户认为股价还有继续上涨的可能，纷纷买入，此时主力开始出货，套牢大部分的散户。如图 9-14 所示为拉高回落式出货的示意图。

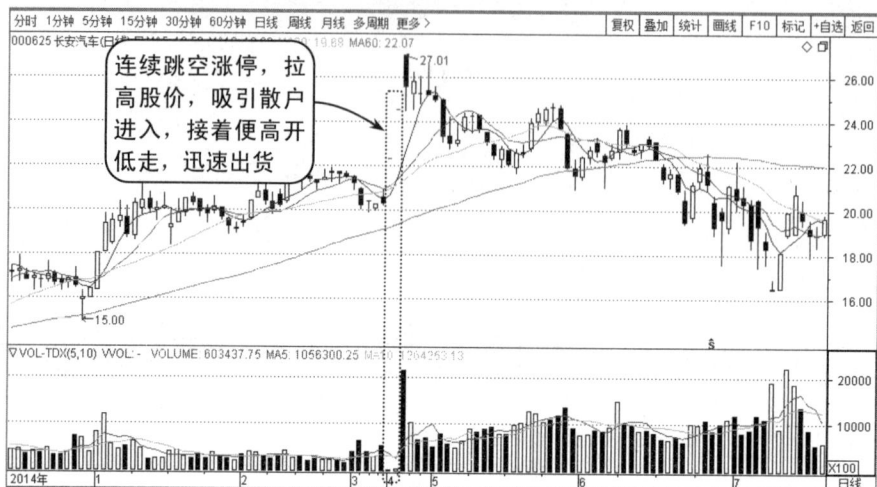

图 9-14　拉高回落式出货示意图

当主力将股价拉升到预期的价位后，为了方便出货，主力会通过少量的成交量将股价快速拉高，甚至是以连续跳空的一字涨停拉高股价，将投资者的追涨热情推向高潮，然后采取快速杀跌的方式进行出货，在 K 线图上造成股价直线跳水，在直线下降的过程中，成交量呈放量形态。此次杀跌十分凶狠，丝毫不给投资者以喘息的机会。

『操作策略』

拉高回落式出货是主力利用人性的弱点，针对散户盲目追高的心理而玩的骗术，令许多中小投资者防不胜防，深受其害。那么，散户应该如何操作才能规避主力的拉高回落出货呢？可以从如下几方面来进行分析和操作。

◆ 警惕股价在高位时的缩量上涨，尤其当在上涨后出现带长影线的 K 线时，盘面随时可能发展转向，投资者不要贪多，坚决赎回筹码，落袋为安。

◆ 如果主力手中的筹码比较多，随着股价的不断走低，市场上买盘数量逐渐减少，因此在这轮杀跌过程中来不及将筹码全部派发完，主力会停止继续杀跌，转而让股价形成反弹的迹象，让投资者误以为股价洗盘结束再度转强而跟风买入，达到主力继续出货的目的。但是这轮反弹的幅度不会很大，是投资者最后出逃的机会，所以要紧跟主力，抛售股票。一旦反弹受阻，将迎来下跌行情，何时才能见底，就不得而知了。

『分析实例』

京汉股份（000615）——连续一字涨停拉高回落出货

▼实战图谱①

如图 9-15 所示为京汉股份在 2016 年 8 月至 2017 年 5 月的 K 线图。

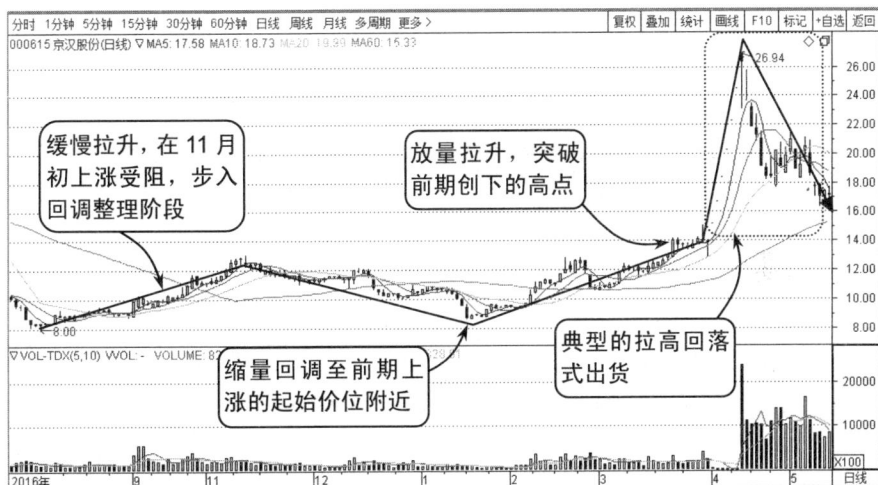

图 9-15　京汉股份在 2016 年 8 月至 2017 年 5 月的 K 线图

▼盘面解析①

从图中可以看出，该股在 2016 年 8 月初见底后，经历一波缓慢拉升的行情，整个上涨持续了近 3 个月的时间。随后股价经历了一波长达 3 个月的回调整理，在 1 月下旬止跌，这波调整可谓彻底，几乎回调到前期上涨初期的起点价位。

随后股价进行了一波放量拉升的行情，将股价缓慢拉升脱离前期高点，然后以迅速上涨和快速下跌的方式完成出货，丝毫没有给投资者留有思考的余地，这就是典型的拉高回落式出货手段。

下面我们放大出货阶段的 K 线图进行具体分析。

▼实战图谱②

如图 9-16 所示为京汉股份在 2017 年 3 月至 7 月的 K 线图。

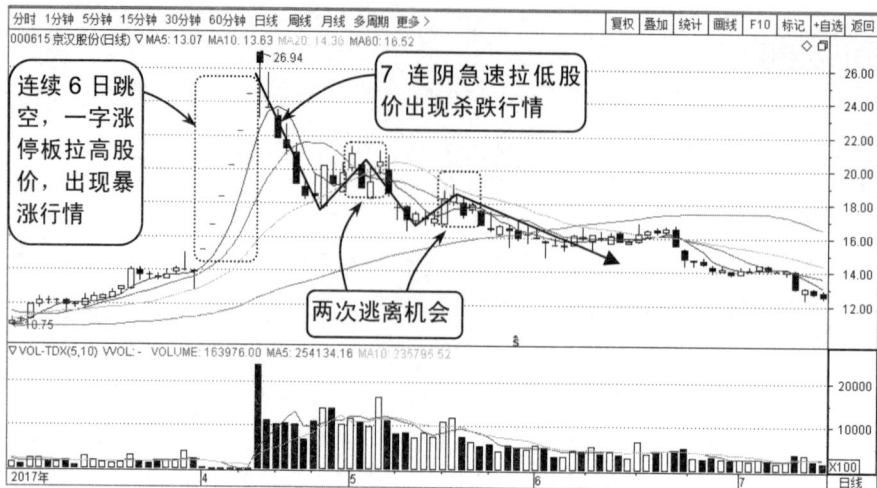

图 9-16 京汉股份拉高回落式出货走势

▼盘面解析②

从图中可以看出，该股在 4 月初连续 6 个交易日都是涨停板跳空高开，以一字线报收将股价急速拉升，出现暴涨行情，而此时对应的成交量却出现极度缩量，说明主力已高度控盘，仅用很少的筹码即可将股价快速拉升。在第 6 个一字涨停板当日，股价已上涨到 24 元附近，相对于初期的 8 元的价格，涨幅已超过 200%，此时出现缩量暴涨行情，投资者就应引起注意了，已经获利的投资者最好获利了结。

次日，股价仍是以涨停板跳空高开，但是当日高开后股价一路走低，最终以带长下影线的阴线放巨量报收，主力出货明显。随后股价连续 5 个交易日都是阴线报收，将股价快速压低至 18 元附近，成交量也是明显地放大，是典型的拉高回落式出货。

随后该股出现过两次短暂的反弹行情，如果散户在连续阴线的下跌中来不及撤离，此时就是最后的两次逃离机会，错过后就只能在漫漫的下跌之路上被套牢了。

第10章

识破 K 线陷阱

K 线对于投资者准确分析市场有着极为重要的价值，但是反过来，聪明的市场主力往往会借助这些 K 线布下种种陷阱，以此欺骗投资者，使得投资者对于市场行情做出错误的判断。本章的重点就是如何识破这些 K 线陷阱，从而避免被主力骗去钱财。

❖　阳线假突破陷阱　　　　❖　早晨之星假见底陷阱
❖　阴线假跌破陷阱　　　　❖　黄昏之星假见顶陷阱
❖　长上影线假见顶陷阱　　❖　两阳夹一阴诱多陷阱

一、识破单根 K 线陷阱

主力在设置 K 线陷阱时，最容易操作的就是单根 K 线，因为时间短暂，不留给投资者任何思考的机会，也是散户投资者最容易上当的。因此许多时候我们都强调，在利用 K 线分析股价走势时，不能单看某一天的 K 线走势来进行预测。本节将具体介绍主力是如何通过阳线、阴线和长上影线阴线来布局陷阱，诱惑散户的。

第104项　阳线假突破陷阱

『形态特征』

阳线是股价看涨的信号，特别是实体较长的大阳线，但是有时阳线也会成为市场主力制造陷阱的工具。阳线假突破就是市场主力制造的陷阱，投资者必须小心。如图 10-1 所示为阳线假突破的示意图。

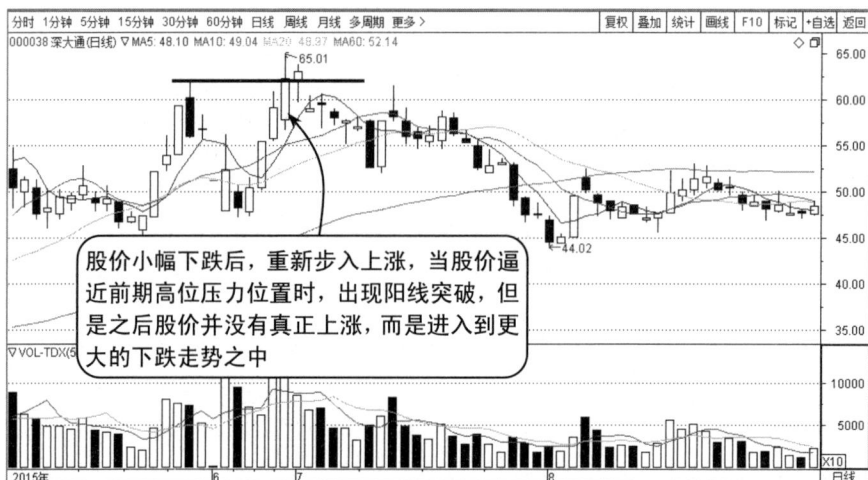

图 10-1　阳线假突破示意图

市场主力通过假突破的阳线进行诱多，一般是造成股价回调整理结束，股价继续上涨的假象，诱使中小投资者跟风买进，进而达到出逃的目的。

『操作策略』

掌握阳线假突破需要抓住以下 3 点。

◆ 假突破的阳线一般出现在股价的顶部区域，或是股价的下跌走势之中。

◆ 假突破阳线的对象一般是股价前期高点、前期调控缺口或者是重要技术指标线。

◆ 假突破的阳线是诱多的陷阱，市场主力往往借助这样的陷阱进行顶部出逃。

因此，当发现假突破的阳线陷阱时，散户投资者一定要果断卖出股票离场，不能抱有幻想。

『分析实例』

深赛格（000058）——阳线假突破前期高位陷阱分析

▼实战图谱

如图 10-2 所示为深赛格在 2016 年 8 月至 2017 年 2 月的 K 线图。

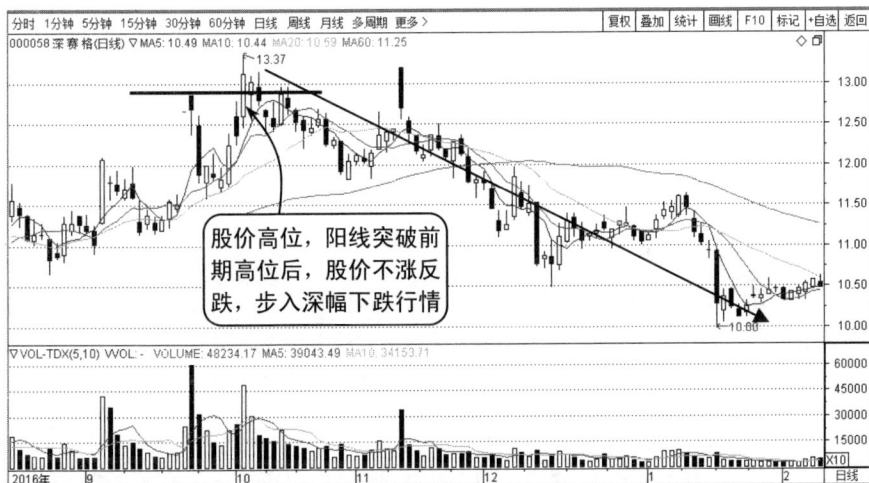

图 10-2　深赛格阳线假突破陷阱形态

▼盘面解析

从图 10-2 中可以看出，该股在 2016 年 9 月底跳空高开，将股价拉高创出阶段性的高位后，股价很快就回落，但是最终股价在 20 日均线位置获得支撑，很快步入上涨。

在 10 月 11 日，该股放量拉高股价创出新高，突破 9 月底创出的新高，一切都似乎显示股价步入继续上涨的走势中，但是刚好相反，这里就是一个假突破阳线陷阱。

由于此时股价站上突破压力线后，K线收出长上影线，显示上方压力巨大。尤其在上涨的高价位区，因此出现这种形态，一般都是主力为出货布置的假突破陷阱。

从后期的股价走势中也可以看出，在股价阳线假突破后，短短几个交易日的横盘整理后，股价一路下跌。因此，投资者发现高位阳线假突破后，一定不能买入股票，相反应该在之后几个交易日的横盘位置卖出股票，落袋为安。

第105项　阴线假跌破陷阱

『形态特征』

阴线假跌破也是市场主力惯用的陷阱。主力刻意将股价向下打压，致使股价跌破重要支撑位，形成破位走势，从而诱使投资者卖出股票。其示意图如图 10-3 所示。

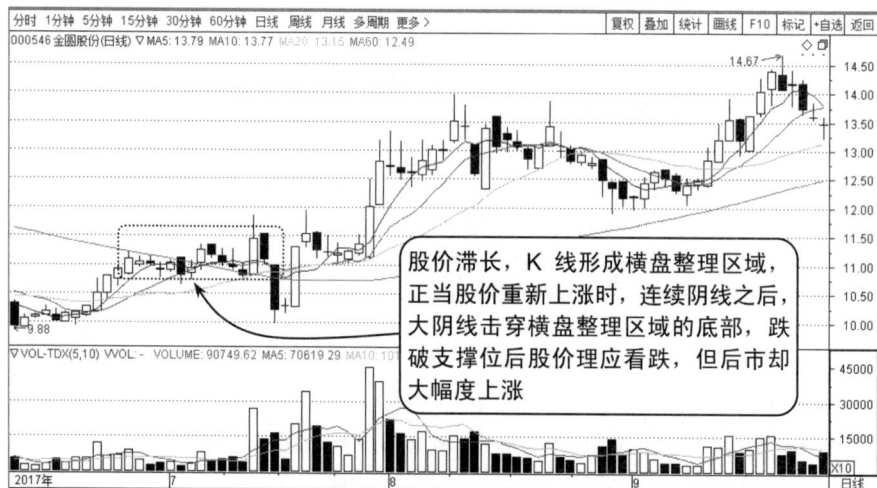

图 10-3　阴线假跌破示意图

假跌破的阴线一般出现在股价的上涨走势之中，是市场主力为了进行洗盘制造的陷阱。一般情况下，假跌破都会在一些关键位置（如短期均线、前期回调低点位置等）止跌企稳，随后股价继续上涨行情。

『操作策略』

尽管大阴线破位带来较多的恐惧，但是在知道这是洗盘陷阱之后，投资者就不用紧张了。

阴线假跌破在制造陷阱洗盘的同时，也形成了很好的低位买入或者加仓的机会，所以当发现市场主力借助阴线假跌破洗盘时，投资者就可在股价再次企稳上涨时买入股票。

『分析实例』

风华高科（000636）——阴线假跌破陷阱分析

▼ **实战图谱**

如图 10-4 所示为风华高科在 2017 年 5 月至 9 月的 K 线图。

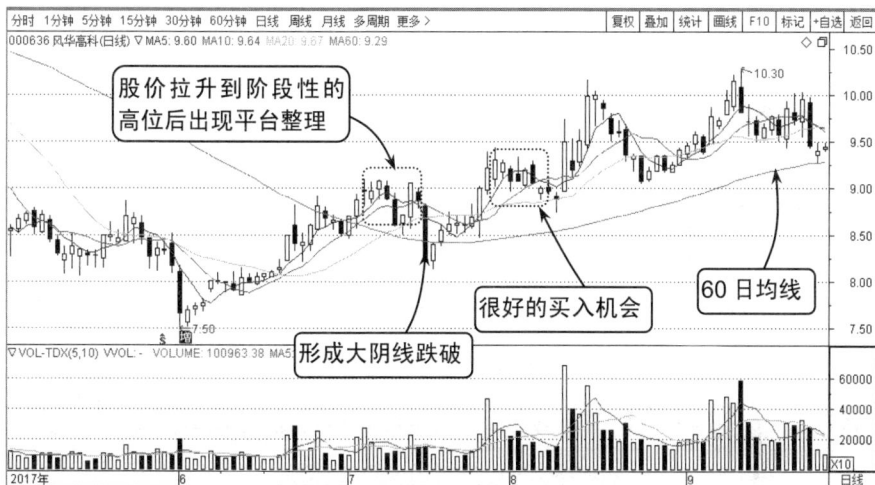

图 10-4 风华高科阴线假跌破形态

▼ **盘面解析**

从图 10-4 中可以看出，该股在 6 月初下跌到低价位，创出 7.5 元的新低，随后股价一路上涨，并在 7 月初达到阶段性的顶部。随后股价步入一个平台整理阶段，股价始终在 8.5 元~9 元的价位区间波动变化。

7 月 17 日，股价以 7.34% 的跌幅收出大阴线，跌破横盘整理区域的底部，同时也跌破了 60 日均线。横盘后低开低走收出大阴线，的确具有很强的变盘概率。但是仔细观察整个上涨幅度，虽然股价上涨时间比较长，但是整个上涨幅度不大。

此外，从 7 月 17 日当天的行情可以发现，虽然股价跌幅凶猛，收出大阴线，但是整个成交量的变化却不大，这是明显的主力洗盘手段。

激进的投资者可以在随后的走势中逢低吸纳，介入该股。对于稳健的投资者，可以在 8 月股价突破前期平台高点的时候买入。

第106项　长上影线假见顶陷阱

『形态特征』

长上影线假见顶也是市场主力经常运用的陷阱，通过长上影线，制造股价即将转换趋势的假象，进而诱使投资者纷纷卖出股票。其示意图如图 10-5 所示。

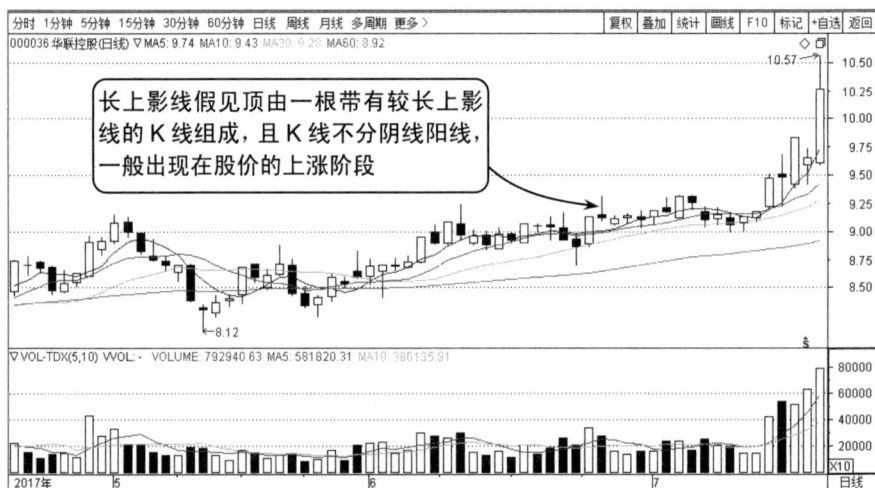

图 10-5　长上影线假见顶示意图

长上影线假见顶是市场主力洗盘的惯用手法，其 K 线形态具有如下特点。

◆　带有较长上影线是最大的特点。

◆　K 线不分阴阳，十字星线也可以。

◆　出现在股价的上涨走势中。

『操作策略』

在股价的上涨走势之中，股价前期走势良好时突然出现长上影线的 K 线，投资者就要注意辨认是否是主力洗盘陷阱。若是洗盘陷阱，投资者要坚决持股，同时可以在股价的低价位区域买入加仓。

『分析实例』

大族激光（002008）——长上影线假见顶陷阱分析

▼实战图谱①

如图 10-6 所示为大族激光在 2017 年 1 月至 5 月的 K 线图。

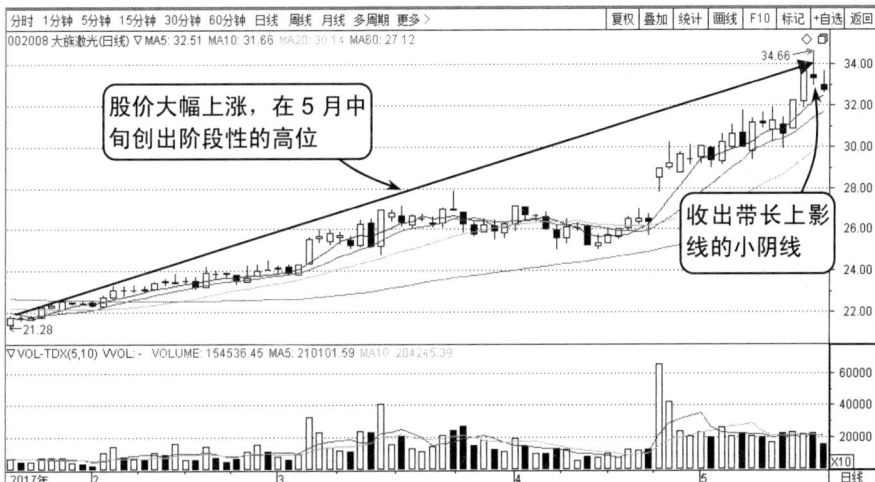

图 10-6　大族激光在 2017 年 1 月至 5 月的 K 线图

▼盘面解析①

从图 10-6 中可以看出，经历了一波可观的上涨行情，最终在 5 月 17 日当天，该股低开，快速拉升股价冲高创出新高，但是在短短 10 多分钟的冲高后，该股快速回落，并且当天一路震荡下跌，最终以 1.16% 的跌幅收出带长上影线的小阴线。

此时观察此轮上涨行情，从 1 月的 21.28 元上涨到此时的 34.66 元，涨幅超过 62%。在这种大幅上涨后出现带长上影线的小阴线后，确实具有很强的见顶概率。尤其在次日，该股继续跳空低开，小阴线报收拉低股价，前期获利者见此走势，都会认为是股价见顶。

而事实上，5 月 17 日的带长上影线的小阴线是主力洗盘的一种手段，是主力布局的假见顶。下面我们来进行具体分析。

▼实战图谱②

如图 10-7 所示为大族激光在 2017 年 5 月至 10 月的 K 线图。

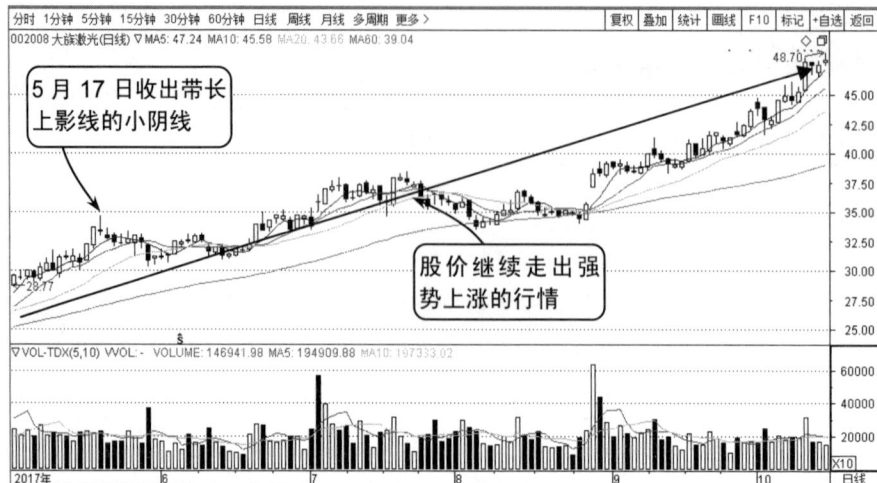

图 10-7　大族激光长上影线假见顶形态

▼ **盘面解析②**

从图 10-7 中可以看出，在出现带长上影线的小阴线当天，成交量并没有明显放大，而且在随后股价连续回调的几个交易日中，成交量也明显出现缩量情况，整个均线系统呈现良好的看多形态，因此可以判断，此次收出带长上影线的小阴线，其实就是主力利用上影线假见顶陷阱进行洗盘的手段，目的是清理前期的获利盘，为后市继续拉升奠定基础。

从图中可以看到，该股在 10 月中旬上涨到 48.7 元的高价，而事实上，此轮上涨随后也持续了很长一段时间。

因此，对于即使上涨一定幅度的个股，只要认真分析，同样可以识别出股价的假见顶陷阱，从而不被主力清理出局。而且可以在此时适当加仓操作，跟庄获取更多的利润。

二、识破 K 线组合的陷阱

多根 K 线组合分析股价走势的正确性比单根 K 线分析的正确性高，因此很多散户投资者就一味地相信 K 线组合发出的买卖信号。其实这种操盘策略是很危险的，因为主力就是抓住了散户的这种心理，将陷阱布局到了 K 线组合形态上了。

本节就将具体介绍几种常见组合形态的陷阱，教会散户投资者如何识破主力的操盘手段。

第107项 早晨之星假见底陷阱

『形态特征』

早晨之星假见底指的是失败的早晨之星发出的假见底信号，如图 10-8 所示为早晨之星假见底的示意图。

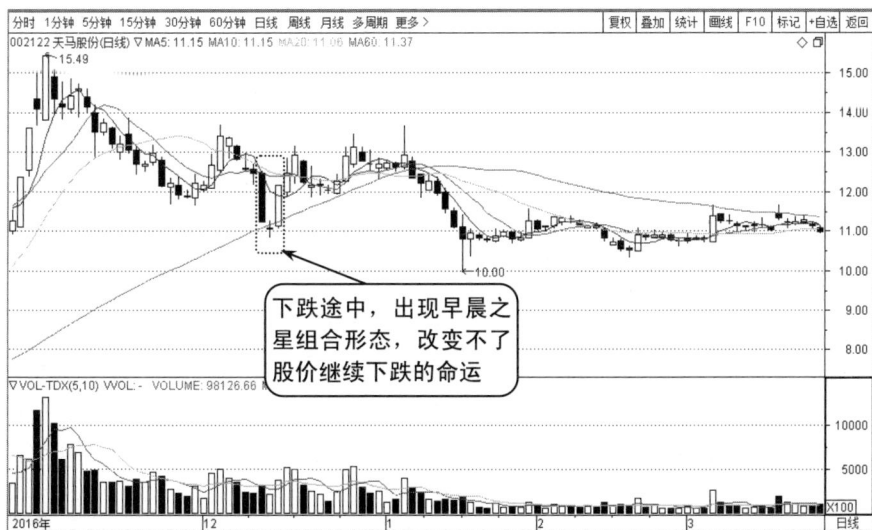

图 10-8 早晨之星假见底示意图

早晨之星假见底一般发生在股价快速下跌走势之中，其实是一个不可信的见底信号，因此股价不会见底回升，反而会继续下跌走势。

『操作策略』

在股价的下跌走势中，失败的早晨之星发出的是错误的见底信号，因此投资者不能以此作为股票买点，相反要迅速卖出股票，避免后市的继续下跌走势。

『分析实例』

安居宝（300155）——早晨之星假见底陷阱分析

▼实战图谱①

如图 10-9 所示为安居宝在 2016 年 12 月至 2017 年 6 月的 K 线图。

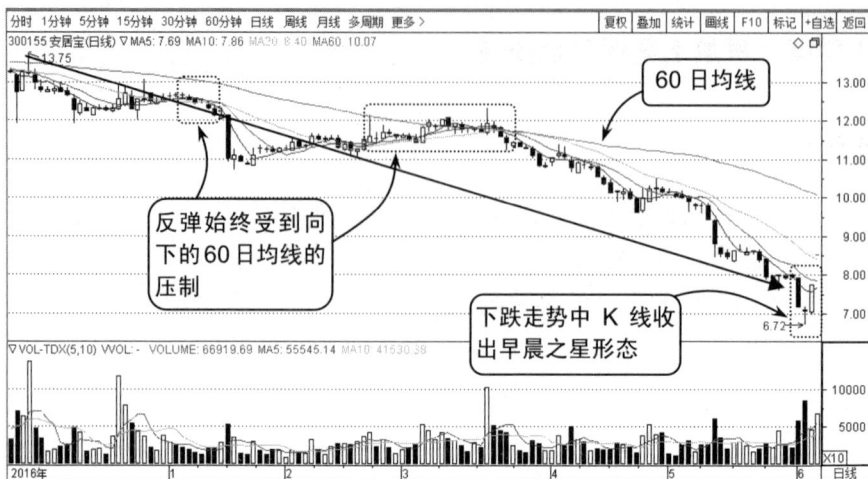

图 10-9　安居宝在 2016 年 12 月至 2017 年 6 月的 K 线图

▼盘面解析①

　　从图中可以看出，该股在这段时间中经历了一波长时间的下跌行情，虽然出现过短暂的反弹，但是最终都在向下的 60 日均线位置处反弹受阻，继续步入下跌行情，由此更加巩固了 60 日均线的压力作用。随后该股在 2017 年 6 月创出 6.72元的新低后开始企稳，当日与其前后一个交易日形成了典型的早晨之星形态。但是此处的早晨之星形态是否就预示着股价见底呢？下面我们进行具体分析。

▼实战图谱②

　　如图 10-10 所示为安居宝在 2017 年 5 月至 11 月的 K 线图。

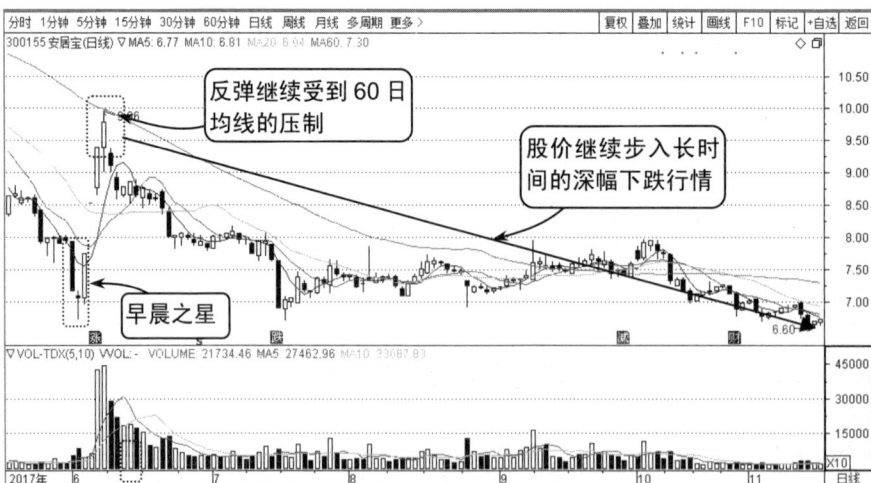

图 10-10　安居宝早晨之星假见底走势

▼盘面解析②

从图中可以看出，在出现早晨之星后，成交量突然巨量拉高，股价步入强势反弹行情，短短几个交易日，股价迅速上涨到 9.96 元的反弹高点，触及 60 日均线，股价最终还是未能摆脱 60 日均线的压制，随后股价连续出现回落拉低的走势，而且成交量也明显下降，市场中做空动能仍然很强，后市会继续下跌，因此可以判断出，此处的早晨之星为失败的看涨形态。

当投资者发现这样的 K 线走势时，应该继续看跌股价后市，及时卖出股票，否则在后市漫漫的下跌之路中会被深度套牢。

第108项　黄昏之星假见顶陷阱

『形态特征』

一般而言，黄昏之星是一个见顶信号，在股价上涨高位出现这样的 K 线形态后，显示了股价的中长期见顶，但是有时出现的黄昏之星则是假见顶。如图 10-11 所示为黄昏之星假见顶的示意图。

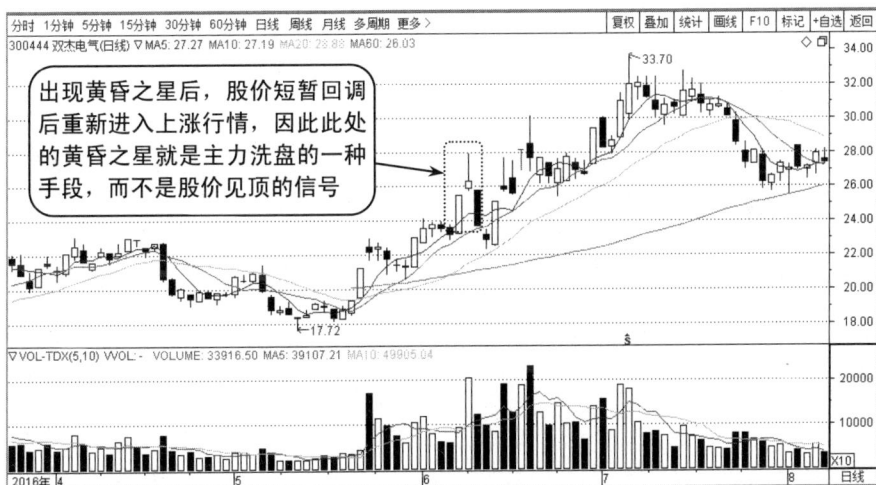

图 10-11　黄昏之星假见顶示意图

黄昏之星假见顶一般出现在股价的上涨走势之中，其 K 线形态与一般的黄昏之星形态完全相同，只是具有的市场意义不一样。真正的黄昏之星是一个准确的见顶信号，此处在上涨途中的黄昏之星则是一个洗盘回调的信号，预示着后市股价还会上涨。

『操作策略』

在股价的快速拉升走势中，有时主力会利用黄昏之星进行洗盘整理，从而诱使投资者认为股价见顶而卖出股票。因此，在这样的黄昏之星出现后，中长线投资者可继续持股，在回调低位还可继续加仓买入股票。

『分析实例』

鸿特精密（300176）——黄昏之星假见顶陷阱分析

▼实战图谱

如图 10-12 所示为鸿特精密在 2017 年 4 月至 9 月的 K 线图。

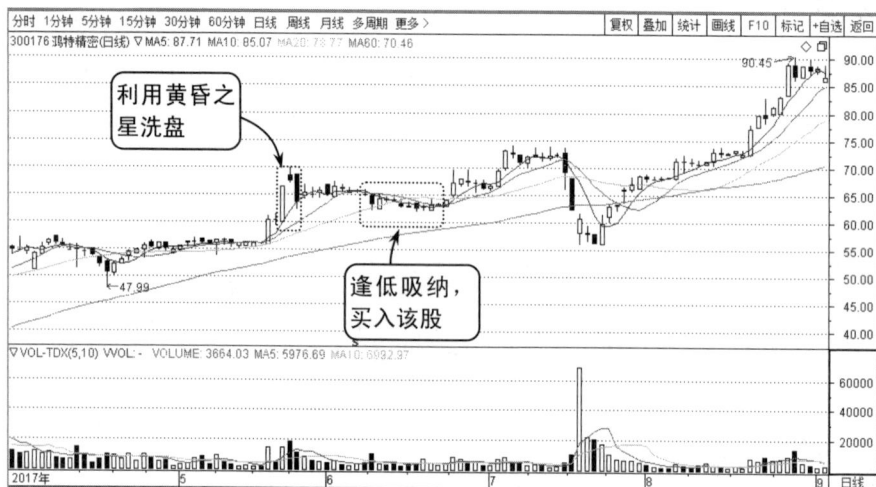

图 10-12　鸿特精密黄昏之星假见顶

▼盘面解析

从图中可以看出，股价上涨到 5 月 22 日，当日股价低开后一路高走，最终以涨停板收出大阳线继续将股价拉高，次日股价跳空高开，最终以 1.55% 的涨幅收出小阴线，在第 3 个交易日，股价高开后就出现跳水式的下跌，当日以 5.73% 的跌幅收出大阴线，这 3 个交易日的 K 线形成了典型的黄昏之星形态。此时是否是上涨行情见顶呢？我们来进行具体分析。

首先观察成交量，在出现黄昏之星后，股价虽然有所回落，但是整个回落过程中成交量呈极度缩量形态，说明市场惜售情绪比较高。并且此时 60 日均线并没有出现回落或走平的迹象，仍然显示向上的运行轨迹。综合判断后可以推测，此处的黄昏之星形态为主力洗盘的一种手段，目的是将市场中的前期获利盘清除掉，减轻后市拉升的阻力。

散户投资者分析出黄昏之星陷阱后，应对行情的后市抱有希望，积极做多。从后市的走势来看，股价最高上涨到 90.45 元附近，涨幅可谓是非常大。

第109项　两阳夹一阴诱多陷阱

『形态特征』

一般而言，两阳夹一阴是一个看涨的积极信号，但是市场主力有时就抓住这一点做文章，使两阳夹一阴 K 线组合形态变成一个诱多的陷阱，如图 10-13 所示。

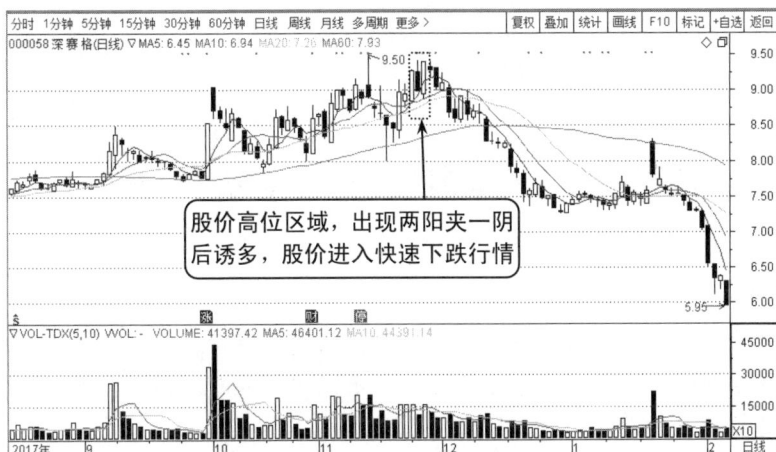

图 10-13　两阳夹一阴诱多陷阱示意图

诱多性质的两阳夹一阴组合形态的特点有两点：第一，出现在股价上涨末端，即股价上涨之后的高位区域。第二，发出的是股价上涨动力竭尽的信号，而不是股价继续看涨的信号。

『操作策略』

在股价上涨后的高位区域，K 线出现两阳夹一阴 K 线组合时，若不能带动股价继续上涨，则显示了诱多陷阱，因此投资者要及时卖出股票，不能对股价抱有继续上涨的幻想。

『分析实例』

国药一致（000028）——两阳夹一阴诱多陷阱分析

▼实战图谱

如图 10-14 所示为国药一致在 2017 年 5 月至 9 月的 K 线图。

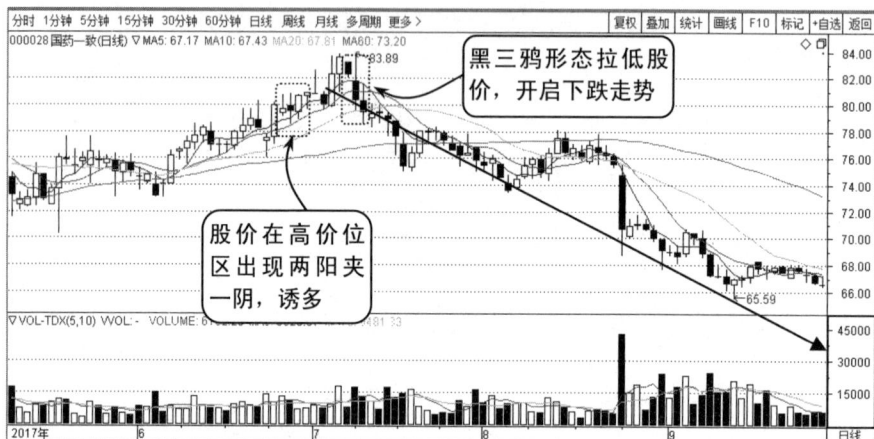

图 10-14　国药一致两阳夹一阴的诱多陷阱分析

▼盘面解析

从图中可以看出，股价一路上涨到股价的高价位区，形成了明显的两阳夹一阴 K 线组合形态，那么此时的 K 线组合形态发出的看涨信号是否可靠呢？我们需要来进行具体分析。

首先，从此轮上涨行情的持续时间可以发现，股价从 2015 年 9 月底在 51.01 元止跌后一路上涨，此时股价已经上涨到 80 元以上的高价位区，涨幅近 60%。其次，虽然 5 日、10 日和 20 日均线呈现良好的多头排列，但是 60 日均线已经明显出现走平的迹象，中长期上涨动力不足。

因此，谨慎的投资者应抛售筹码，锁定利润，尤其在两阴夹一阳 K 线组合形态后，股价多次出现带长上影线的 K 线，更说明了主力缺乏上涨的动力，行情随时见顶逆转。随后，该股在 7 月初见顶后出现三黑鸦回落，将股价拉低，开启了下跌行情，股价一路下跌，短短两个多月的时间，股价从最高的 83.89 元，下跌到最低的 65.59 元，跌幅超过 20%。所以散户投资者在股价高价位区发现两阳夹一阴 K 线组合形态后，一定要谨慎操作，如果股价缺乏上涨动力，则 K 线组合形态就是诱多陷阱，一定要择机抛售股票，落袋为安。

第11章

K 线技术的实战应用

通过对 K 线较为系统地学习之后,更为重要的是需要将理论与实际相结合,特别是与实战交易进行结合,只有在实战中才能检验理论的正确与否。本书最后一章,我们将把 K 线与实战交易进行结合,为大家讲解如何用 K 线进行短线和长线的实战交易。

◇　第一波吸筹式拉升:赤脚大仙抓涨停
◇　第二波主升浪:神龙摆尾出强势上涨
◇　第三波出货式拉升:清仓出货最后的短线机会
◇　第一阶段:K 线假突破 250 日均线看异动
◇　第二阶段:K 线结合基本面判断未来的上涨逻辑
◇　第三阶段:用 K 线技术寻找长线投资的买点

一、用K线寻找短线机会

在短线交易实战中，K线是股价最为直接和有效的反映，因此，在短线交易中，我们往往把K线看作是技术分析的第一工具。

当然，在短线交易中，我们也不能忽视成交量的变化。成交量和K线的结合，永远是技术分析最为有效，也是成功率最高的技术分析组合。

在短线交易的实战过程中，我们第一步需要先选择标的股，即使是短线交易，我们也应该尽量选择上升趋势中的股票进行操作。在一次完整的上升过程中，股价经常会出现第一波吸筹式拉升、第二波主升浪和第三波出货式拉升这样的典型走势。

第110项　　第一波吸筹式拉升：赤脚大仙抓涨停

赤脚大仙K线形态出现的位置一定是在长期下跌的末期或是下跌后股价长期横盘的末期。因此，利用该形态来判断上升过程的第一波上涨是非常可靠的手段。

从赤脚大仙形态来看，其主体为一根或多根光头光脚实体较长的阴线，且多出现在长期下跌趋势的末期，如图11-1所示的示意图。

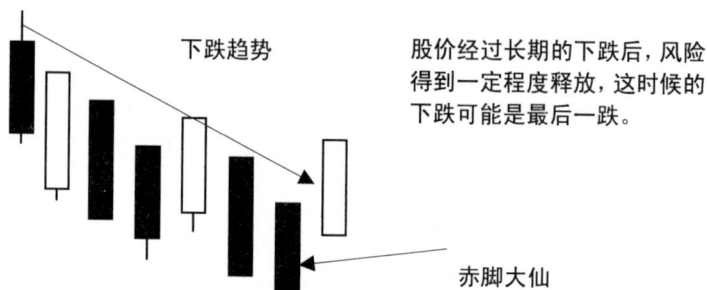

图 11-1　赤脚大仙

赤脚大仙在实战过程中出现的频率并不低，但是很具有迷惑性，如何提高通过赤脚大仙抓获涨停或达到收益的概率呢？需要注意以下几点。

◆　赤脚大仙出现的位置一定是在低位，且股价相对于前期高点的股价回调的幅度越大越好，短期调整必须超过 10%，中期调整必须超过 30%，长期调整则需要超过 50%。

◆　K线在出现赤脚大仙的形态时，成交量必须出现明显的缩量，从盘面走势来看是明显的缩量下跌。

◆　如果在赤脚大仙出现的下一个交易日未能及时出现强势反弹，那么就要谨慎对待，如果走势确认失败，就要及时斩仓离场。

下面来看一个案例。

如图 11-2 所示为兆易创新（603986）2016 年 9 月至 2017 年 9 月的 K 线图。

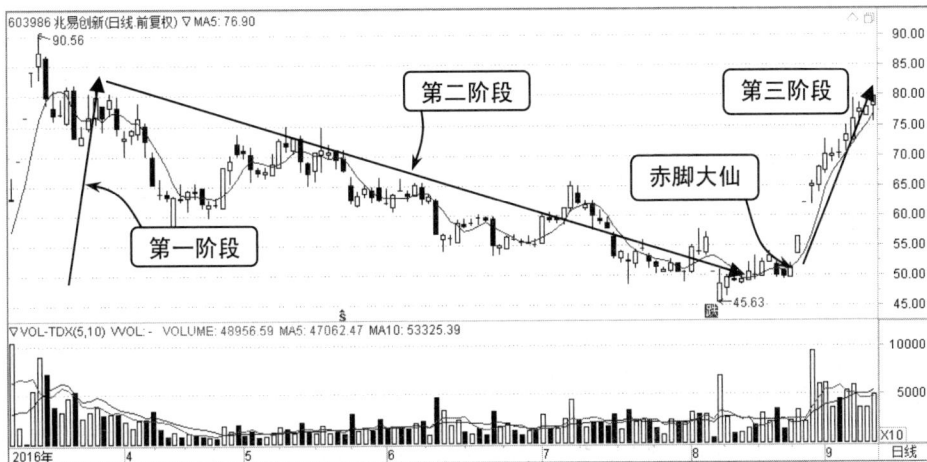

图 11-2　兆易创新 2016 年 9 月至 2017 年 9 月的 K 线图

从兆易创新的 K 线图走势来看，我们可以将其分为 3 部分来进行详细的分析，第一部分为 2016 年 9 月至 2017 年 3 月上市初期的走势。

在这个时间阶段内，兆易创新作为一只刚刚上市的新股，股价（前复权）从 2016 年 8 月 18 日上市当天开盘的 9.5 元，一路涨停，直到 90.56 元才宣布股价见顶。

在这个阶段内，股价收获 20 个涨停，可谓是强势无比。而能如此强势的原因，主要还是其主营业务的景气和光明的未来。

兆易创新主要从事闪存芯片及其衍生产品的研发、技术支持和销售。在芯片进口替代国产化这一时代背景下，兆易创新正迎来快速发展的历史机遇，所以才能在上市初期得到市场的青睐。

不要小瞧这些基本面的细节，这些细节是兆易创新未来股价上涨的基础。

第二部分是兆易创新的股价在 2017 年 3 月 16 日见顶后开始的回调阶段。在这个阶段内，整个 A 股的环境是 IPO 密集发行，次新股板块中的个股数量持续攀高，一周发行新股的数量保持在 6～10 只区间内波动。

密集发行次新股造成次新股丧失稀缺性，从而失去了资金的青睐。同时，2017 年之后 A 股的投资风格转向价值投资，股价和业绩开始呈正相关。

次新股作为业绩最为不确定的一类板块，让大量市场资金选择敬而远之。正是这些多方面的原因，造成了次新股板块的长期调整，即使是前景光明的兆易创新也不例外。

从 K 线图走势来看，兆易创新从最高的 90.56 元调整到了最低 45.63 元，调整幅度近 50%，调整幅度十分夸张。

但我们翻阅整个次新股板块可以知道，类似于兆易创新这样调整幅度 50% 的个股已经算是情况良好的，有更多的次新股直接跌破了上市第一天的发行价。

而且，值得我们在实战过程中注意的就是股价的回调过程，兆易创新在股价的回调过程中保持着长期的缩量，且为数不多的放量也是出现在股价大幅度下跌的当天，说明资金的承接意愿强烈。

值得我们注意的是，在第二部分走势的尾声中，具体为 2017 年 8 月 23 日和 24 日两个交易日的 K 线走势。

从 K 线形态来看，无限接近于严格的赤脚大仙走势，同时更应该引起重视的是成交量的萎缩。

8 月 23 日成交量 2.55 亿元，到 24 日成交量迅速萎缩至 9982 万元，成交量萎缩超过 60%。

总体来看，8 月 23 日与 24 日的 K 线出现在长期下跌的末期，股价已经回调超过 50%，同时成交量迅速萎缩，大概可以确认为赤脚大仙。

在 8 月 23 日和 24 日之后，兆易创新的股价正式进入第三部分，即新一轮的上涨趋势。

在 8 月 24 日之后的一个交易日，即 8 月 25 日当天，股价放量上涨超过 3%，事实上在 25 日当天，股价早盘迅速上攻，涨幅超过 5%，反弹意图明显。

如果说 25 日的反弹还只是"开胃菜"，那么 8 月 28 日开盘不到 5 分钟，兆易创新就封死涨停，这正是确认赤脚大仙的成立，股价开启新一轮上涨，也就是兆易创新的价值回归过程。

第111项　第二波主升浪：神龙摆尾出强势上涨

在一个上升过程中，第一波上涨不容易抓住，如果错过了这个短线机会，股民也不要沮丧，通常而言，在一波上升过程中，最客观的还是第二波主升浪，一旦上升行情启动，很快就会进入到主升浪，因此广大股民要掌握识别主升浪的技术。

神龙摆尾就是典型的判断主升浪到来的 K 线组合形态，其示意图如图 11-3 所示。

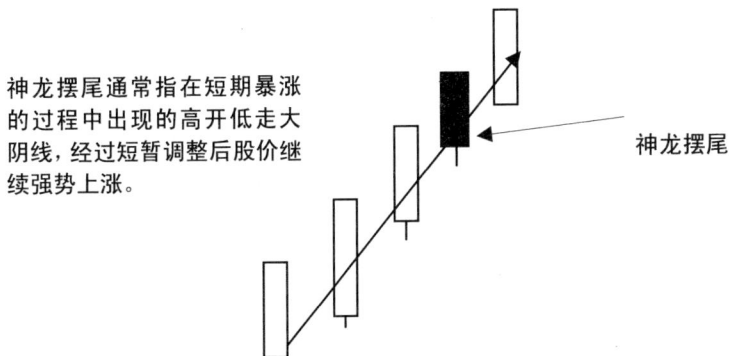

神龙摆尾通常指在短期暴涨的过程中出现的高开低走大阴线，经过短暂调整后股价继续强势上涨。

神龙摆尾

图 11-3　神龙摆尾

从神龙摆尾的 K 线形态来看，其主体为一根或两根高开低走的阴线，且通常出现在股价第一波强势上涨的过程中，股价经常有一个或两个交易日的短暂调整，而后继续强势上攻，形似神龙摆尾，蓄势之后再次出击。

神龙摆尾的 K 线形态出现的频率不高，往往出现在整个市场中最为强势的那一只或几只"妖股"中，只有最强势的个股才能吸引市场资金不断入场，进行接力炒作。

而神龙摆尾的短暂调整，则是意味着该股中主导炒作资金的更换，即我们常说的"换庄"。

对于神龙摆尾在实战中的操作需要注意以下几点策略。

◆ 由于神龙摆尾多出现在强势股中，此类强势股容易步步高升，也容易出现上涨趋势戛然而止的情况，因此在安排仓位时不宜过重，切不可抱着"梭哈"的赌博心理。

◆ 既然叫神龙摆尾第二波，说明股价前期已经上涨过一波，且这一波上涨趋势是在长期调整或横盘之后的第一波上涨，上涨的幅度不宜过大，保持在30%～50%左右最为合适，但也要视具体的市场环境而言。

◆ 强势的神龙摆尾调整只需要一个交易日，如果第二个交易日继续调整，则要考虑继续放低仓位。

◆ 神龙摆尾调整的当天，成交量应该出现明显的萎缩，至少要相对前一个交易日减少30%~50%，如果没有缩量，反而是放量，则需要考虑神龙摆尾是否成立。

下面来看一个案例。

如图11-4所示为启迪设计（300500）2017年3月至9月的K线图。

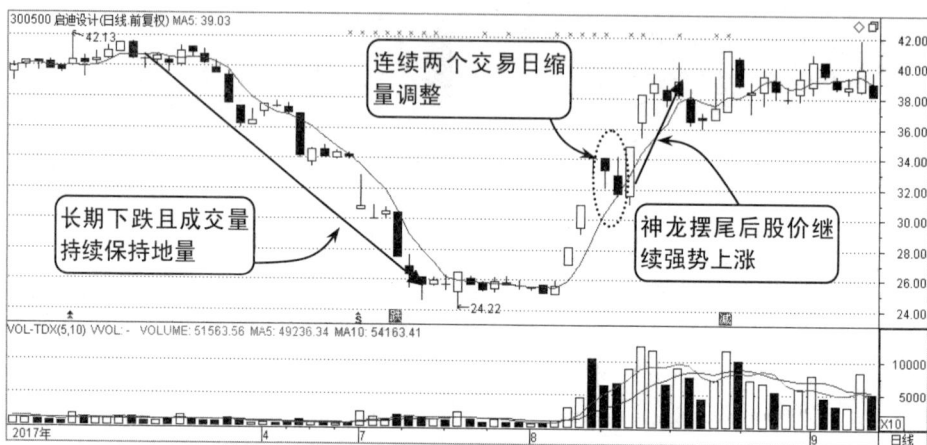

图11-4　启迪设计K线图

从启迪设计的K线图来看，在2017年上半年的这段时间内，其股价走出了惊人的表现，主要经历了两个阶段。

第一个阶段是股价的下跌与横盘，从2017年初开始，启迪设计因业绩增长不及预期而出现股价大幅下跌。启迪设计2016年净利润增长约21%，而在2017年第一个季度净利润增长仅约11%，整个2017年上半年仅增长约1%，大大出乎市场预期。

同时，在进入2017年后，市场的投资风口转到大盘蓝筹股中，创业板个股陷入全面回调，启迪设计作为2016年初上市的创业板次新股，自然也无法避免，股价从最高61.92元，调整到最低24.22元，跌幅超过60%。

值得关注的是，下跌过程中的K线和成交量的变化情况。首先是2017年3月至7月这段时间的猛烈下跌，K线以大阴线为主，而成交量则呈现明显的缩量趋势，组成缩量下跌的量价形态。

进入2017年7月之后，股价开始横向发展，且以实体较小的K线形态为主要表现形式，意味着股价的短期见底。

就在启迪设计股价持续横向震荡，盘面一片死寂的情况下，8月4日，公司突然宣布设计分公司进军雄安，靠上了"雄安新区"这个2017年第一概念，股价在 8 月 4 日应声涨停。

8 月 7 日和 8 日，启迪设计继续涨停，来势凶猛，3 个交易日收出 3 个涨停，成交量逐渐放大。但是在接下来的两个交易日，即 8 月 9 日和 10 日中，启迪设计难以维系强势上攻的态势，不得不进行一波调整。

观察 8 月 9 日和 10 日的调整走势，K 线上呈现出实体较大的阴线，成交量上出现明显缩量。

在实战中，就当时的市场环境而言，雄安新区得到了市场资金的绝对认可，"妖股"倍出，而启迪设计又拥有市值小等炒作的优势，仅仅 3 个涨停，在当时的市场环境下极有可能不是结束。

而在 8 月 9 日和 10 日的调整之后，也验证了这样的观点，8 月 11 日和 8 月 14 日，连续两个交易日收出涨停，神龙摆尾成立。

一般来说，神龙摆尾第二波的涨幅空间主要根据调整的强弱程度来看，如启迪设计连续调整两个交易日，则说明资金炒作意愿仍有一丝犹豫。如果仅调整一个交易日，那么第二波的涨幅超过第一波的涨幅的概率大。

重点提示：在使用神龙摆尾时如何逃顶

如果我们在实战中运用神龙摆尾战法买入了某只股票，其也如预期一般经过短暂调整后强势上攻，那么我们接下来需要思考的是，什么时候卖出？这个标准我们主要通过成交量来完成。在股价第一波上涨的过程中必然会出现放量，而神龙摆尾调整时则会缩量，在第二波上涨过程中，当成交量与第一波上涨成交量持平甚至超过时，就要考虑及时止盈了。

第112项　第三波出货式拉升：清仓出货最后的短线机会

任何一只股票上涨到一定高度后，都会进入到上涨疲软阶段，也就是平常所说的上涨末期，这个阶段不易长时间逗留，因为行情随时可能发生逆转，步入下跌。稍有不慎，就会亏损甚至被套牢。

但是据波浪理论可知，一个完整的上升五浪还有第三波上涨，虽然接近上涨尾声，但是在出货 K 线形态出现前，仍然有短线操作的机会。那么如何判断主力是否在出货呢？

作为一轮上涨趋势的终结，清仓出货的 K 线形态并没有过于固定的形式，不过出现频率较大的无非是涨停出货以及跌停出货，如图 11-5 所示。

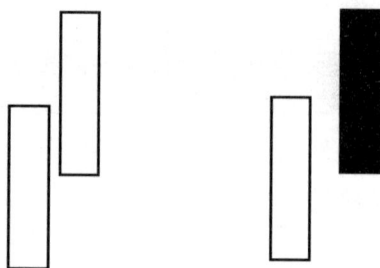

连续涨停出货　　　　涨停后跌停出货

图 11-5　清仓出货 K 线形态

从图 11-5 可以看出，出货的形式多种多样，但对于经过节奏清晰的三波上涨的牛股而言，涨停出货或跌停出货是最为值得关注和学习的出货形式，因为这两种形式对我们实战投资收益的影响最大。清仓出货第三波的一般特征如下。

◆ 以涨停或跌停的形式完成出货，意味着出货时间较短，那么必然会带来明显的放量，即成交量出现天量。

◆ 对于涨势缓慢但上涨周期长的股票而言，清仓出货第三波往往会表现为长期的高位横盘，且横盘过程中会出现偶尔放量的形态。

◆ 判断出货的时候，成交量的形态是重点，不仅仅需要放量，在进入下跌后还会缩量，不论是放量还是缩量，其成交量的实体都需要表现得"整齐"和"流畅"。

学习和运用清仓出货第三波，对于实战意义巨大，特别是对我们投资者的收益而言，更是影响巨大，在运用清仓出货第三波时特别需要注意以下几点。

◆ 在成交量不断创出天量的过程中要时刻注意准备离场，因为市场的资金始终有限，除非当时的市场已经被确认为牛市，只有牛市才会有源源不断的资金涌入，从而哄抬股价。

◆ 当成交量超过前期上涨趋势中的最大成交量，就需要开始谨慎了，因为股价在不断上涨之后，很少会有市场资金愿意高位接盘，既然不是接盘，那么就极有可能是抛盘。

◆ 在强势上攻的趋势中，K 线连续收出阳线，在某一个交易日内，股价突然走弱，甚至以阴线收盘，且伴随着成交量的巨额放大，则需要考虑及时完成离场。

下面看一个案例。

如图 11-6 所示为西宁特钢 2017 年 5 月至 10 月 K 线图。

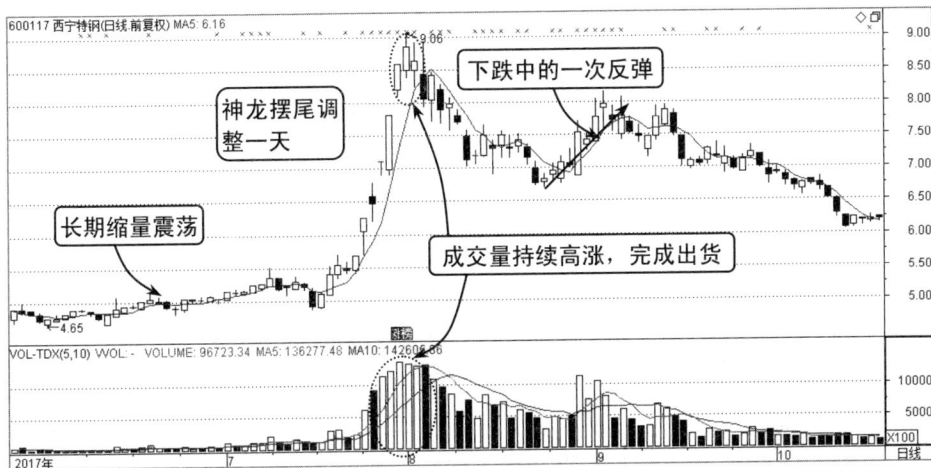

图 11-6　西宁特钢 K 线图

从西宁特钢在这个阶段的股价走势可以看出，其走出了一个较为完整的上涨和调整趋势。

西宁特钢从 7 月 19 日开始逐渐放量，拉开上涨的大幕，7 月 25 日明显放量，同时股价涨停，当天成交 3.74 亿元，较 7 月 19 日的成交量已上涨超过 100%。

而值得我们在实战中去剖析的是西宁特钢的上涨逻辑。从公开市场信息来看，在西宁特钢 7 月 25 日涨停之前，同属于"涨价概念"的另一妖股——方大炭素（600516）被市场资金爆炒一番，股价从 10 元上涨到 25 元以上，其背后的逻辑为石墨供给失衡，价格将大幅度上涨。

在"涨价概念"龙头股方大炭素不断攀高的同时，错过的市场资金自然希望寻找到下一只"方大炭素"，西宁特钢就被成功地挖掘。

西宁特钢的主营产品为特种钢，其中涉及"钒"，市场认为"钒"存在和石墨一样的涨价预期，因此西宁特钢被市场资金进行了一轮爆炒。

从 K 线图来看，西宁特钢在上涨过程中还出现了一次较为典型的"神龙摆尾第二波"的技术走势。

7 月 25 日涨停后，西宁特钢在 7 月 26 日调整了一天，接下来 3 个交易日连续涨停，涨幅超过前期。

我们可以看到，在 7 月 31 日涨停当天，成交量达到了 11.5 亿元，较 7 月 25 日第一次涨停时地 3.74 亿元，翻了 3 倍多，成交量达到历史天量级别。

此时我们就应该引起重视，因为2017年一直都是一个偏向于存量的市场，很难有大量的场外资金入市。当然有方大炭素这一龙头在前，市场对西宁特钢的预期也更高一些。

8月1日，在连续3个交易日放量涨停后，西宁特钢继续强势，放量收涨3%左右，同时成交量达到11.6亿元。在放量上涨的背后也应该看到成交量的缓慢放大，开始展现出后力不足的迹象。

8月3日，西宁特钢一改强势，在大幅度低开后上攻无力，最终小幅收跌，同时成交量继续保持在较高的水平，高位保持较高的换手率，对于股价而言并非好事，同时也符合我们提到的"清仓出货第三波"的部分特征。

在实战中，我们更需要了解的是，对于大资金、大机构而言，出货很难一次性完成，在已经获得较大幅度盈利的前提下，手里仍可能握着一部分筹码，等待下一次出货。

西宁特钢在8月3日开始的调整之后，股价在8月底再次掀起一波反弹，成交量持续放大，且从形态来看，非常不均匀，在这个位置我们就应该将其判断为前期没有完成出货的机构彻底清仓。

在实战中我们要知道，对于资金体量较大的机构而言，他们通常需要几十个账户进行协同操作，为了将利益最大化，他们不会傻到选择一口气卖出全部筹码，因为愿意在高位接盘的资金毕竟有限。

所以对于机构而言，往往会选择在高位抛出大部分筹码，降低持仓成本的同时锁定收益，当股价下跌到一定程度之后再选择抛出剩余筹码，制造一个反弹的假象，吸引资金入场接盘。

重点提示：如何判断下跌过程中是出货还是换庄

实战中经常看到股价在下跌过程中出现一次甚至多次放量反弹，我们应该如何分析这种放量的反弹呢? 其实无非是两种情况，一种情况是资金在进场，即换庄；另一种是资金在离场，即出货。要确定是出货还是换庄，最简单和直接的方法是看成交量放大的情况，如果是资金进场，则成交量放大的节奏非常有序，形态整齐而有规律，反之，出货则是"慌不择路"，成交量实体显得凌乱。

二、用K线进行长线投资

对于K线在实战中的作用而言，其不仅是短线实战的"利器"，也是长线投资的一个"法宝"。有的投资者可能会认为，长线投资只需要看看财务报告，进行基本面的分析就可以了，这种想法是大错特错的。

即使是站在机构投资的角度来看，聪明的机构也会选择有充足上涨空间的股票，而远离那些不久前才爆炒过一次的"牛股"。

因此，利用 K 线进行长线投资的实战，实质上就是要看一只股票里面有没有长线资金在埋伏，如果有，那么该资金运作的节奏又是如何的？目前股价正处于哪一个阶段？

如果能够弄清楚以上这些问题，那么在长线投资实战中，我们或将"百战百胜"，获得极高的投资收益。

对于长线投资而言，我们主要将其分为 3 个阶段，第一个阶段要分辨有资金在入驻某只股票；第二个阶段是根据基本面的分析，寻找支撑股价未来上涨的逻辑；第三个阶段是寻找长线投资过程中的买点。

第113项 第一阶段：K 线假突破 250 日均线看异动

250 日均线即我们常说的年线，又称为牛熊分界线，当股价在 250 日均线上方运行时，我们可以说该股在走牛；如果股价长期在 250 日均线下方运行，我们则称该股在走熊。

在股价走牛与走熊的过程中，股价与 250 日均线之间将产生各种关系，其中股价从走熊到走牛的转换，是值得我们投资者去把握的，特别是当股价在长期走熊后，突然在某个阶段出现上涨，股价向上突破 250 日均线却未能站稳，迅速地回落到 250 日均线下，而后股价重回平静。

对于股价在走熊与走牛之间的转换关系，特别需要注意的是图 11-7 所示的假突破形态。

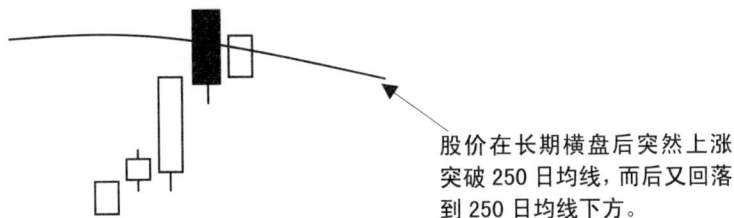

股价在长期横盘后突然上涨突破 250 日均线，而后又回落到 250 日均线下方。

图 11-7　股价假突破 250 日均线

股价假突破 250 日均线的形态特征有哪些要点呢？具体有如下几个重点。

◆ 在股价出现假突破之前，必然经过长时间的低位震荡，在横盘过程中成交量非常萎靡，长期保持地量水平，市场交易清淡，人气低迷。

◆ 假突破过程中的股价上涨，通常伴随着基本面的利好消息，但由于利好消息持续性有限，因此在上涨之后股价又迅速回调。

◆ 在假突破过程中，出现高开低走的放量大阴线概率极高，且成交量往往收出天量的水平。

◆ 从成交量的实体形态来看，成交量的放大显得非常有节奏和规律，而不是参差不齐的样子，这一点非常重要。

◆ 在突破250日均线后，股价因为多种原因无法持续上涨，从而迅速回落到250日均线下方，且伴随着成交量的缩小，而后盘面重归平静。

如果我们在实战中发现某只个股符合前面所说的股价假突破250日均线的走势，又应该如何进行操作呢？

首先，我们需要确认的是我们进行的是长线投资，且一只股票经常长期的低位横盘震荡，很难一下子就走牛，从而走出一波上涨趋势。实战中我们主要进行如下操作。

◆ 在股价假突破250日均线之前只做观望，不做操作。

◆ 在股价突破并站上250日均线之后继续观望，如果3个交易日内没有回撤到250日均线下方，可以考虑分批建仓；如果3个交易日内股价回撤到250日均线下方，则继续观望。

◆ 当股价回落到250日均线下方，成交量重新回到前期横盘的地量水平时，在经过基本面分析之后，股价未来存在较强的上涨逻辑，在盘面重归平静后可以考虑买入底仓。

下面来看一个案例。

图11-8所示为金达威（002626）在2017年3月至12月的K线图。

从金达威的股价走势来看，其在2017年6月之前，基本都处于长期调整后的低位震荡过程中，股价从2016年4月最高14.15元，最低调整到11.56元。

在经过较长下跌的同时，金达威的股价也拥有了较大的上涨空间，值得我们注意的是，在2017年2月的时间里，金达威曾出现过一次短期放量上攻，但成交量并未持续放大，且显得参差不齐，同时股价仅仅突破250日均线便"鸣金收兵"，且在接下来的时间里连250日均线都无法站稳，继续缩量调整。

在缩量调整的过程中，股价创出11.56元的新低，同时成交量不断创新低，保持长期的地量，盘面来看似乎是跌无可跌。

　　在跌无可跌的同时，金达威基本面迎来利好，终于在 6 月 23 日展开放量上攻，当天涨幅将近 5%，6 月 26 日继续放量上涨超过 2.5%，6 月 27 日放量涨停突破 250 日均线，引起我们的注意。

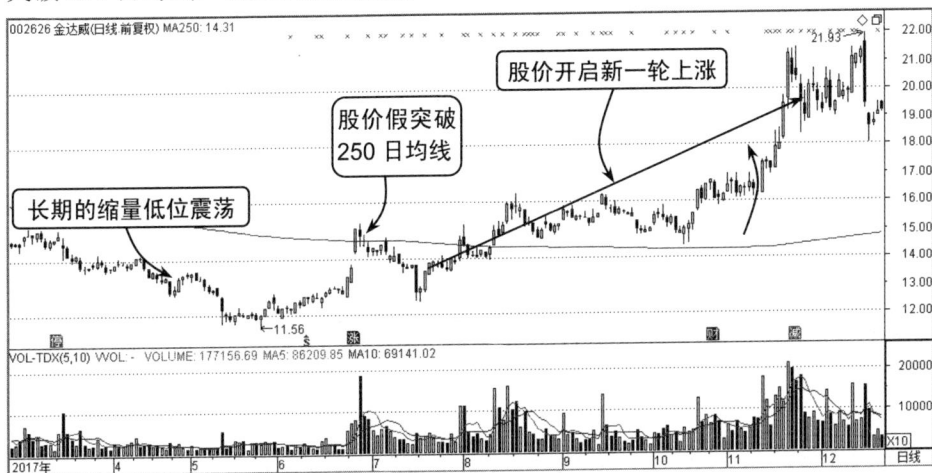

图 11-8　金达威 K 线图

　　在实战中需要注意的就是股价能否站稳 250 日均线，如果能站稳，可以进行一些短线投资操作，如果不能站稳，就要考虑是否做长线资金入场。

　　从金达威接下来的走势来看，6 月 27 日涨停突破 250 日均线，6 月 28 日便调整回踩 250 日均线，6 月 29 日正式跌破年线，站稳无望，则需要考虑长线资金入场的问题。

　　从成交量的形态来看，6 月 23 日至 6 月 27 日的 3 个上涨的交易日，成交量放大得非常有规律，形态整齐。同时，在 6 月 28 日开始的回调中，成交量萎缩得也比较规律，显然是有大规模、有纪律的资金在入场操作。

　　在确定有资金入场之后，我们在实战中应该做的就是去寻找金达威的上涨逻辑。结合当时的市场环境来看，"涨价概念"席卷各行各业，而金达威主营的化工行业（维生素）更是首当其冲。

　　2017 年上半年，维生素 A 的市场价格持续走低，导致金达威上半年维生素 A 系列产品的毛利率同比下降了 9 个百分点，毛利同比减少 21.87%，是拖累业绩的最主要因素。

　　随着进入 2017 年下半年环保监管力度的加大，维生素 A 的产能开始收缩，供应减少，导致维生素 A 的市场价格也于 6 月开始反弹，在 8 月左右已经恢复到 270 元/千克的水平，是 6 月初的两倍。

同时，全球维生素A的生产巨头帝斯曼宣布瑞士维生素A工厂由于升级改造，计划在2017年10月开始进行停产，持续约6～8周，这将进一步减少全球维生素A的供应，市场价格有望进一步上涨。

受益于多方面的利好因素，维生素A的市场价格近期有望持续上行，有助于金达威维生素A业务毛利率的恢复，改善下半年维生素A的业绩，从而带动该业务全年业绩的增长。

从上涨的逻辑来看，金达威存在极强的上涨逻辑，且具备业绩的支撑而非纯概念的炒作，因此在股价假突破250日均线后，当成交量再次回归地量，可以考虑伺机介入。

从后期的走势来看，金达威从2017年6月底的15元附近上涨到了11月最高21.44元左右，涨幅超过40%，如果能长线持有，可以算是一次较为成功的投资操作。

第114项　第二阶段：K线结合基本面判断未来的上涨逻辑

投资者在实战过程中对K线进行分析的时候，千万不能只独立地分析K线，而应该把K线结合基本面进行分析。

事实上，从长期来看K线就是基本面运行情况的一个提前或滞后的反应，当企业运行情况良好，股价没有表现也只是暂时的，上涨总会来临。当企业运行情况开始变差，股价上涨也只是暂时的，下跌迟早会来临，而且跌势会非常迅猛。

总的来说就是，分析K线无非是分析两个东西，一个是资金的进出，另一个则是企业运营的好坏。资金的进出我们可以通过成交量等工具来进行分析，那么又应该如何结合基本面进行企业运营情况好坏的分析呢？

A股在进入2017年之后，市场投资风格逐渐转向蓝筹，转向价值投资，而价值投资复苏的时代下，掌握一点基本面分析是绝对值得的，基本面分析知识十分驳杂，对于投资者而言，主要可以从以下几个方面来进行学习。

1.财务分析

通过财务分析，投资者可以对一个企业过去和现在的经营业绩有一个初步的掌握，可以根据过去的业绩来预估未来一段时间的业绩，买入那些未来有业绩爆发增长的企业，是长线投资的一个方法。

在财务分析中，营业收入、净利润等指标自然是非常重要的，同时还可以关注毛利率、每股资本公积金和未分配利润等。

其中，毛利率是显示一个企业产品竞争力的指标，将其与同行业其他企业的毛利率进行比较，就能得知其产品的市场竞争力如何。

另外，每股资本公积金和未分配利润则是分辨一个企业是否存在高送转预期的指标，当每股资本公积金与未分配利润之和大于 2 时，该企业则有进行高送转的潜力。

2.业务分析

主要分析一个企业的主营业务以及主要产品，推动企业发展的动力始终绕不开投入研发、新产品上市和产销规模扩大等几种形式。我们要做的是看一个企业目前经营的产品是否有扩大市场的潜力，同时企业是否在投入研发新的产品，该产品是否符合市场的需求。

另外，在资本市场中还存在一个特殊的现象，即"涨价"，实质上是指企业产品的涨价，主要涉及一些上游原材料行业，比如煤炭、钢铁、纸和化工等。

要分析一个行业是否存在"涨价"预期，主要是从供需两个方面来看，当一个行业的原材料供小于求，那么产品涨价是迟早的事情。

3.其他分析

除了分析一个企业的财务和业务之外，还可以从企业的管理层、新概念等方面进行分析。一个企业的领导者是什么风格，这个企业大概也会成为类似的风格，在资本市场中，有许多企业的领导者是做技术出身，那么该企业大概会十分重视技术研发，在方向正确的前提下，值得长期投资。

还比如一个企业的领导者过去拥有长期的投资和金融从业经验，那么该企业也许非常善于借助资本市场的力量，适合短期投资。

第115项　第三阶段：用 K 线技术寻找长线投资的买点

在判断某只个股有资金介入，且个股的经营状况、行业发展或其他基本面均显示该股未来存在上涨逻辑时，那么就可以确定该股值得股民进行长线投资。

那么，何时介入呢？这就需要使用本书前面章节讲解的用 K 线技术寻找买点的相关知识了。

例如在 K 线与均线的综合分析分章中介绍的青龙取水组合形态，该形态算得上是所有组合形态中最为友好的一种，因为它预示着大概率的继续上涨，且途中的回调幅度也不会很大，对于长线投资者而言，甚至可以不进行任何操作，利益都不会受损。

下面来看一个案例。

如图 11-9 所示为海康威视（002415）2016 年 12 月至 2017 年 12 月的 K 线图。

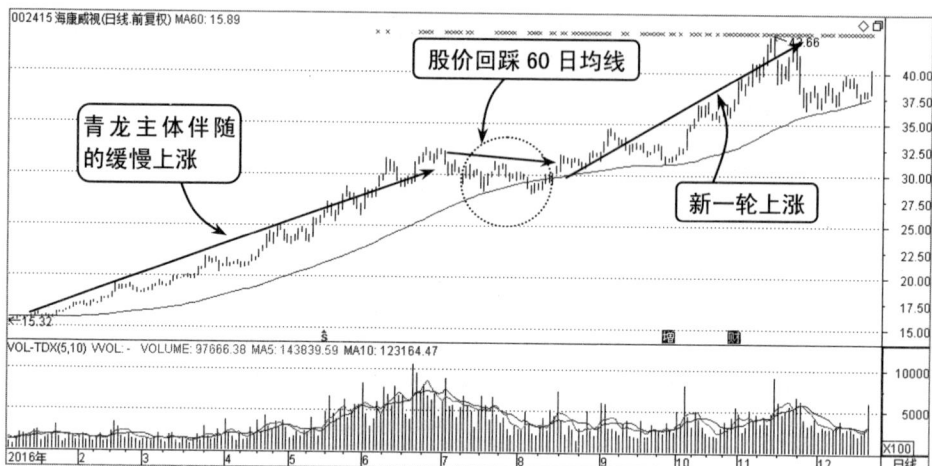

图 11-9　海康威视 K 线图

从海康威视在 2017 年的走势来看，可以分为 3 个阶段，第一个阶段主要是从 1 月至 7 月，这个时间阶段内海康威视的股价可以说是单边上涨，从最低 15.32 元上涨至 32.54 元，半年的时间涨幅超过 1 倍，在上证指数（000001）表现不佳的情况下，取得了骄人的成绩。

海康威视在 2017 上半年的上涨，离不开企业的业绩和市场风格的转变。2017 年上半年，海康威视净利润保持 26%左右的增长，虽然幅度不大，但是相对于其 3000 亿左右的市值体量而言，能保持 26%的增长已经是非常了不起了。

同时，市场风格转变为价值投资，龙头股和白马股竞相上涨，海康威视作为安防行业的龙头，得到了市场的一致认可，因此才能在 2017 上半年走出如此强势的上涨。

但任何股票都不可能一直涨下去，在第二个阶段内，海康威视开始了调整，恰巧的是，调整的走势与青龙取水的 K 线形态高度相似，股价从 32 元附近跌至 28 元附近，一度跌破 60 日均线，但在 3~5 个交易日内又迅速回到 60 日均线上方，完成了一次回调（取水），积蓄了下一波上涨的能量。

最后我们看到的便是海康威视在 2017 年的第三个阶段，即新一轮的上涨，股价从回调后的 28 元附近一直涨到 43.66 元附近才见顶。如果投资者在实战中于 60 日均线附近选择买入，那么将轻松收获超过 50%的投资收益。

读 者 意 见 反 馈 表

亲爱的读者：

感谢您对中国铁道出版社的支持，您的建议是我们不断改进工作的信息来源，您的需求是我们不断开拓创新的基础。为了更好地服务读者，出版更多的精品图书，希望您能在百忙之中抽出时间填写这份意见反馈表发给我们。随书纸制表格请在填好后剪下寄到：北京市西城区右安门西街8号中国铁道出版社综合编辑部 张亚慧 收（邮编：100054）。或者采用传真（010-63549458）方式发送。此外，读者也可以直接通过电子邮件把意见反馈给我们，E-mail地址是：lampard@vip.163.com。我们将选出意见中肯的热心读者，赠送本社的其他图书作为奖励。同时，我们将充分考虑您的意见和建议，并尽可能地给您满意的答复。谢谢！

- -

所购书名：_____

个人资料：

姓名：_____ 性别：_____ 年龄：_____ 文化程度：_____

职业：_____ 电话：_____ E-mail：_____

通信地址：_____ 邮编：_____

- -

您是如何得知本书的：

□书店宣传 □网络宣传 □展会促销 □出版社图书目录 □老师指定 □杂志、报纸等的介绍 □别人推荐
□其他（请指明）_____

您从何处得到本书的：

□书店 □邮购 □商场、超市等卖场 □图书销售的网站 □培训学校 □其他

影响您购买本书的因素（可多选）：

□内容实用 □价格合理 □装帧设计精美 □带多媒体教学光盘 □优惠促销 □书评广告 □出版社知名度
□作者名气 □工作、生活和学习的需要 □其他

您对本书封面设计的满意程度：

□很满意 □比较满意 □一般 □不满意 □改进建议

您对本书的总体满意程度：

从文字的角度 □很满意 □比较满意 □一般 □不满意
从技术的角度 □很满意 □比较满意 □一般 □不满意

您希望书中图的比例是多少：

□少量的图片辅以大量的文字 □图文比例相当 □大量的图片辅以少量的文字

您希望本书的定价是多少：

本书最令您满意的是：

1.
2.

您在使用本书时遇到哪些困难：

1.
2.

您希望本书在哪些方面进行改进：

1.
2.

您需要购买哪些方面的图书？对我社现有图书有什么好的建议？

您更喜欢阅读哪些类型和层次的理财类书籍（可多选）？

□入门类 □精通类 □综合类 □问答类 □图解类 □查询手册类

您在学习计算机的过程中有什么困难？

您的其他要求：